Keynes
e os Pós-Keynesianos

FERNANDO JOSÉ CARDIM DE CARVALHO

Keynes
e os Pós-Keynesianos

Princípios de macroeconomia
para uma economia
monetária de produção

ALTA/CULT
EDITORA

Rio de Janeiro, 2020

Keynes e os Pós-Keynesianos
Copyright © 2020 da Starlin Alta Editora e Consultoria Eireli. ISBN: 978-85-508-1178-9

Todos os direitos estão reservados e protegidos por Lei. Nenhuma parte deste livro, sem autorização prévia por escrito da editora, poderá ser reproduzida ou transmitida. A violação dos Direitos Autorais é crime estabelecido na Lei nº 9.610/98 e com punição de acordo com o artigo 184 do Código Penal.

A editora não se responsabiliza pelo conteúdo da obra, formulada exclusivamente pelo(s) autor(es).

Marcas Registradas: Todos os termos mencionados e reconhecidos como Marca Registrada e/ou Comercial são de responsabilidade de seus proprietários. A editora informa não estar associada a nenhum produto e/ou fornecedor apresentado no livro.

Impresso no Brasil — 1ª Edição, 2020 — Edição revisada conforme o Acordo Ortográfico da Língua Portuguesa de 2009.

Produção Editorial Editora Alta Books **Gerência Editorial** Anderson Vieira **Gerência Comercial** Daniele Fonseca	**Produtor Editorial** Illysabelle Trajano Juliana de Oliveira Thiê Alves **Assistente Editorial** Leandro Lacerda	**Marketing Editorial** Livia Carvalho marketing@altabooks.com.br **Coordenação de Eventos** Viviane Paiva eventos@altabooks.com.br	**Editor de Aquisição** José Rugeri j.rugeri@altabooks.com.br
Equipe Editorial Ian Verçosa Maria de Lourdes Borges Raquel Porto Rodrigo Ramos Thales Silva	**Equipe de Design** Larissa Lima Paulo Gomes		
Revisão Gramatical Carolina Oliveira Alessandro Thomé	**Diagramação** Joyce Matos	**Ilustração de Capa** Madalena Parreira Carvalho	

Publique seu livro com a Alta Books. Para mais informações envie um e-mail para autoria@altabooks.com.br
Obra disponível para venda corporativa e/ou personalizada. Para mais informações, fale com projetos@altabooks.com.br

Erratas e arquivos de apoio: No site da editora relatamos, com a devida correção, qualquer erro encontrado em nossos livros, bem como disponibilizamos arquivos de apoio se aplicáveis à obra em questão.

Acesse o site **www.altabooks.com.br** e procure pelo título do livro desejado para ter acesso às erratas, aos arquivos de apoio e/ou a outros conteúdos aplicáveis à obra.

Suporte Técnico: A obra é comercializada na forma em que está, sem direito a suporte técnico ou orientação pessoal/exclusiva ao leitor.

A editora não se responsabiliza pela manutenção, atualização e idioma dos sites referidos pelos autores nesta obra.

Ouvidoria: ouvidoria@altabooks.com.br

Dados Internacionais de Catalogação na Publicação (CIP) de acordo com ISBD

C331k   Carvalho, Fernando J. Cardim de
          Keynes e os Pós-Keynesianos: princípios de macroeconomia para uma economia de produção monetária / Fernando J. Cardim de Carvalho. - Rio de Janeiro : Alta Books, 2020.
          288 p. ; 17cm x 24cm.

          Inclui bibliografia e índice.
          ISBN: 978-85-508-1178-9

          1. Economia. 2. Macroeconomia. 3. Produção monetária. I. Título.

2019-1932   CDD 330
                                                           CDU 3

Elaborado por Vagner Rodolfo da Silva - CRB-8/9410

Rua Viúva Cláudio, 291 — Bairro Industrial do Jacaré
CEP: 20.970-031 — Rio de Janeiro (RJ)
Tels.: (21) 3278-8069 / 3278-8419
www.altabooks.com.br — altabooks@altabooks.com.br
www.facebook.com/altabooks — www.instagram.com/altabooks

À memória de meu pai, com amor.

AGRADECIMENTOS

Este livro é produto de quase dez anos de trabalho na economia pós-keynesiana. Ele concentra as lições, a influência e a ajuda de muitas pessoas ao longo desse período, ainda que a forma final assumida por algumas de suas propostas possa ser irreconhecível para alguns daqueles que me inspiraram. Não seria possível agradecer nominalmente a todos aqueles que ajudaram a moldar meu pensamento. Mais especificamente, eu não seria capaz de listar meus alunos nas duas universidades em que venho lecionando economia pós-keynesiana desde 1986. Devo agradecer coletivamente por todas as perguntas que fizeram, por todas as objeções que levantaram, ou simplesmente pela atenção que me dedicaram durante os anos. Diga-se de passagem, foi seu constante incentivo para organizar sob a forma de livro o conteúdo de minhas aulas que me incentivou a escrever esta obra.

Entre aqueles a quem devo agradecer pessoalmente, desejo indicar, primeiramente, meus dois mentores: os professores Paul Davidson e, durante minha juventude, Antonio Castro. Foi sob a influência do professor Castro que comecei a estudar a macrodinâmica que acabou por desembocar em Keynes. A oportunidade de trabalhar com o professor Davidson e de escrever uma dissertação de mestrado sob sua cuidadosa orientação foi decisiva em minha opção por trabalhar o paradigma pós-keynesiano. Mais do que como instrutores em matérias específicas, contudo, devo falar de sua influência como exemplos de integridade científica e educadores dedicados. Espero poder seguir seus passos em minha vida acadêmica.

Também devo mencionar os professores Jan Kregel, Nina Shapiro e os saudosos Alfred Eichner e Tom Asimakopulos pelas muitas ocasiões em que, generosamente, me ajudaram a desenvolver a maioria das ideias que terminaram por encontrar abrigo neste livro. O professor Kregel, em especial, foi de enorme ajuda ao enviar comentários detalhados sobre os rascunhos desta obra. Também devo manifestar meu agradecimento ao professor Malcom Sawyer por seus comentários argutos e suas sugestões úteis.

Também estou profundamente endividado com muitos amigos e colegas pelo auxílio que tive a felicidade de obter durante minha trajetória intelectual. A Dra. Carmem Feijó, amiga de longa data e, como eu, pós-keynesiana, concedeu-me seu tempo com generosidade e paciência em um sem-número de discussões ao longo de mais de dez anos. Pode-se dizer que algumas das ideias aqui contidas deveriam trazer indicação de coautoria. Meus amigos Johan Deprez, William Milberg e Andrea Terzi tiveram mais influência sobre minhas ideias do que provavelmente poderiam imaginar. Devo mencionar, ainda, o quanto em diversas ocasiões aprendi com amigos, alguns dos quais trabalham em tradições diferentes da minha. Desejo agradecer, em especial, a Edward Amadeo, Mario Possas e Carlos Magno Lopes.

Foram de grande valia no desenvolvimento do manuscrito José A. Rugeri e Carlos A. Afonso, conhecedores que são dos mistérios do processamento de texto e da impressão computadorizada.

Escritores costumam exprimir sua gratidão pela paciência dos cônjuges durante o período ocupado pela redação de sua obra, mas devo agradecimentos à minha esposa, Fernanda, por muito mais do que sua paciência. Ela ajudou ativamente desde a concepção do projeto, e se ele está agora concluído, isso se deve, em não pequena parte, ao esforço e à determinação que ela demonstrou para que isso acontecesse. Quem quer que leia este livro e o considere de qualquer forma útil deve agradecer a ela mais do que a qualquer outra pessoa.

O apoio financeiro do Conselho Nacional de Pesquisa (CNPq) permitiu que eu dedicasse o tempo e o esforço necessários para a conclusão deste livro.

Fernando José Cardim de Carvalho
Professor Emérito do Instituto de Economia da UFRJ

SUMÁRIO

PREFÁCIO IX

PREFÁCIO DA EDIÇÃO ORIGINAL EM INGLÊS XIII

INTRODUÇÃO: AS CONTRIBUIÇÕES DE
FERNANDO CARDIM DE CARVALHO 1

PARTE I: FUNDAMENTOS

Capítulo 1: Keynes, os Keynesianos e os Pós-Keynesianos **25**

Capítulo 2: A Caminho da Revolução Keynesiana: Algumas
Considerações Metodológicas **37**

Capítulo 3: Fundamentos da Teoria Econômica
Pós-Keynesiana: O Conceito de Economia Monetária **57**

Capítulo 4: Probabilidade, Incerteza e Expectativas **81**

PARTE II: COMO OPERA UMA ECONOMIA MONETÁRIA

Capítulo 5: Escolha de Ativos e Acumulação de Riqueza **105**

Capítulo 6: Preferência pela Liquidez e Moeda **127**

Capítulo 7: Taxas Próprias de Juros e Investimento **149**

Capítulo 8: A Propensão a Consumir e o Multiplicador........... **169**

Capítulo 9: Poupança, Financiamento e Funding: As Instituições Financeiras e a Sustentação do Investimento **181**

Capítulo 10: Emprego, Salário e Distribuição de Renda.......... **195**

PARTE III: NOVAS PERSPECTIVAS

Capítulo 11: Inflação, Alta Inflação e Hiperinflação **221**

Capítulo 12: Perspectivas Pós-Keynesianas da Política Econômica **243**

CONCLUSÕES 257

REFERÊNCIAS BIBLIOGRÁFICAS.. 261

ÍNDICE.. 271

PREFÁCIO

No fim dos anos 1980, comecei a frequentar as conferências pós-keynesianas bianuais que Paul e Louise Davidson realizavam em Knoxville, na Universidade do Tennessee, mas apenas dez anos depois conheci Fernando Cardim de Carvalho (1953-2018), quando, de volta do governo, passei a participar regularmente das reuniões pós-keynesianas norte-americanas, então transferidas para Kansas City. Foi lá, então, que conheci o que denominei de os "três mosqueteiros do pós-keynesianismo", que, na verdade, eram quatro: Luiz Fernando de Paulo, Fernando Ferrari Filho, José Luis Oreiro e o principal deles, Cardim — o Athos do grupo —, o líder sereno e firme que não se impunha a ninguém a não ser pelo seu saber e sua segurança pessoal, enquanto José Luis era o D'Artagnan.

Tornei-me, então, amigo de Cardim e de sua mulher, Fernanda, que no tempo do regime militar teve um papel importante na luta pelos direitos humanos no Brasil ao ajudar o Betinho (Herbert José de Souza) na direção do Instituto Brasileiro de Análises Sociais e Econômicas (IBASE). Cardim era 20 anos mais moço do que eu e se formou economista nos Estados Unidos, tendo como orientador o principal economista pós-keynesiano da época, Paul Davidson, enquanto minha formação se deu no Brasil e fui, primeiro, um desenvolvimentista clássico, na linha de Arthur Lewis, Raúl Prebisch e Celso Furtado, e só mais tarde me tornei também um pós-keynesiano. Mas meu entendimento com Cardim foi perfeito, não apenas porque partilhávamos a mesma visão social-democrática da política, mas também porque tínhamos uma formação desenvolvimentista comum. Fernando fez seu mestrado na Unicamp e começou a estudar economia com Antônio Barros de Castro, um dos mais notáveis economistas desenvolvimentistas brasileiros. Ele não era um macroeconomista, mas transmitiu para Cardim a visão histórica do desenvolvimento que tanto faz falta aos macroeconomistas.

Conforme nos conta Cyro Andrade no belo obituário que escreveu no *Valor* (17/05/2018), "Fernando Cardim teve seu momento de escolha em 1982, como um dos brasileiros presentes em uma summer school organizada na Universidade de Trieste por Jan Kregel, Pierangelo Garegnani e Sergio Parrinello. Como um dos conferencistas, Antônio Barros de Castro podia convidar dois participantes e optou por Cardim e Francisco Eduardo Pires de Souza. Entre representantes de várias escolas heterodoxas, predominavam naquele encontro de estudos (do qual também participaram Paul Davidson e Hyman Minsky) os pós-keynesianos e os neoricardianos. Na ocasião, Cardim conheceu mais de perto as duas abordagens e fez sua escolha: seria pós-keynesiano."

Fernando Cardim de Carvalho adotou como seu programa de pesquisa desenvolver o conceito keynesiano de "economia monetária de produção" — ou de economia não neutra em relação ao dinheiro, ou economia empresarial. Ou seja, o conceito de capitalismo entendido como um tipo de organização social historicamente situado no qual o dinheiro tem um papel fundamental, da mesma forma que em Marx e de maneira oposta à do pensamento neoclássico. Neste livro, Cardim define as economias monetárias de produção como o sistema no qual "a atividade produtiva se organiza e é dirigida pelas empresas de acordo com suas expectativas de lucro. Essas expectativas são intrinsecamente especulativas, uma vez que se referem ao comportamento futuro e incerto dos mercados. Uma vez formadas as expectativas e tomadas as decisões de produção, as empresas firmam contratos monetários a termo que lhes permitem reservar fatores de produção antes de sua efetiva utilização de maneira a garantir não só sua disponibilidade física, mas, também, seus termos de compra" (p. 105). Apoiar-se nesse conceito de economia monetária de produção, como outros pós-keynesianos se apoiaram no conceito de incerteza, ou de não ergocidade dos eventos econômicos, ou de não neutralidade do dinheiro foi a forma que Cardim adotou para rejeitar a grande tentação dos economistas — a de reduzir a teoria econômica a um sistema de silogismos nos quais a conclusão já está presente na premissa maior, a qual, por sua vez, é uma proposição universal "necessariamente verdadeira" porque é baseada na racionalidade do agente econômico.

Na introdução deste livro, José Luis Oreiro mostra como Cardim rejeitou esse método axiomático e adotou um método baseado na incerteza e não ergocidade: "Carvalho (1992, p. 62-63) chama a atenção para o fato de que a incerteza não reflete métodos defeituosos de obtenção e processamento das informações, mas resulta da natureza dos processos sociais e econômicos. Se os mesmos forem ergódicos,[1] então o processo de tentativa e erro poderia levar os tomadores de decisão a eventualmente obter toda a informação necessária para orientar suas ações. O problema é que a ergodicidade demanda replicabilidade, o que exige que os processos sociais sejam invariantes no tempo. A replicabilidade, por seu turno, demanda a ausência de 'decisões cruciais' no sentido de Shackle, ou seja, decisões que, uma vez tomadas, mudam de forma inexorável as condições iniciais nas quais o processo decisório foi implementado."

Fernando Cardim de Carvalho foi um notável economista pós-keynesiano e uma pessoa admirável. A ideia da tradução deste livro nasceu quando soube que estava muito doente. Quis lhe fazer uma homenagem e o telefonei. Conversamos, ele estava ciente que lhe restavam poucos dias e perguntei se concordava que eu providenciasse a tradução deste livro. Ele recebeu a ideia com alegria. Pedi então a seu melhor aluno, José Luis Oreiro, que escrevesse uma resenha de sua obra para constituir a Introdução deste livro, coisa que ele fez, além de haver cuidadosamente editado sua tradução. O conselho do *Brazilian Journal of Political Economy*, por sua vez, decidiu publicar esta resenha em inglês, participando, assim, das homenagens que Cardim fez por merecer.

Luiz Carlos Bresser-Pereira[2]

---

1 Um processo estocástico é dito ergódico quando, para infinitas realizações de tal processo, a média temporal e a média espacial coincidem uma com a outra (DAVIDSON, 1988, p. 331). Nesse contexto, as distribuições de probabilidade das variáveis relevantes, obtidas a partir de qualquer realização passada do processo estocástico, convergirão para a distribuição de probabilidade que governa os valores presentes e futuros dessas variáveis.

2 Ex-ministro da Fazenda (1987), Administração e Reforma do Estado (1995-1998) e Ciência e Tecnologia (1999). Ph.D., tem livre docência em Economia (USP). Professor Emérito da Fundação Getúlio Vargas e Doutor Honoris Causa (Universidade de Buenos Aires – 2010). Recebeu as premiações James H. Street Scholar (Associação Econômica Evolucionária — AFEE) e o Juca Pato (União Brasileira de Escritores).

PREFÁCIO DA EDIÇÃO ORIGINAL EM INGLÊS

Joan Robinson escreveu que foi só depois da publicação da *Teoria Geral* de Keynes que ele reconheceu a distinção vital entre a escola clássica e a análise que ele procurou estabelecer em seu livro. No prefácio de *A Guide to Post-Keynesian Economics*, de Eichner, Robinson escreveu:

> *A principal distinção era a de que ele [Keynes] reconheceu e eles [os economistas clássicos] ignoraram o fato óbvio de que as expectativas quanto ao futuro são necessariamente incertas. E a partir desse ponto que a teoria pós-keynesiana decola. O reconhecimento da incerteza mina o conceito tradicional de equilíbrio (...) Depois de varrido o entulho das ruínas das teorias [clássicas] do equilíbrio, a análise pós-keynesiana pode se assumir [como] uma teoria econômica que se pretende seriamente aplicar à realidade [e] não é nem uma doutrina ideológica, como a presunção em favor do laissez-faire, nem uma tautologia verdadeira por definição.*

Nos primeiros capítulos deste volume, o professor Carvalho estabelece com firmeza os elos metodológicos entre o conceito keynesiano de incerteza e a literatura pós-keynesiana em evolução, enquanto demonstra por que a abordagem IS/LM "keynesiana" de Hicks afastou-se da trilha analítica cautelosa que Keynes estabelecera.

Nos capítulos seguintes, o professor Carvalho parte da literatura pós-keynesiana existente para recolocar a teoria macroeconômica na rota que Keynes traçou. Ele varre o entulho da abordagem clássica ao equilíbrio e, com isso, permite que a economia pós-keynesiana "se assuma".

O professor Carvalho escreveu um guia teórico da realidade da operação de uma economia monetária. Tanto estudantes quanto professores que desejem compreender e trabalhar em direção a uma solução pragmática para os prementes

XIV | Keynes e os Pós-Keynesianos

problemas econômicos do mundo real em que vivemos — em vez de vomitar obviedades ideológicas ou fazer jogos de palavras tautológicos — estarão em dívida com a lucidez da exposição que o professor Carvalho oferece neste volume. Ele nos forneceu um modelo de livro-texto para pôr estudantes de economia em contato com a realidade do século XXI.

Paul Davidson[1]

---

1 Professor Emérito em Economia (University of Tennessee) e assistente-diretor da Divisão de Economia da Continental Oil.

INTRODUÇÃO

AS CONTRIBUIÇÕES DE FERNANDO CARDIM DE CARVALHO

Em seu último livro publicado em 2015, Fernando Cardim de Carvalho se pergunta quais seriam as características fundamentais de uma economia moderna que tornam a moeda não neutra na visão de Keynes. Para estabelecer a não neutralidade da moeda, Keynes teria desenvolvido ao longo de seus escritos uma inovação metodológica importante, que é a combinação de dois ângulos diferentes para compreender o comportamento das economias modernas. O primeiro ângulo corresponde ao do observador interno ou do tomador de decisão. Nesse contexto, as questões pertinentes seriam o que o tomador de decisão pode ver, como ele processa a informação recebida em termos de formação de expectativas e como a incerteza é percebida pelo tomador de decisão. O segundo ângulo corresponde ao do observador externo, ou seja, o economista que observa a forma como os indivíduos interagem e a extensão na qual essas interações condicionam o comportamento dos indivíduos, entre outros pontos. Dessa forma, para Keynes, não existem leis que se imponham independentemente da forma pela qual os indivíduos percebam suas restrições e fixem suas metas; ao mesmo tempo, contudo, os indivíduos não são entidades metafísicas perdidas no tempo e no espaço tal como é postulado pelos individualistas radicais (CARVALHO, 2015, p. 4-5).

O ponto de partida de Keynes para a definição das propriedades das economias monetárias modernas é a constatação de que a produção é organizada por empresas que são vistas como entidades que têm seus próprios objetivos,

2 | Keynes e os Pós-Keynesianos

em particular, o controle da riqueza propriamente dita. É nesse contexto que se dá uma das poucas referências favoráveis a Marx em seus escritos. Com efeito, quando Keynes tenta clarificar a natureza e o papel das empresas em uma economia empresarial, ele faz menção ao famoso esquema marxista de circulação de mercadorias (CWJMK, vol. XXIX, p. 81), o esquema $D\text{-}M\text{-}D'$, onde D é o montante de dinheiro aplicado na compra de mão de obra e meios de produção no início do ciclo de produção, M representa as mercadorias produzidas durante o ciclo e D' é o montante de dinheiro obtido ao final do processo ($D'>D$). A moeda é, assim, o início e o fim de toda a atividade produtiva (CARVALHO, 2015, p. 5-6). Em outras palavras, para as firmas, a moeda não é um meio, mas é um fim em si mesmo.

Em uma economia monetária, os diferentes tomadores de decisão — empresas, famílias ou governo — operam em um contexto de incerteza. Esta é diferente do risco, pois em situações de risco, o tomador de decisão conhece o universo de eventos futuros e pode atribuir uma probabilidade a estes. Já a incerteza é uma situação em que o tomador de decisão sabe que eventos imprevistos e imprevisíveis podem ocorrer. Em tais condições, torna-se racional para os indivíduos adotar certos comportamentos defensivos que seriam irracionais em um ambiente de risco. Daqui se segue que todas as inovações teóricas fundamentais que Keynes apresentou no seu *A Teoria Geral do Emprego, do Juro e da Moeda* (TG), publicado em 1936, consistem na identificação dos tipos de comportamento defensivo e na análise dos efeitos desses comportamentos sobre o sistema econômico.

A análise do processo de tomada de decisão em condições de incerteza e suas repercussões sobre o funcionamento das economias monetárias modernas é o aspecto central do *programa de pesquisa pós-keynesiano*.[1] Fernando Cardim de Carvalho teve um papel fundamental tanto na definição do "núcleo duro" desse programa de pesquisa como no desenvolvimento das teorias que compõem seu "cinturão protetor", com grande influência acadêmica no Brasil e no mundo.

Em vista disso, esta introdução tem por objetivo fazer uma apresentação sistemática das principais contribuições de Fernando Cardim Carvalho para o desenvolvimento e aperfeiçoamento do programa de pesquisa da escola pós-keynesiana. Como veremos na sequência, Carvalho sistematizou o conceito de eco-

---

1 Ver Seção 2 deste capítulo para a definição de programa de pesquisa.

As contribuições de Fernando Cardim de Carvalho | 3

nomia monetária de produção, tornando este o "núcleo duro" do programa de pesquisa dessa escola de pensamento, bem como deu contribuições fundamentais para o desenvolvido das "teorias auxiliares" que compõem o "cinturão protetor" desse programa de pesquisa em seus escritos a respeito das temáticas de escolha de portfólio, acumulação de capital e preferência pela liquidez.

A "visão de mundo" de Keynes e o programa de pesquisa pós-keynesiano na obra de Fernando Cardim de Carvalho

No início da década de 1930, estava claro para Keynes que ele deveria buscar novas formas de entender o funcionamento das economias capitalistas. Para tanto, era preciso lidar com as propriedades da moeda nas economias modernas. No *Tratado sobre a Moeda* (KEYNES, 1930) ele havia chegado a um impasse, uma vez que propõe que os fatores monetários afetam o volume de investimento realizado na economia (o que afeta a configuração de equilíbrio de longo prazo do sistema), mas ele ainda se baseava no velho arcabouço da teoria quantitativa da moeda, na qual a moeda seria neutra, ao menos no longo prazo.

O problema com as teorias aceitas até aquele momento é que elas se baseavam em uma economia do tipo "Robinson Crusoé" (doravante RC), na qual um indivíduo tem de escolher entre caçar ou pescar, sujeito às restrições de esforço que essas atividades proporcionam, e podendo dedicar parte do seu tempo à elaboração de instrumentos, o que o obriga a adiar seu consumo (CARVALHO, 2015, p. 2). Embora se reconhecesse que uma economia moderna é imensamente mais complexa do que uma economia do tipo RC, não se viam economias modernas como *essencialmente* diferentes dessa estilização (p. 2). As economias tipo RC são essencialmente economias não monetárias, porque não há nenhum outro indivíduo com o qual RC possa realizar transações. Dessa forma, a moeda não pode ser vista como um fator essencial nesse tipo de economia.

Em 1933, Keynes começa a desenvolver um novo arcabouço teórico, o qual chamou de economia monetária de produção. Nesse arcabouço, a moeda não pode ser simplesmente **adicionada** à estrutura completa de um modelo "real", mas ela precisa ser **essencial** ao modelo, o que significa dizer que os "teoremas fundamentais" a respeito do funcionamento da economia não devem poder ser expressos em termos de uma economia na qual a moeda esteja ausente. Esse novo arcabouço teórico foi apresentado e codificado na TG e nos escritos posteriores.

4 | Keynes e os Pós-Keynesianos

Dessa forma, Keynes desenvolveu ao longo de sua TG e de seus escritos posteriores uma nova visão de mundo, no sentido de Schumpeter, que consistia em uma ruptura radical com relação ao pensamento neoclássico prevalecente até então. A visão de mundo é definida por Schumpeter como o ato cognitivo pré-analítico que define o conjunto de fenômenos que devem ser objeto de análise sistemática. Nas palavras de Schumpeter (1954, p. 41):

> *(...) in order to be able to posit to ourselves any problems at all, we should first have to visualize a distinct set of coherent phenomena as a worth-while object of our analytic efforts. In other words, analytic effort is of necessity preceded by a pre-analytic cognitive act that supplies the raw material for the analytic effort (...) this pre-analytic cognitive act will be called Vision.*

Nesse contexto, a visão de mundo de Keynes estaria resumida no conceito de economia monetária de produção, o qual foi introduzido pela primeira vez pelo próprio Keynes em um artigo publicado em um periódico alemão em 1933. Nesse artigo ele afirma:

> *In my opinion the main reason why the problems of crisis is unsolved, or at any rate why this theory is so unsatisfactory, is to be found in the lack of what might be termed a monetary theory of production (...) The theory which I desiderate would deal (...) with an economy in which money plays a part of its own and affects motives and decisions and is, in short, one of the operative factors in the situation, so that the course of the events cannot be predicted, either in the long period or in the short, without a knowledge of the behavior of money between the first state and the last. And it is which we ought to mean when we speak of a monetary economy.* (CWJMK, vol. XIII, p. 408-409)

O conceito de economia monetária da produção define, para pós-keynesianos, o programa de pesquisa dessa escola de pensamento. O termo "programa de pesquisa" é devido a Lakatos (1978), definido como um conjunto de regras metodológicas que estabelecem os caminhos de pesquisa que devem ser evitados e aqueles que devem ser trilhados. Nesse contexto, o programa de pesquisa tem uma "heurística negativa", que define um conjunto de proposições (o "núcleo duro" do programa) que não estão sujeitas ao critério de "falseabilidade" de Popper, ou seja, que são tidas como "irrefutáveis" por parte dos aderentes ao programa de pesquisa. No entorno desse núcleo de proposições são estabelecidas diversas hipóteses auxiliares, as quais devem ser testadas contra os fatos observados. Além da "heurística negativa", existe também uma "heurística positiva", que é constituída por um conjunto parcialmente articulado de sugestões de como mudar e desenvolver as "variantes refutáveis" do programa de pesquisa. Aqui incluímos uma cadeia de modelos cada vez mais sofisticados que simule a realidade. Na formulação dos programas de pesquisa, é de se esperar que algumas de suas variantes particulares (o "cinturão protetor") sejam refutadas pelos testes empíricos. A função da "heurística positiva" é, portanto, contornar esses problemas, definindo-se as regras que devem ser obedecidas na construção de novas variantes particulares do programa de pesquisa.

Nesse contexto, o programa de pesquisa pós-keynesiano consiste em desenvolver, *analiticamente,* a *visão de mundo* proposta por Keynes ao longo da sua TG e demais escritos acadêmicos. Nas palavras de Carvalho (1992, p. 37-38):

(...) Post Keynesians have as their programme precisely to develop the new vision, that of a monetary economy. This is the unifying concept that organizes the Post Keynesian paradigm and that makes it possible to overcome the very common impression (...) that this school is united more by the arguments they refute than by positive tenets of theory under reconstruction.

A verbalização da *visão de mundo* de Keynes foi feita por Davidson (1984, 1994) e Carvalho (1992). Davidson (1984) apresentou três princípios — os quais ele denominou de "axiomas" — que seriam a codificação da visão de mundo de Keynes:

1. O **princípio da não neutralidade da moeda**, segundo o qual "Money matters in both the long and short run. Money affects real decision making and employment and output outcomes. In contrast, classical analysis presumes money to be neutral and therefore economic outcomes are determined entirely by real forces" (DAVIDSON, 1994, p. 17).

2. O **princípio da não ergodicidade** dos processos econômicos, segundo o qual "the economic system is moving through calendar time from an irrevocable past to an uncertatin and statistically unpredictable future. Past and present market data do not necessarily provide correct signals regarding future outcomes. This

6 | Keynes e os Pós-Keynesianos

means, in the language of statisticians, that economic data are not necessarily generated by a stochastic ergodic process" (p. 17).

3. O **princípio dos contratos monetários**, segundo o qual "contracts denominated money terms are a ubiquitous human institution in a entrepreneurial economy. The civil law of contracts evolved to help humans efficiently organize time-consuming production and exchange process in a world of nonergodic uncertainty. In any money-using entrepreneurial economy, entrepreneurs´ decisions regarding production and hiring depend in expectations of receiving contractual sales revenues (cash inflows) in excess of the contractual money costs of production (cash outflows) Since the money-wage contract is the most ubiquitous of these efficiency-oriented contracts, modern economies can be characterized as money-wage contract based systems" (p. 17).

A "axiomatização" de Davidson tem, contudo, um problema sério ao tomar como ponto de partida o resultado que pretende demonstrar, isto é, a não neutralidade da moeda. Essa deficiência é particularmente grave tendo em vista o fato de que a proposição fundamental de Keynes enquanto economista monetário é precisamente demonstrar a não neutralidade da moeda no longo prazo, ao invés de assumi-la como autoevidente ou como um "fato da vida" (CARVALHO, 1992, p. 42). Deve-se ter claro aqui, no entanto, que o longo prazo para Keynes e pós-keynesianos é definido em termos marshalianos, não em termos walrasianos. Trata-se do intervalo de tempo que é longo o suficiente para que o nível e a composição da demanda agregada e da capacidade produtiva estejam plenamente ajustados um ao outro. Essa concepção de longo prazo é compatível, por exemplo, com uma situação de excesso de oferta no mercado de trabalho. Nesse contexto, a moeda será dita não neutra no longo prazo se ela for capaz de influenciar a forma e o ritmo da acumulação de capital.

Além desse problema mencionado, deve-se ressaltar que a utilização do assim chamado método axiomático exige que os axiomas possuam duas propriedades, a saber: (i) os axiomas devem ser pontos de partida cuja adequação não pode ser demonstrada, de forma que a única opção possível para o pesquisador seja aceitá-los ou rejeitá-los de imediato; (ii) os axiomas devem ser independentes uns dos outros, o que exige que o fenômeno em investigação seja redutível às suas partículas fundamentais, as quais não podem resultar da combinação de outros elementos (p. 40). Para que esta segunda propriedade seja válida, é necessário que

As contribuições de Fernando Cardim de Carvalho | 7

o objeto em estudo possa ser abordado de uma perspectiva atomista. Essa perspectiva certamente está ausente da obra de Keynes, haja vista que, mesmo em sua representação mais abstrata, a moeda e o sistema de contratos desempenham um papel essencial, dando assim, ao objeto, em análise uma "unidade orgânica", o que o torna inepto de ser analisado pelo método axiomático (p. 41).

No livro *Mr. Keynes and the Post Keynesians*, publicado em 1992, Fernando Carvalho apresentou uma verbalização diferente daquela apresentada por Davidson para a *visão de mundo* de Keynes. Essa verbalização resultou em seis princípios teóricos fundamentais que definem o conceito de *economia monetária da produção*. Esses princípios podem ser entendidos como o "núcleo do programa" de pesquisa pós-keynesiano, ou seja, aquele conjunto de proposições cuja veracidade não é objeto de investigação, sendo aceito como "verdade irrefutável" por todos aqueles que adotam o referido programa (LAKATOS, 1978). Mais especificamente, os princípios propostos por Carvalho (1992, Capítulo 3) são os seguintes:

1. **Princípio da temporariedade dos processos econômicos**, segundo o qual a produção é um processo que demanda tempo, de forma que a decisão de contratação dos insumos e fatores de produção deve ocorrer antes da venda da produção acabada no mercado. Daqui se segue que a decisão de produção e emprego deve ser tomada com base em expectativas a respeito da demanda futura pelos produtos da empresa.

2. **Princípio da não ergodicidade dos processos econômicos**, segundo o qual os processos econômicos são não ergódicos, ou seja, a distribuição amostral das variáveis econômicas não converge para a distribuição da população (DAVIDSON, 1988). Em termos econômicos, isso significa que as decisões econômicas são cruciais no sentido de Shackle, ou seja, são decisões que, uma vez implementadas, mudam as condições iniciais nas quais foram colocadas em prática, fazendo com que o ambiente econômico seja não estacionário. Do ponto de vista epistemológico, a não ergodicidade implica que o "aprendizado é impossível", ou seja, que os agentes econômicos não podem eliminar a incerteza que circunda o processo decisório através de um processo de "tentativa e erro" que resulte no "conhecimento de como o mundo funciona". Daqui se segue que a não ergodicidade é o fundamento da incerteza no sentido forte, isto é, a incerteza que não pode ser reduzida ao cálculo de probabilidades.

8 | Keynes e os Pós-Keynesianos

3. **Princípio da coordenação**, segundo o qual as economias capitalistas não possuem mecanismos de planejamento central através dos quais os planos dos agentes econômicos sejam previamente coordenados (como acontece nos modelos de equilíbrio geral walrasiano com a hipótese de *tatoonement*). Daqui se segue que as transações ocorrem, em geral, a "falsos preços", ou seja, a preços que não são os de equilíbrio. Transações fora do equilíbrio geram perdas para uma parte dos agentes envolvidos com estas, produzindo *efeitos de renda fortes*. Nesse contexto, os tomadores de decisão adotarão comportamentos e desenvolverão instituições que reduzam a incerteza e os efeitos de tais erros. Entre essas instituições, destaca-se o *sistema de contratos em moeda*.

4. **Princípio da produção**, segundo o qual a produção é conduzida por firmas cujo objetivo é obter lucros que são definidos em termos monetários. Em outras palavras, uma empresa não existe para gerar utilidade para seus acionistas, mas unicamente para acumular dinheiro. O móvel da produção é o poder de comando sobre a riqueza social, o que significa que a firma busca a riqueza em sua forma mais geral, que é obtida em sua forma monetária.

5. **Princípio da estratégia dominante**, segundo o qual existe uma assimetria entre os agentes econômicos no que se refere ao poder de tomada de decisão. Para Keynes (e os pós-keynesianos), são as firmas que tomam as decisões fundamentais em uma economia capitalista. Com efeito, tanto o nível de emprego como o nível de poupança dependem das decisões das firmas de produzir e investir.

6. **Princípio das propriedades da moeda**, que está diretamente relacionado ao *princípio da coordenação*, no sentido da afirmação de Keynes, em que, para que um complexo sistema de contratos em moeda fosse viável, seria necessário que a moeda tivesse algumas propriedades para garantir sua sobrevivência. Essas propriedades se relacionam essencialmente às restrições quanto à sua criação pelos agentes. Para Keynes, a moeda em uma economia monetária de produção seria caracterizada por elasticidades de produção e substituição nulas ou negligenciáveis. Essas propriedades sustentariam a liquidez da moeda, isto é, sua capacidade de liquidar dívidas. Os atributos de liquidez da moeda garantem que em uma economia empresarial a moeda jamais perderá seu atributo de liquidez.[2]

---

2 Sobre a relação entre as propriedades essenciais da moeda e sua liquidez, Keynes (1936, p. 241) afirma que: "The attribute of liquidity is by no means independent of these two characteristics [the negligible elasticities of production and substitution]. For it is unlikely that an asset, of which the supply can be easily increased or the desire for which can be easily diverted by a change in relative prices, will possess the attribute of liquidity in the mind of owners of wealth. Money itself losses the atribute of liquidity if its future supply is expected to undergo sharp changes."

MOEDA E O SISTEMA DE CONTRATOS

Em função do papel essencial que a moeda desempenha na visão de mundo de Keynes, uma pergunta que obviamente se coloca diz respeito à definição de moeda e quais ativos devem ser incluídos nessa definição. Na obra de Keynes, a definição e o papel da moeda no sistema econômico estão intimamente relacionados com o sistema de contratos em moeda com base no qual a produção é organizada nas economias monetárias modernas. Qualquer transação em uma economia de mercado pode ser vista como um contrato entre duas partes: uma parte que se compromete a entregar um bem ou serviço agora ou no futuro; outra parte que se compromete a realizar um pagamento por esse bem ou serviço agora ou no futuro (CARVALHO, 1992, p. 100). Os contratos, por sua vez, podem ser de dois tipos: (i) contratos à vista ou implícitos, nos quais ambas as partes da transação de comprometem de maneira informal a entregar um produto ou serviço e o pagamento referente a este no ato de realização da transação; e (ii) contratos a termo ou explícitos, nos quais uma das partes da transação se compromete formalmente (por escrito, via assinatura de documentos) a entregar um bem ou serviço no futuro em troca de um pagamento a ser realizado agora ou no futuro.

Os contratos a termo têm uma importância fundamental na organização do processo produtivo nas economias modernas devido ao fato de que a produção é um processo que demanda tempo (princípio da temporariedade dos processos econômicos). Dessa forma, a decisão de contratação dos insumos e fatores de produção antecede temporalmente a venda da produção acabada no mercado. Assim sendo, a decisão de produção deve ser tomada sem que o empresário tenha o conhecimento prévio do preço de venda (em mercados perfeitamente competitivos) ou da quantidade demandada de seus produtos (em mercados imperfeitamente competitivos). Os contratos a termo reduzem a incerteza ao estabelecer o fluxo de recursos (reais ou financeiros), a sua data de entrega e seus termos (preços). Dessa forma, tais contratos asseguram aos produtores a disponibilidade de insumos e os preços aos quais estes podem ser comprados. Além disso, os contratos funcionam também como um mecanismo de controle de custos por parte dos produtores, permitindo a estes calcular a rentabilidade relativa das diversas opções de produção (CARVALHO, 1992, p. 48).

Para que o sistema de contratos possa funcionar, contudo, alguns requerimentos devem ser atendidos. Em primeiro lugar, deve ser definida uma unidade na qual os valores das mercadorias a ser entregues agora ou no futuro são medidos, ou seja, deve-se definir uma unidade de conta. Em segundo lugar, deve ser definido um instrumento no qual os contratos possam ser liquidados, ou seja, um instrumento que seja aceito como contrapartida das mercadorias a serem entregues agora ou no futuro, o qual servirá então como meio de pagamento. Por fim, deve existir algum mecanismo social que garanta o cumprimento dos contratos, estabelecendo punições para as partes que não cumprirem os termos estabelecidos nos contratos.

A definição da unidade de conta e do instrumento que pode ser utilizado para a liquidação dos contratos é feita na lei dos contratos, cujo cumprimento é garantido pelo Estado. Isso significa que qualquer ativo que seja aceito ou possa ser usado para liquidar contratos é a moeda corrente da economia (*legal tender*). Se existirem substitutos perfeitos para a moeda corrente — porque existe um *market maker* que garante a conversão de um ativo em moeda corrente a uma taxa fixa —, então eles também serão moeda (p. 101).

Quanto maior for a proporção de atividades reguladas por contratos a termo e a maturidade destes, maior será o "valor real" da unidade de conta e, consequentemente, mais estável será o poder de compra da moeda. Se existir um sistema extenso de contratos a termo, então o objeto que é usado para liquidar obrigações correntes poderá ser visto também como um objeto para liquidar obrigações futuras. Dessa forma, o meio de pagamento da economia torna-se também reserva de valor. Daqui se segue, portanto, que a existência de contratos a termo denominados em moeda — ou seja, contratos nos quais a unidade de conta é constituída do mesmo ativo que o meio de pagamento — é o que torna a moeda um ativo (p. 102).

Carvalho (2015, p. 50-51) enfatiza que, enquanto o público acreditar na estabilidade dos preços no futuro, então os contratos a termo, em particular os contratos de trabalho, continuarão sendo denominados e liquidados na moeda legal, de maneira que o sistema de contratos reforçará a crença na estabilidade dos preços futuros, fazendo assim com que o prêmio de liquidez da moeda seja maior do que seu custo de carregamento. Para que essa crença seja sustentada, é necessário, contudo, que a moeda seja mantida relativamente escassa, ou seja, que a demanda futura pela moeda como ativo seja tida pelos tomadores de decisão como igual ou maior do que a sua oferta futura, do contrário, poderá se formar uma expectativa de redução do valor da moeda no futuro, rompendo, assim, a confiança no sistema de contratos. Nesse caso, a moeda perderá seu atributo de liquidez.

INCERTEZA E PREFERÊNCIA PELA LIQUIDEZ

No artigo *The General Theory of Employment*, publicado em 1937, Keynes afirma que uma das principais inovações da TG foi analisar a relação entre incerteza e a acumulação de riqueza e, em especial, a demanda de moeda (CARVALHO, 2015, p. 18). Apesar da centralidade da incerteza na argumentação apresentada no artigo de 1937, o fato é que Keynes não apresentou uma definição precisa desse conceito (p. 18). Para Carvalho, Keynes acabou adotando uma estratégia de definir o conceito de incerteza de forma imprecisa por intermédio de exclusão e de exemplos, como em uma das passagens mais conhecidas do referido:

> *By uncertain knowledge, let me explain, I do not mean merely to distinguish what is known for certain from what is only probable. The game of the roulette is not subject, is this sense, to uncertainty; nor is the prospect of a Victory bond being drawn. Or, again, the expectation of life is only slightly uncertain. Even the weather is only moderated uncertain. The sense in which I am using the term is that in which the prospect of a European war is uncertain, or the price of copper and the rate of interest twenty years hence, or the obsolescence of a new invention, or the position of private wealth owners in the social system in 1970. About these matters there is no scientific basis on which to form any calculus of probability whatever. We simply do not know.* (CWJMK, vol. XIII, p. 113-114)

Para Carvalho (1992, p. 56-62), uma noção mais precisa de incerteza na obra de Keynes pode, no entanto, ser obtida a partir da análise do conceito de "peso do argumento" apresentado no *Tratado sobre a Probabilidade*, publicado em 1923. Nessa obra, Keynes estava preocupado em entender até que ponto é racional aceitar como verdade uma proposição obtida por intermédio de argumentação a partir de outra proposição. Nesse contexto, Keynes define a "crença racional" como a plausibilidade lógica de uma proposição que foi derivada a partir de uma proposição inicial. Assumindo que o ponto de partida é correto, então a teoria da probabilidade nada mais seria do que a aplicação da lógica a um conjunto inicial de proposições para obter outro conjunto de proposições. Mas se as premissas sobre as quais a argumentação é construída são verdadeiras e se os argumentos são derivados logicamente, então por que razão as conclusões são meramente prováveis, em vez de certas? A resposta a essa pergunta é que o conjunto de premissas sobre as quais a argumentação é baseada pode ser incompleto, fazendo com que seja impossível obter conclusões certas, mas apenas conclusões sobre as quais é possível ter algum grau de crença racional.

As relações de probabilidade entre o conjunto inicial de premissas e as proposições que podem ser logicamente derivadas a partir delas ganham uma nova dimensão quando se leva em conta a possibilidade de as premissas iniciais serem incorretas, por não se basearem em evidências concretas, mas construídas a partir da imaginação dos indivíduos (CARVALHO, 1992, p. 61). Nesse caso, além da relação de probabilidade, deve-se levar em conta também o que Keynes denominou de "peso do argumento", o qual não é determinado pela comparação "between the favourable and unfavourable evidence, but between the absolute amounts of knowledge and of relevant knowledge and of relevant ignorance respectively" (KEYNES, 1923, apud CARVALHO, 1992, p. 58). Esse tipo de evidência não revela nenhum elo lógico novo entre as proposições, como também não nega ou invalida qualquer uma delas, mas apenas corrobora alguns argumentos já conhecidos, tanto de forma positiva como negativa. Nessas condições, argumenta Carvalho, a nova evidência pode não afetar a relação de probabilidade entre duas proposições, mas apenas o "grau de confiança" que se têm em tal relação.

A partir dessas considerações, podemos afirmar que a incerteza de uma relação nada mais é do que o grau de completude da informação disponível para os indivíduos no momento da tomada de decisão, o qual se expressa no "peso do argumento" ou no "estado de confiança" do tomador de decisão.

Carvalho (1992, p. 62-63) chama a atenção para o fato de que a incerteza não reflete métodos defeituosos de obtenção e processamento das informações, mas resulta da natureza dos processos sociais e econômicos. Se tais processos forem ergódicos, então o processo de tentativa e erro poderá levar os tomadores de decisão a eventualmente obter toda a informação necessária para orientar suas ações. O problema é que a ergodicidade demanda replicabilidade, o que exige que os processos sociais sejam invariantes no tempo. A replicabilidade, por seu turno, demanda a ausência de decisões cruciais no sentido de Shackle, ou seja, decisões que, uma vez tomadas, mudam de forma inexorável as condições iniciais nas quais o processo decisório foi implementado (p. 65). Nas palavras de Carvalho:

> *Uncertainty, therefore, is not simply a result of defective methods of reasoning. The insufficiency of premises is rooted in objective features of actual social processes. The lack of knowledge about, for instance, future demand of goods to serve as premises to an investment decision in a monetary economy cannot be overcome by observation or by developing better means of information.* (p. 63)

A existência de incerteza que não pode ser reduzida ao cálculo de probabilidades é de importância fundamental para o entendimento a respeito do funcionamento das economias modernas, porque tal incerteza muda o comportamento dos agentes relativamente ao que ocorre em uma situação em que os resultados futuros de qualquer curso de ação podem ser previstos com base no cálculo probabilístico (p. 94). Com efeito, se os processos econômicos e sociais forem ergódicos, então será possível analisar o processo de tomada de decisão no mundo estocástico com o mesmo ferramental teórico usado desenvolvido para lidar com esse problema no mundo determinístico. Nesse aspecto, Carvalho (1992, p. 94) lembra que na teoria neoclássica moderna, a "incerteza" impõe uma redefinição do conceito de bens,[3] mas não uma redefinição de comportamentos.

Se o futuro é incerto, então os tomadores de decisão precisam de proteção contra eventos imprevistos e não especificáveis que possam ocorrer no futuro e que tenham o potencial de afetar de forma adversa sua situação econômico-financeira (CARVALHO, 2015, p. 20). Como a moeda é o instrumento no qual todas as obrigações contratuais são especificadas e liquidadas, então ela é poder de compra na forma geral, tornando-se, assim, o seguro universal contra eventos adversos, principalmente no caso em que os tomadores de decisão possuem dívidas que os obrigam a fazer uma série de pagamentos contratuais agora e no futuro. Nesse contexto, a posse de moeda funciona como um "tranquilizante"

---

[3] A esse respeito, ver Debreu (1959) e Neumann e Morgenstern (1953).

contra as limitações nas quais é feita qualquer previsão sobre o resultado futuro de decisões tomadas no presente.

A demanda por proteção contra eventos imprevistos e não especificáveis pode ser atendida pela moeda e por outros ativos que possam ser rápida e facilmente conversíveis em meio de pagamento. Em outras palavras, essa demanda por proteção é, na verdade, uma demanda por liquidez. Como lembra Carvalho (1992, p. 83), a liquidez é a capacidade de converter um ativo em meio de pagamento e, portanto, em qualquer coisa que possa se adquirida com moeda. Dessa forma, a liquidez é um conceito bidimensional, pois ela se refere simultaneamente ao intervalo de tempo para a realização de um ativo (ou seja, o intervalo de tempo entre a decisão de venda do ativo e a concretização dessa decisão) e a capacidade desse ativo de conservar seu valor ao longo do tempo (CARVALHO, 1992, p. 85). Nesse contexto, um ativo será tão mais líquido quanto menor for a influência do prazo de realização sobre seu preço de venda (HICKS, 1974, p. 42-43).

Os ativos existentes em uma economia moderna podem ser classificados com base em seu grau de liquidez. A moeda é, por definição, o ativo mais líquido que existe, pois se trata do único ativo na economia cuja conversão em meio de pagamento está assegurada a priori e de forma continua a taxa de um para um. Daqui se segue que a elevada liquidez da moeda advém do fato de que ela é o único ativo que é simultaneamente meio de pagamento. A liquidez dos demais ativos depende da "facilidade" com a qual eles podem ser convertidos em moeda, e essa facilidade dependerá do grau de organização dos mercados secundários nos quais esses ativos são transacionados (CARVALHO, 1992, p. 86).

O grau de organização dos mercados secundários depende de três atributos (p. 89). O primeiro atributo é a densidade, que depende do tamanho do mercado, ou seja, do número de compradores em potencial do ativo que atuem como uma reserva de demanda que possa absorver de forma rápida e sem grandes pressões sobre os preços as quantidades postas a venda em um instante qualquer do tempo. A densidade depende, fundamentalmente, da substitubilidade entre os itens individuais de certa classe de ativos. Quanto menor o grau de substitubilidade, ou seja, quanto mais específicos forem os itens individuais, menor a densidade do mercado.

O segundo atributo é a permanência. Esse atributo refere-se ao tempo de operação dos mercados. Quanto mais permanente for um mercado, mais líquido será o ativo para o seu possuidor, porque maior será a probabilidade de que este seja capaz de encontrar um comprador para esse ativo, caso seja necessário se desfazer dele.

Por fim, o terceiro atributo é a existência de *market makers*. Um mercado organizado é aquele no qual são evitadas as flutuações excessivas dos preços dos ativos neles transacionados. A função dos *market makers* é precisamente evitar as flutuações excessivas dos preços dos ativos, atuando como compradores ou vendedores residuais desses ativos quando o excesso de oferta ou de demanda excede alguma margem aceitável.

Com base nessa discussão, os diferentes ativos existentes em uma economia podem ser classificados em três grandes grupos a partir dos determinados graus de liquidez. O primeiro grupo é formado pelos ativos ilíquidos, ou seja, pelos ativos cujos mercados de revenda são tão pouco organizados, que para todos os fins práticos esses ativos não podem ser revendidos durante sua vida útil. A maior parte do equipamento de capital é composta por ativos desse tipo.

O segundo grupo é constituído por ativos financeiros que são transacionados em mercados à vista bem organizados, de tal forma que os agentes que transacionam com esses ativos acreditam que os preços de tais ativos mudarão ao longo do tempo de uma maneira ordenada. Tais ativos são demandados tanto pelo fluxo de caixa que se pode obter deles quanto pela receita que se pode obter com sua revenda no mercado secundário.

O último grupo é constituído por ativos plenamente líquidos, os quais podem ser imediatamente convertidos em dinheiro por intermédio da sua venda em um mercado à vista no qual um *market maker* garante a conversão desse ativo na moeda legal a uma taxa fixa e preestabelecida. Os depósitos à vista são um exemplo de ativo plenamente líquido.

Vimos anteriormente que a existência de incerteza gera uma demanda por proteção contra eventos imprevistos e não especificados, a qual pode ser atendida diretamente pela posse de moeda ou por ativos que possam ser rápida e facilmente convertidos em moeda. Dessa forma, em um contexto de incerteza, os tomadores de decisão valorizam a posse de ativos líquidos em seu portfólio, o que significa dizer que eles estão dispostos a sacrificar a possibilidade de ter um maior retorno monetário em troca da posse de ativos líquidos. O rendimento que os tomadores de decisão estão dispostos a sacrificar em troca da liquidez é o prêmio de liquidez, definido como o retorno implícito (subjetivo) que os indivíduos atribuem à posse de ativos líquidos. Esse retorno implícito será tão maior quanto maior for a percepção de incerteza por parte dos tomadores de decisão.

Carvalho (1992, p. 97) chama a atenção para o fato de que na estrutura de agregação suposta nos Capítulos 13 e 15 da TG existem apenas dois ativos: moeda e títulos. Nesse arcabouço, a taxa de juros nada mais é do que o diferencial de retorno exigido pelos indivíduos para reter títulos, em vez de moeda em seus portfólios, ou seja, a taxa de juros é, nesse contexto, o prêmio pela renúncia à liquidez.

A preferência pela liquidez não se reduz, contudo, à demanda de moeda no contexto mais geral em que existe um espectro de liquidez, no qual um dos extremos é constituído por ativos ilíquidos, e o outro, por ativos perfeitamente líquidos. Nesse arcabouço, a preferência pela liquidez determinará não o nível da taxa de juros, mas os preços e as taxas de retorno de todos os ativos existentes na economia. Isso porque a preferência pela liquidez fará com que, em equilíbrio, os ativos menos líquidos proporcionem aos seus possuidores uma taxa de retorno mais alta do que os ativos menos líquidos, como compensação por sua menor liquidez. Entendida dessa forma, a teoria de preferência pela liquidez é, na verdade, uma teoria de apreçamento de ativos, não uma teoria da demanda de moeda (CARVALHO, 1992, p. 98).

TAXA PRÓPRIA DE JUROS, PREFERÊNCIA PELA LIQUIDEZ E ACUMULAÇÃO DE CAPITAL

A apresentação da teoria da preferência pela liquidez como uma teoria do apreçamento de ativos é feita, segundo Carvalho (1992, p. 81), por Keynes no Capítulo 17 da TG. Nesse capítulo, Keynes apresenta a determinação dos preços à vista (*spot*) e a termo (*forward*) dos diversos ativos existentes em uma economia monetária. A relação entre esses preços induzirá mudanças nos fluxos de oferta dos ativos, permitindo, assim, o ajuste das quantidades ofertadas às quantidades demandadas.

Para Keynes, todos os ativos possuem os seguintes atributos em maior ou menor grau. O primeiro atributo consiste nas quase-rendas (q), ou seja, as receitas monetárias que o possuidor de riqueza espera obter da utilização do ativo no processo produtivo (lucros) ou da simples posse de tal ativo (juros). Essas expectativas são formadas em um contexto de incerteza não probabilística no qual os indivíduos sabem que eventos inesperados podem ocorrer. Nesse contexto, um elemento importante na formação das expectativas de quase rendas é o grau no qual os indivíduos confiam em suas próprias previsões. Essas expectativas envolvem, assim, dois elementos: o melhor prognóstico que o agente é capaz de formular a respeito das quase-rendas e o estado de confiança que ele tem em suas próprias expectativas. Uma redução do estado de confiança gera, portanto, uma redução das quase-rendas esperadas.

O segundo atributo é o custo de carregamento (c), que consiste nos rendimentos negativos associados à manutenção de um ativo no portfólio dos possuidores de riqueza. Esses custos podem envolver custos de armazenamento, seguros ou o pagamento de juros caso a aquisição do ativo tenha sido financiada com empréstimos.

O terceiro atributo consiste nos ganhos ou perdas esperadas de capital (a), definidos pela diferença entre o preço esperado de venda e o preço de compra do referido ativo.

Por fim, o último atributo é o prêmio de liquidez (l), o qual é definido como o rendimento implícito atribuído pelo individuo à posse de ativos líquidos em seu portfólio.

A partir desses atributos é possível definir o conceito de taxa própria de juros em termos monetários, uma medida do rendimento total do ativo, o que inclui não apenas seus rendimentos monetários explícitos, como também o rendimento implícito que a maior ou menor liquidez do ativo proporciona para seu possuidor.[4] Dessa forma, os indivíduos escolherão aqueles ativos que proporcionam a maior taxa própria de juros em termos monetários possível. A concorrência entre os agentes econômicos para obter os melhores ativos induzirá uma variação nos

---

4 É importante distinguir entre os conceitos de taxa própria de juros e taxa própria de juros em termos monetários (KALDOR, 1980). A taxa própria de juros é o retorno, medido em termos de uma mercadoria, do empréstimo dessa mesma mercadoria ou ativo. Trata-se da quantidade de uma mercadoria que pode ser comprada a termo (ou no mercado futuro) em troca de certa quantidade da mesma mercadoria vendida no mercado à vista. Já a taxa própria de juros em termos monetários é a taxa própria de juros de uma mercadoria ou ativo, taxa essa que é corrigida pela apreciação (ou depreciação) do ativo relativamente à moeda. A argumentação que se segue está baseada no conceito de taxa própria de juros em termos monetários.

preços desses ativos até que a taxa própria de juros de todos eles se equalizem. Esse processo determinará o preço à vista (*spot*) dos diferentes ativos existentes na economia. Se o preço à vista do ativo for maior do que o preço para entrega futura (*forward*), então será possível para os produtores desses ativos aumentar de forma lucrativa a produção destes. A quantidade disponível desses ativos no mercado aumentará de forma gradual, reduzindo, assim, seu preço à vista até que este se ajuste ao preço para entrega futura. No ponto em que o preço para entrega imediata do ativo se igualar ao preço para entrega futura, então não haverá produção adicional do ativo, de maneira que a economia estará em equilíbrio de longo período.

O modelo de taxa própria de juros em termos monetários desenvolvido no Capítulo 17 da TG tem os seguintes pressupostos (CARVALHO, 1992, p. 81-90). Em primeiro lugar, o horizonte temporal suposto para a escolha de portfólio é de apenas um período. Dessa forma, todos os ativos existentes na economia apresentam o mesmo período de retenção, devendo ser realizados obrigatoriamente ao final de um período. Esse expediente evita o cálculo de valor presente, o qual exigiria o uso de uma taxa de juros exógena para determinar os preços à vista dos diferentes ativos. Em segundo lugar, a dimensão temporal dos diferentes ativos não é ignorada, mas embutida em outra variável: o prêmio de liquidez. Assim sendo, quanto maior for a liquidez de um ativo, maior será a capacidade de seu possuidor de vendê-lo "antecipadamente, sem perdas" no interior do período de retenção. Em outras palavras, quanto maior a liquidez do ativo, mais curto será seu período efetivo de retenção para o agente econômico. Por fim, todos os atributos dos ativos são medidos em uma unidade que é proporcional ao preço do ativo no mercado à vista. Dessa forma, a soma do valor de todos os atributos do ativo fornece sua taxa de retorno total, ou seja, a taxa própria de juros em termos monetários.

Dados esses pressupostos, consideraremos uma economia na qual existam apenas três ativos: moeda, títulos e capital. A moeda é o meio de pagamento e unidade de conta usada na economia de forma que seu prêmio de liquidez (lm) é máximo, ao passo que as quase rendas esperadas, o custo de carregamento e o ganho esperado de capital são todos iguais a zero, ou seja, $qm = cm = am = 0$. Os títulos são ativos negociados em mercados secundários bem organizados de forma que seu prêmio de liquidez (lb) é positivo, porém menor do que o prêmio de liquidez da moeda. Iremos supor que a soma entre os ganhos esperados de capital e as quase rendas esperadas ($ab + qb$) pela posse desses ativos é superior ao seu custo de carregamento (*cb*). O capital, por sua vez, é um ativo que não é transacionado em mercados secundários, sendo, portanto, ilíquido. Em outras palavras, o prêmio de liquidez dos ativos de capital é igual a zero, da mesma forma que os ganhos esperados de capital, ou seja, *lk* = *ak* = *0*. Por fim, as "quase rendas" esperadas pelo uso do capital no processo produtivo são superiores ao custo de carregamento desse ativo, isto é, *qk* > *ck* > *0*.

A condição de equilíbrio de portfólio consiste na igualdade entre as taxas próprias de juros em termos monetários para todos os ativos existentes na economia, o que, para o caso em consideração, é dada pela seguinte expressão:

$$l_m = l_b + a_b + q_b - c_b = q_k - c_k (1).$$

Essa igualdade é assegurada de forma contínua no curto período pela variação do preço do ativo para entrega imediata (o preço à vista do ativo no mercado secundário) relativamente ao preço esperado do ativo para entrega futura, fechando, assim, eventuais divergências entre as taxas próprias de juros em termos monetários.

Exemplificando, suponhamos que um aumento do estado de confiança dos empresários eleve a taxa própria de juros em termos monetários do capital. Nesse caso, uma situação inicial de desequilíbrio de portfólio é produzida, onde:

$$l_m = l_b + a_b + q_b - c_b < q_k - c_k (2).$$

Face a esse desequilíbrio entre as taxas próprias de juros em termos monetários dos diferentes ativos, os possuidores de riqueza reverão a composição de seu portfólio, reduzindo a participação da moeda e dos títulos em seu estoque de riqueza, para aumentar a participação do capital. Nesse processo de ajuste de portfólio, o preço dos títulos no mercado à vista se reduzirá, ao passo que o preço de demanda do ativo de capital aumentará,[5] fazendo com que a igualdade entre as taxas próprias de juros em termos monetários seja restabelecida.

---

5 Como o capital é um ativo ilíquido por não ser negociável em mercados secundários, não podemos falar em preço à vista ou para entrega imediata desse ativo. Dessa forma, a quase renda esperada do capital é definida pela razão entre a receita monetária esperada desse ativo (*Q*) e o preço de demanda do equipamento de capital, ou seja, o preço máximo que os empresários estão dispostos a pagar por uma unidade adicional desse ativo.

O aumento do preço de demanda do equipamento de capital, por sua vez, criará um hiato entre o preço de demanda e o preço de oferta do referido ativo. Mais especificamente, o preço máximo que os empresários estarão dispostos a pagar por uma unidade adicional de capital será maior do que o preço desse ativo para entrega futura (via encomenda de novos bens de capital aos fabricantes desse equipamento). Dessa forma, haverá um claro sinal de mercado para os empresários encomendarem novas unidades de capital junto aos fabricantes desses equipamentos, resultando, assim, em um estímulo ao investimento (CARVALHO, 1992, p. 92).

Qual seria o efeito sobre os preços dos ativos e sobre o investimento de um aumento da percepção de incerteza por parte dos possuidores de riqueza? Nesse caso, o prêmio de liquidez da moeda aumentaria, produzindo um desequilíbrio entre as taxas próprias de juros em termos monetários dos diversos ativos. Esse desequilíbrio induziria a uma mudança da composição de portfólio, no sentido de aumentar a participação da moeda e reduzir a participação dos títulos e do capital. Esse movimento, por sua vez, levaria a uma queda tanto dos preços dos títulos como do preço de demanda do equipamento de capital, restabelecendo, assim, a igualdade entre as taxas próprias de juros em termos monetários de todos os ativos. A queda do preço de demanda do equipamento de capital, no entanto, resultaria em uma situação em que o preço máximo que os empresários estão dispostos a pagar por uma unidade adicional de capital é menor do que o preço desse equipamento para entrega futura, desestimulando, assim, o investimento em capital fixo, com reflexos negativos sobre o nível de produção e de emprego da economia como um todo.

José Luis Oreiro[6]

CONCLUSÃO

Nesta introdução ao livro *Keynes e os Pós-Keynesianos*, analisamos as principais contribuições teóricas de Fernando Cardim de Carvalho no que se refere

---

6 Professor do Departamento de Economia da Universidade de Brasília e pesquisador do CNPq. Autor do livro *Macroeconomia do Desenvolvimento: uma perspectiva Keynesiana* (2016).

tanto à definição do "núcleo duro" do programa de pesquisa pós-keynesiano, como ao desenvolvimento das teorias que compõem seu "cinturão protetor". Em particular, suas principais contribuições teóricas foram a definição dos princípios fundamentais que definem o conceito de economia monetária da produção, análise sobre tomada de decisões sob condições de incerteza não probabilística, desenvolvimento de uma teoria de escolha de portfólio na qual a decisão de investimento é vista como uma entre várias estratégias possíveis de acumulação de riqueza, e a teoria da preferência pela liquidez.

Em sua palestra feita no Encontro na Unicamp que fundou a Associação Keynesiana Brasileira, em 2008, Carvalho (2008, p. 569) disse que "Há muitos anos é notada, com alguma surpresa, a forte influência do pensamento de Keynes e seus seguidores sobre o pensamento econômico brasileiro", sendo que "sem negar a aceitação do pluralismo acadêmico por vários economistas ortodoxos, é difícil negar que a preservação da liberdade de reflexão acadêmica do Brasil sempre dependeu muito mais da força dos praticantes de tradições independentes do que da abertura intelectual da ortodoxia". Fernando Cardim de Carvalho, em função de sua magistral contribuição teórica, liderança intelectual e ativa participação acadêmica no Brasil, no ensino, em orientações e participações em congressos e encontros, além de obviamente sua profícua produção acadêmica, foi, sem dúvida, quem mais contribuiu para tanto!

REFERÊNCIAS

CARVALHO, F. C. *Mr Keynes and the Post Keynesians: Principles of Macroeconomics for a Monetary Production Economy*. Aldershot: Edward Elgar, 1992.

_____. Keynes e o Brasil. *Economia e Sociedade*, 17: 569-574, 2008.

_____. *Liquidity Preference and Monetary Economies*. Londres: Routledge, 2015.

DAVIDSON, P. Reviving Keynes's revolution. *Journal of Post Keynesian Economics*, 6(4): 561-575, 1984.

_____. A technical definition of uncertainty and the long-run non-neutrality of money. *Cambridge Journal of Economics*, 12: 329-337, 1988.

_____. *Post Keynesian Macroeconomic Theory*. Edward Elgar: Aldershot, 1994.

KEYNES, J. M. *The Treatise on Money: The Applied Theory of Money*. New York: Harcourt Brace and Company, 2011 (originalmente publicado em 1930).

_____. *The General Theory of Employment, Interest and Money*. Londres: Macmillan Press, 1936.

_____. *A teoria geral do emprego*. In: Szmrecsányi, T. (org). Keynes. São Paulo: Editora Ática, 1937a.

_____. Alternative theories of the rate of interest. *Economic Journal*, June, 47(186): 241-252, 1937b.

_____. The 'ex-ante' theory of the rate of interest. *Economic Journal*, 47(18): 663-669, 1937c.

_____. The process of capital formation. *Economic Journal*, 49(195): 558-577, 1939.

_____. *The Collected Writings of John Maynard Keynes* (Edited by Donald Moggridge). Cambridge: Macmillan Press, 1937. [No texto aparece como CWJMK].

LAKATOS, I. *The methodology of scientific research programmes*. In: Worrall, J; Currie, G. (eds.). Philosophical Papers. Cambridge: Cambridge University Press, 1978.

MINSKY, H. *Stabilizing an Unstable Economy*. New Heaven: Yale University Press, 1986.

OHLIN, B. Some notes on the Stockholm theory of savings and investment. *Economic Journal*, 47 (185): 52-69, 1937.

SCHUMPETER, J. A. *History of Economic Analysis*. Oxford: Oxford University Press, 1954.

PARTE I

FUNDAMENTOS

CAPÍTULO 1
Keynes, os Keynesianos e os Pós-Keynesianos

CAPÍTULO 2
A Caminho da Revolução Keynesiana:
Algumas Considerações Metodológicas

CAPÍTULO 3
Fundamentos da Teoria Econômica Pós-Keynesiana:
O Conceito de Economia Monetária

CAPÍTULO 4
Probabilidade, Incerteza e Expectativas

CAPÍTULO 1

KEYNES, OS KEYNESIANOS E OS PÓS-KEYNESIANOS

Em uma famosa carta enviada a G. B. Shaw antes da publicação da *Teoria Geral*, Keynes anunciou que seu novo livro revolucionaria a maneira como as pessoas pensavam em problemas econômicos. Segundo Keynes, o pensamento econômico era dominado por premissas ricardianas, tanto na versão ortodoxa quanto no ramo marxista, enfatizando os mecanismos de alocação e distribuição, mas ignorando a questão da determinação do nível de emprego e de renda agregada. A Teoria Geral veio libertar o pensamento econômico do jugo ricardiano e pôr a ciência econômica em um novo caminho (CWJMK, vol. XXVIII, p. 42).

Ao ler a avaliação que o próprio Keynes fazia de sua obra naquela época, ninguém pode duvidar de que ele a encarava como o marco de um novo começo para a ciência econômica. Na *Teoria Geral*, ele comparou a economia ortodoxa com a geometria euclidiana tentando lidar com um mundo não euclidiano. A imagem reflete com muita precisão a visão de Keynes. Acreditava-se que a economia clássica fosse uma superestrutura logicamente sólida e coerente erguida

26 | Keynes e os Pós-Keynesianos

sobre uma fundação inadequada.[1] Assim, era necessária uma ruptura um tanto radical com a ortodoxia para permitir que uma nova ciência econômica se desenvolvesse. Nas palavras de Keynes, "Nossa crítica da teoria econômica clássica aceita se consistiu tanto na identificação de falhas lógicas em sua análise quanto na observação de que suas premissas tácitas raramente ou nunca se verificam, do que resulta sua incapacidade de solucionar os problemas econômicos do mundo real" (KEYNES, 1964, p. 378).[2]

As esperanças de Keynes certamente se frustraram. A *Teoria Geral* encontrou forte reação dos círculos conservadores e recepção entusiasmada por um pequeno grupo de jovens economistas, mas, de modo geral, pareceu gerar principalmente perplexidade entre os acadêmicos, que tiveram grande dificuldade para determinar qual, exatamente, era o ponto da obra.[3] É notável, por exemplo, que um autor tão bem informado quanto Harrod, que participou das discussões em torno da preparação da *Teoria Geral*, tenha sido advertido por Keynes ao resenhar a obra por não ter mencionado a propensão a consumir, que Keynes considerava um dos principais e mais inovadores conceitos que tinha a oferecer (CWJMK, vol. XIV, p. 84-86).

Tornou-se lugar-comum em economia afirmar que a *Teoria Geral* não faz justiça às qualidades de Keynes enquanto escritor, que o livro é obscuro e por vezes contraditório, e assim por diante. Como se dá com a maioria dos luga-

---

1 É bem sabido que Keynes usou a expressão "economia clássica" de maneira algo confusa, agrupando autores como Ricardo, Mill, Marshall e Pigou e tomando os dois últimos autores como representantes dessa abordagem. "Economia neoclássica" era um termo restrito a autores revisionistas, como Wicksell e seus seguidores. Para evitar anacronismos e manter a coerência com as citações que faremos das obras do próprio Keynes, adotaremos seu uso do rótulo "economia clássica", em referência à análise neoclássica moderna, restringindo a "economia política clássica" à abordagem smith-ricardo-marxiana.

2 No breve primeiro capítulo da *Teoria Geral*, Keynes não negou que a teoria clássica poderia ser aplicável a determinados casos, mas alertou: "Sustentarei que os postulados da teoria clássica se aplicam a um caso especial e não ao caso geral, sendo a situação que presume um ponto limite das possíveis situações de equilíbrio. Contudo, as características do caso especial que a teoria clássica presume não são as da sociedade econômica em que realmente vivemos, com o resultado de que seus ensinamentos são enganosos e desastrosos se tentarmos aplicá-los aos fatos experimentados" (KEYNES, 1964, p. 3).

3 Keynes na verdade parecia algo preparado para uma recepção morna daqueles treinados na tradição clássica, que flutuariam entre "uma crença em que estou completamente equivocado a uma crença em que não estou dizendo nada de novo" (KEYNES, 1964, p. V). Ou, como Minsky posteriormente escreveu, entre jugar que o que era novo não era correto e o que era correto não era novo.

Keynes, os Keynesianos e os Pós-Keynesianos | 27

res-comuns, esses comentários somente em parte são verdadeiros. A imagem é perpetuada principalmente por quem a usa como desculpa para não dedicar o esforço necessário para compreender uma obra tão original e profunda quanto a *Teoria Geral*. Vemos a mesma observação usada repetidamente em relação a praticamente todos os livros que marcaram época.

Seja lá como for, reconhecer ideias revolucionárias é sempre difícil, e a *Teoria Geral* não ajuda nesse sentido. Como está bem documentado nos volumes 13 e 29 das *Obras Completas* de Keynes, a mensagem revolucionária está camuflada na versão definitiva publicada, em cujo segundo capítulo Keynes usou sua crítica à lei de Say em lugar da discussão originalmente pretendida sobre paradigmas econômicos, a economia cooperativa frente a economia monetária ou empresarial, que deveria estar no capítulo inaugural do livro. As frequentes observações de Keynes no sentido de que a economia clássica estava correta "nos próprios termos", juntamente da sua ênfase nem sempre consistente naquilo que constituiria a verdadeira inovação da Teoria Geral,[4] confundiram muitos leitores e os levaram a subestimar sua ruptura com a ortodoxia.

Nesse contexto, não deveria surpreender que o artigo de Hicks de 1937, *Mr Keynes and the Classics. A Suggested Interpretation*, tenha moldado com tanto sucesso aquilo que o público entenderia como o núcleo da *Teoria Geral*. Alegando que os argumentos não eram apresentados na obra de maneira a permitir comparação adequada entre as ideias de Keynes e a dos clássicos, Hicks se pôs a fazer aquilo que ele modestamente considerava nada mais que uma sistematização dos

---

4 Compare-se, por exemplo, o prefácio da edição francesa da *Teoria Geral*, em que a propensão a consumir e o multiplicador são apresentados como a inovação essencial do livro, e o famoso artigo *Teoria Geral do Emprego*, em que, apesar de não negar a relevância da propensão a consumir, a ênfase claramente se desloca para os conceitos de incerteza e suas implicações para decisões de acumular riqueza. Embora se possa dizer (corretamente, em minha opinião) que os dois elementos são essenciais para a criação de um novo paradigma para a ciência econômica, a maioria dos leitores de Keynes parece ter sentido a necessidade de optar por uma das duas ênfases, levando a interpretações radicalmente diferentes daquilo a que se refere a economia keynesiana. Compare-se, por exemplo, Garegnani (1978/9) e Shackle (1967). Sustentaremos, adiante, que, em certa medida, trata-se de uma falsa oposição enraizada nas tentativas daquelas escolas de ler Keynes segundo outras escolas ou formas de pensar, como a abordagem ricardiana ou a austríaca. Sugerimos, por outro lado, que ao aceitar a afirmação de Keynes de ter lançado as bases para um paradigma alternativo (o da "economia monetária de produção"), somos levados a afirmar que não devemos procurar por argumentos inovadores isolados (embora os haja em abundância), mas por uma nova "visão" (no sentido schumpeteriano), segundo a qual se articulam esses novos conceitos. O ponto será mais bem desenvolvido no próximo capítulo.

28 | Keynes e os Pós-Keynesianos

dois modelos que permitisse que fossem diretamente confrontados. A crítica de Hicks era a de que Keynes atacava os clássicos por sua visão do mercado de trabalho e tentava sobrepor-se a eles com uma nova teoria da moeda.

Dotado de uma poderosa mente lógica, Hicks conseguiu demonstrar que os modelos poderiam ser representados como variantes de uma mesma estrutura básica que poria Keynes em confronto direto com os clássicos. Os modelos, é claro, são bem conhecidos. Levaram à construção das famosas curvas IS/LM, que constituíam (e em grande medida ainda constituem) o senso comum da macroeconomia moderna. De acordo com Hicks, poderíamos identificar no debate três modelos:[5]

I	II	III
$I = S\ (i, Y)$	$I = S\ (Y)$	$I = S\ (Y)$
$I = I(i)$	$I = I\ (i)$	$I = I\ (i)$
$M = kY$	$M = L\ (i)$	$M = L\ (i,\ Y)$

onde I é o investimento, S é a poupança, Y é a renda, i é "a" taxa de juros e M é (a demanda igual à oferta de) moeda.

Hicks chama o modelo I de "clássico", o II de "keynesiano especial" e o III de "keynesiano". As duas primeiras equações dos três modelos nos dão a curva IS, e a terceira define a curva LM. Os modelos, na verdade, trazem duas equações independentes em duas variáveis endógenas, i e Y, permitindo encontrar solução simultânea para o equilíbrio nos mercados de bens e no mercado monetário.

Segundo a forma como Hicks define os modelos, as diferenças entre os modelos I e II estão na função de poupança e na demanda por moeda. Hicks subestima a primeira e enfatiza a segunda, que confronta a Equação Quantitativa de Cambridge com a Preferência pela Liquidez de Keynes. Contudo, argumenta Hicks, mesmo essa diferença não é tão importante quanto pode parecer à primeira vista, porque, muito embora Keynes enfatize o papel das taxas de juros na determinação da demanda por moeda (por meio do motivo da especulação de demanda por moeda), quando se considera a demanda transacional por moeda de Keynes, o modelo a ser utilizado não é o II, mas o III, o que representa, con-

---

5 Não estou utilizando a notação original e recorro, em vez disso, aos símbolos mais comumente empregados hoje em dia.

Keynes, os Keynesianos e os Pós-Keynesianos | 29

forme Hicks, "um grande passo atrás em direção à ortodoxia marshalliana", fazendo com que "sua teoria (...) seja difícil de distinguir das teorias marshallianas revistas e qualificadas (...)" (HICKS, 1967, p. 134).[6]

Se as diferentes funções de poupança não forem consideradas e se, como Hicks corretamente observou, a introdução das taxas de juros na equação de demanda por moeda não contradiz os fundamentos da Teoria Quantitativa (como demonstraram artigos como os de Friedman (1956), Tobin (1956) ou Baumol (1952), a única diferença que pode restar entre Keynes e os clássicos tem a ver com os parâmetros tidos como prováveis para as equações. A esse respeito, se indica que Keynes levantou a possibilidade de que a demanda por moeda se tornasse infinitamente elástica em algum nível muito baixo de taxas de juros, a chamada armadilha de liquidez, uma ideia desconhecida para os economistas clássicos. Mas tal situação só tem probabilidade de se verificar durante uma depressão. Assim, a revolução de Keynes efetivamente se limita a enfatizar a possibilidade de que as taxas de juros podem se tornar rígidas para baixo durante depressões, o que traz a implicação de que políticas que dependam da flexibilidade das taxas de juros não funcionariam sob tais condições, obrigando os formuladores de políticas a recorrer a outros instrumentos, como a política fiscal, por exemplo. A identificação da economia keynesiana com a economia da depressão e com o fiscalismo, marcas daquilo que Samuelson mais tarde veio a chamar de "síntese neoclássica", teve início com o artigo de Hicks em 1937.[7]

Muito já se discutiu a respeito de até que ponto o modelo IS/LM efetivamente representa o modelo da *Teoria Geral*. O próprio Hicks, em seus anos tardios, participou do debate, recomendando cautela em relação aos muitos usos inadequados que dele se faziam. Chegou a observar a atemporalidade do esquema, assim como sua incapacidade de identificar relações causais graças à sua estrutura baseada no equilíbrio geral. Por outro lado, não se pode ignorar o fato de que Keynes, tendo lido o artigo de Hicks, comentou que "o tinha achado muito interessante e que quase nada tinha a dizer em termos de críticas"

---

6 A relação entre as ideias de Keynes e as de Marshall é, na verdade, muito complexa. Alguns de seus aspectos serão explorados no próximo capítulo.

7 Isso se refere tanto ao "pessimismo das elasticidades" criticado por Leijonhufvud (1968) quanto a modelos como os de Klein, que presumem que o investimento e a poupança seriam coordenados pela taxa de juros, mas que essa taxa poderia ser negativa, tornando impossível o equilíbrio. (Ver: KLEIN, 1952).

(CWJMK, vol. XIV, p. 79).[8] Também se pode argumentar que pode não ser uma representação injusta das relações semiformais que Keynes ofereceu no Capítulo 18 da *Teoria Geral*. Nesse capítulo, Keynes sintetiza sua teoria do emprego em três "equações" bem definidas. A primeira é solucionada usando "a" taxa de juros, igualando a oferta de moeda, que é dada exogenamente, e a escala de preferência pela liquidez. A segunda equação nos dá o valor do investimento lido a partir da escala de eficiência marginal do capital quando é dada a taxa de juros. Finalmente, a terceira equação independente é solucionada para a renda total quando o valor do investimento é sabido e combinado com a propensão a consumir. Embora Keynes enfatizasse com clareza as relações causais que vão dos formuladores de políticas aos consumidores, nos é dado um sistema de três equações e três incógnitas (a taxa de juros, o valor do investimento e a renda total) que só podem ser solucionadas simultaneamente. Nesse sentido, o modelo IS/LM é capaz de fornecer uma descrição de um estado de equilíbrio, aqui entendido como um conjunto de valores para as variáveis endógenas que são condizentes uns com os outros, dado o valor das variáveis exógenas. Mas se as relações formais propostas no Capítulo 18 não estão incorretamente representadas por Hicks, seu conteúdo substancial é muito mais problemático. Como demonstrou Kregel (1985, p. 223-227), Keynes criticou a representação que Hicks fez de sua oposição aos clássicos em termos do formato da curva LM. Na verdade, estava em jogo uma questão muito mais fundamental: a natureza não monetária da taxa de juros na economia clássica.

Para nossos fins, há duas críticas principais a fazer em relação ao artigo de Hicks. Primeiro, sua insuficiência em relação ao que se pretende, uma comparação entre as teorias macroeconômicas de Keynes e dos clássicos. O texto se presta muito mais ao contraste da especificação das funções para procedimentos de estimação econométrica do que à discussão teórica. Isso fica claro quando tomamos a escala de investimento nos dois modelos. A teoria clássica do investimento o torna dependente da relação entre trabalho e capital. Como a taxa de juros deve dar o preço do capital (e, portanto, medir sua escassez relativa), o investimento torna-se função das taxas de juros, por refletir a intensidade do emprego do capital. A teoria de Keynes quanto à eficiência marginal do capital

---

8 Na verdade, Keynes criticou a apresentação de Hicks da função investimento por causa de sua dependência em relação à renda corrente em vez das expectativas. (Ver: CWJMK, vol. XIV, p. 80-81)

nada tem a ver com a intensidade do uso do capital, mas com seu montante, independentemente do montante de trabalho utilizado. A taxa de juros é um fator de desconto, não uma medida de escassez relativa. É um custo de oportunidade no que se refere às colocações financeiras, não ao trabalho. Finalmente, como apontou Keynes, a eficiência marginal do capital apenas coincidiria com sua produtividade marginal em estados estacionários. Um estudo teórico tem a obrigação de debater essas questões. O exame que Hicks fez, contudo — como, aliás, pode ser apropriado a um periódico de econometria como aquele que originalmente publicou o artigo —, se interessa apenas pela variável explicitada nas funções, a taxa de juros, ignorando o que se mantém constante nessas relações, o que é questão de conveniência econométrica, mas não tem relevância teórica.

O principal, contudo, tem a ver com a maneira como Hicks aborda o próprio alcance da *Teoria Geral*. Em seus rascunhos da obra, Keynes insistia (e permanecem alguns remanescentes dessa insistência na versão publicada) que não estava tentando fornecer uma alternativa pontual à teoria clássica, mas, sim, uma alternativa total. É claro que não se pode criticar Hicks por não levar em conta aquilo que, afinal, não chegou a ser publicado. O resultado de se tratar a teoria keynesiana como o fez Hicks, de qualquer forma, foi favorecer a visão de que Keynes na verdade compartilhava das mesmas premissas que a economia ortodoxa, dela divergindo apenas em ternos das expectativas quanto ao valor de parâmetros relevantes. Mas esse tipo de abordagem nem toca em problemas teóricos fundamentais. Está implícito em apresentações como a dada anteriormente, em que os modelos I e II são comparáveis e, se o são, compartilham uma estrutura comum.[9] São, em outras palavras, versões concorrentes de uma mesma teoria fundamental. A pesquisa no sentido dado por Hicks então assumiu duas formas, ambas características da síntese neoclássica. Por um lado, os economistas de inclinação empirista tentavam estimar as relações relevantes, procurando determinar o valor dos parâmetros em debate. Por outro, pesquisadores mais teóricos tentavam desenvolver conceitos propostos na *Teoria Geral*, como a propensão a consumir, a preferência pela liquidez, e assim por diante, dentro do arcabouço econômico ortodoxo. O próprio Hicks, mais uma vez, foi um dos principais colaboradores dessa segunda linha de trabalhos com seu merecidamente famoso *Valor e Capital*, em que desenvolveu modelos de consumo, investimento e de-

---

9 Foi o caso, por exemplo, do debate entre Friedman e Tobin no começo da década de 1970, em que os dois apelaram para o modelo IS/LM. (Ver: FRIEDMAN, 1970, e TOBIN, 1972)

32 | Keynes e os Pós-Keynesianos

manda por moeda em versões alternativas aos blocos de construção da *Teoria Geral*.[10] A economia keynesiana tornou-se, em sua versão neoclássica, o desenvolvimento daquele programa de pesquisa.

Leijonhufvud (1968) fez referência a um acordo tácito que de certa forma definiu o desenvolvimento da macroeconomia keynesiana *mainstream*. De acordo com esse acordo, economistas empíricos e voltados para a ação reconheciam o fracasso de Keynes em desenvolver uma verdadeira alternativa teórica à teoria econômica clássica, aceitando que Keynes nada fizera além de examinar as consequências da existência de rigidezes e outras imperfeições, algo que a ortodoxia sempre admitira ser possível. Por outro lado, economistas teóricos aceitavam que as rigidezes e imperfeições que Keynes escolhera enfatizar eram importantes para o mundo real e, assim, para a formulação de políticas econômicas.

Se Hicks lançou as bases para a aceitação de Keynes como um economista que se desviava ligeiramente do *mainstream*, o debate sobre o efeito Pigou que ocupou as décadas de 1940 e 1950 representou o encerramento da discussão quanto à possível originalidade teórica das ideias de Keynes. O círculo se fechou quando se pôde demonstrar de maneira satisfatória para a maioria dos participantes no debate que a plena flexibilidade de preços e salários levaria qualquer economia a um estado de pleno emprego. Seria até possível escapar da armadilha de liquidez se os salários e preços monetários ficassem tão baixos, que o efeito riqueza sobre o consumo causasse a necessária recuperação da demanda agregada. A discussão sobre o efeito Pigou na verdade serviu para consagrar o acordo denunciado por Leijonhufvud, uma vez que os principais defensores de sua importância teórica, como Patinkin, também logo reconheceram sua completa irrelevância como orientação para a formulação de políticas. O último bastião dos keynesianos foi a própria arena política, no debate que se deu no final da década de 1970 acerca da curva de Phillips e da taxa natural de desemprego, quando monetaristas de todos os tipos pareceram eliminar qualquer remanescente do conceito de desemprego involuntário.

Parece que a vulnerabilidade desses "acordos" não fora percebida por muitos keynesianos *mainstream*. Na síntese neoclássica, a ortodoxia permanecia com o

---

10 A observação de Clower de que a maioria do que se sabe sobre a macroeconomia moderna se deve a Hicks, e não a Keynes, é plenamente justificada. (Ver a introdução de CLOWER a HICKS (1974))

Keynes, os Keynesianos e os Pós-Keynesianos | 33

argumento científico, enquanto os keynesianos ficavam com os elementos *ad hoc* das rigidezes e imperfeições, os motivos pelos quais jamais foram efetivamente compreendidos. Quando, na década de 1970, se propôs o debate a respeito dos microfundamentos da macroeconomia em preparação para o ataque dos clássicos contra os keynesianos *mainstream*, estes se viram enormemente desprovidos de argumentos para sustentar seus pontos de vista, tendo de recuar para a aceitação de conceitos profundamente não keynesianos ou até antikeynesianos, como a taxa natural de desemprego, ou para a lista de irracionalidades, como a ilusão monetária e outras assemelhadas.[11] Pode-se avaliar a fragilidade da posição keynesiana quando se vê, traduzido em termos teóricos, o acordo político apontado por Leijonhufvud:

> *Evidentemente, produção e consumo são limitados pelas ofertas de trabalho, bens de capital e outros recursos produtivos. Quase todos os economistas, sejam eles keynesianos, clássicos, ou ecléticos, concordam que, no longo prazo, esses fatores de oferta dão o tom e a demanda se adapta. Eles também concordavam em que os ciclos de negócio de curto prazo seriam principalmente flutuações da demanda; a capacidade de produção da economia como um todo varia lenta e suavemente.* (TOBIN, 1987, p. 127)[12]

No próximo capítulo discutiremos a importância do conceito de longo prazo para o debate teórico entre Keynes e a ortodoxia. A esta altura, contudo, basta destacar que a ciência econômica keynesiana *mainstream* se reduziu à coleta de

---

11 Como exemplo da conversão para conceitos antikeynesianos, poderíamos citar R. I. Gordon. O apelo à irracionalidade se encontra em Modigliani (1983).

12 Ver, também, Tobin (1980, p. 27). Tobin, contudo, pareceu hesitar muito quanto à compatibilidade entre a teoria de Keynes e os modelos de equilíbrio geral. Ver, por exemplo, suas declarações contraditórias em 1987, p. 17 e 41. Seria de se pensar que o próprio Keynes divergia da unanimidade que Tobin mencionou. Com efeito, escreveu ele em 1934: "Disse que [os economistas] se dividem em dois grupos principais. O que cria a cunha que nos divide? De um lado estão aqueles que acreditam que o sistema econômico existente é, no longo prazo, um sistema autoajustável, ainda que estale, ranja e dê trancos, interrompido por lapsos de tempo, interferência externa e enganos (...) Do outro lado estão os que rejeitam a ideia de que o sistema existente seja, em qualquer sentido significativo, autoajustável. Creem que o fracasso da demanda efetiva em atingir a plena potencialidade da oferta, apesar de estar a demanda psicológica humana muito aquém de satisfeita para a maioria das pessoas, se deve a causas muito mais fundamentais" (CWJMK, vol. XIII, p. 486-487). Keynes se referia a este segundo grupo como "hereges", e acrescentou: "Quanto a mim, cerro fileiras com os hereges" (CWJMK, vol. XIII, p. 489).

rigidezes e imperfeições. Os antigos keynesianos foram acusados por seus críticos clássicos de entregar a teoria ao catálogo de argumentos *ad hoc*. Os neokeynesianos, como os que se reúnem em torno dos debates na Brookings Institution, se atêm ao programa, procurando, contudo, reduzir a arbitrariedade das imperfeições presumidas, em busca de fundamentos microeconômicos para as rigidezes, especialmente em modelos de competição imperfeita.

Não se deve entender, a partir do que foi dito, que esses últimos estudos sejam inúteis. Não são. Muito pelo contrário, são de grande importância, especialmente enquanto descrições organizadas de problemas empíricos. Refiro-me, aqui, à sua insuficiência teórica. Procuram identificar problemas partindo de modelos em que todos os problemas estão resolvidos de antemão. Em modelos como esses, as dificuldades somente serão geradas através da introdução de falhas dos mercados no cumprimento de suas funções. A teoria ortodoxa, entretanto, não dispõe de teorias a respeito de como funcionam os mercados (HAHN, 1984). Ela dispõe de uma teoria a respeito do que realizam quando funcionam bem. É por isso que o mau funcionamento dos mercados somente pode ser considerado nesses modelos de maneira *ad hoc*. Na verdade, a teoria neoclássica não fornece motivos para se saber por que os mercados efetivamente funcionam bem ou não.

Os pós-keynesianos seguem um caminho diferente. Retomam o ponto de partida do próprio Keynes, muito embora possam agora atingir destinos diferentes. O mundo mudou desde o tempo de Keynes, e o pensamento econômico precisou acompanhar essas mudanças. O ponto, contudo, é que Keynes sugeriu uma perspectiva original a partir da qual deveríamos encarar as economias modernas. Ao escrever a *Teoria Geral*, Keynes pensava que os fundamentos — e não a superestrutura — da economia clássica eram inadequados. Ao procurar por novos fundamentos, Keynes tentou definir um novo modelo fundamental da economia a que se referiu, em diferentes ocasiões, como economias monetárias, economias monetárias de produção, economias não neutras, ou economias empresariais. Todos esses rótulos faziam referência a economias de uma natureza diferente daquelas que percebia a ciência econômica clássica, às quais Keynes se referia como economias cooperativas.

Keynes, os Keynesianos e os Pós-Keynesianos | 35

É natural que os pós-keynesianos se beneficiem da publicação, em 1973, dos artigos, anotações, correspondência e rascunhos da *Teoria Geral*, nos volumes 13 e 14 das *Obras Completas*, assim como de material adicional publicado em 1979, no volume 29, que confirmou tudo o que fora sugerido nos dois volumes anteriores sobre ter Keynes passado grande parte dos anos cruciais entre 1930 e 1936 em busca das definições necessárias à codificação da nova abordagem. De qualquer forma, grandes contribuições já haviam sido feitas por autores como Kahn, Robinson, Shackle, Weintraub, Davidson, Minksy, Wells e outros, mesmo no nível da produção de livros-texto, como no caso de Dillard (1948). Depois da publicação dos rascunhos, esses autores, juntamente com acadêmicos como Barrere, Kregel, Chick e outros, também fizeram importantes contribuições para o desenvolvimento do pensamento pós-keynesiano.

O que vem adiante não tem grandes pretensões de originalidade. Este livro se propõe principalmente como codificação do pensamento pós-keynesiano organizado em torno do conceito da economia monetária, ou empresarial. Robert Solow certa vez observou que acreditava que o pós-keynesianismo era acima de tudo um "estado de espírito". Essa impressão pode ter sido alimentada pelas apresentações por vezes fragmentadas de alguns autores pós-keynesianos, dedicadas a problemas específicos, cuja compatibilidade com outros problemas atacados por outros autores pós-keynesianos nem sempre é clara. O conceito de economia monetária pode servir como núcleo (no sentido adotado por Garegnani) de uma abordagem pós-keynesiana. O objetivo desta obra é fazer essa demonstração.

EM SUMA

Embora Keynes afirmasse oferecer uma abordagem revolucionária aos problemas econômicos quando publicou a *Teoria Geral*, a maioria dos economistas a interpretou como um apelo para que se desse atenção especial às implicações da presença de determinadas rigidezes e imperfeições na operação de alguns mercados cruciais, como o de trabalho ou o monetário.

O trabalho ao longo de linhas keynesianas realizado por economistas *mainstream* foi orientado pela codificação que Hicks fez dos modelos macroeconômicos tanto keynesiano quanto clássico, e que deixava de lado a alegação de originalidade daqueles, sugerindo, em vez disso, que as principais diferenças estariam no valor dos parâmetros, e não em aspectos teóricos essenciais.

A teoria keynesiana transformou-se, assim, na identificação de rigidezes e no exame de suas implicações, especialmente no que se refere ao emprego e à renda agregados. A síntese neoclássica representava um acordo por meio do qual as opiniões de Keynes foram absorvidas pela economia clássica, ao mesmo tempo em que suas preocupações com o emprego e a renda no curto prazo eram reconhecidas pela nova ortodoxia.

Desde meados da década de 1960, a macroeconomia keynesiana sofreu ataques de economistas clássicos, representados primeiramente pelos monetaristas friedmanianos, aos quais se seguiu um novo assalto, desta vez feito pelos monetaristas neoclássicos. Ficou demonstrado que a vulnerabilidade da teoria de Keynes jazia na natureza arbitrária de suas premissas quanto ao grau de imperfeição dos mercados. Isso levou os neokeynesianos, herdeiros da síntese neoclássica, a procurar por premissas menos *ad hoc* derivadas de modelos de competição imperfeita.

Os pós-keynesianos, por sua vez, rompem com o *mainstream* ao procurar retomar a rota original de Keynes. A crítica da teoria clássica está ligada aos seus fundamentos, a "visão" que mantém do que seria uma economia moderna. É questão de paradigmas opostos — do confronto entre o conceito de economia empresarial, ou monetária, e o conceito clássico de economia cooperativa, ou, como sugeriu Minsky (1986), o confronto entre o paradigma keynesiano de Wall Street e o neoclássico da feira da aldeia medieval. A noção de economia monetária pode conferir ao pós-keynesianismo um núcleo unificado, que, na opinião de alguns críticos, tem faltado.

CAPÍTULO 2

A CAMINHO DA REVOLUÇÃO KEYNESIANA: ALGUMAS CONSIDERAÇÕES METODOLÓGICAS

A economia ortodoxa tem sido objeto de críticas constantes desde seu nascimento, na década de 1870. Críticas internas ou imanentes, como o ataque ao conceito de capital formulado por Joan Robinson na década de 1950, voltavam-se contra a lógica interna da teoria. Esse tipo de crítica procura por erros cometidos na construção dos modelos básicos, sejam eles conceitos fundamentais falhos ou defeitos no desenvolvimento de argumentos, e pode ser poderoso no sentido negativo de demonstrar fragilidades ou limitações intrínsecas da teoria objeto de exame. Por outro lado, a crítica interna frequentemente deixa de prevalecer, porque, para fazê-la, é preciso permanecer dentro dos limites estabelecidos pela própria teoria criticada. Assim, frequentemente se pode ver

38 | Keynes e os Pós-Keynesianos

a crítica, mesmo que aceita, ser diluída ou simplesmente ignorada pelos defensores da teoria sob ataque.[1]

Uma crítica externa, por sua vez, não se preocupa com a potência de uma teoria sob os próprios termos, mas com um exame dos termos sob os quais ela é válida. Em outras palavras, uma crítica externa costuma vir de um paradigma diferente, de uma maneira alternativa de encarar os fundamentos do tema. Esse tipo de crítica não questiona a coerência interna da teoria, mas seus pontos de partida. A dificuldade encontrada nessa atitude é a de que se pode demonstrar que alguns desenvolvimentos são simplesmente errados (como no caso da crítica interna), mas se pode apenas sugerir que alguns pontos de partida (alguns fundamentos) são mais poderosos do que outros em seu potencial teórico. Por outro lado, a vantagem desse modo de debate está no fato de que a crítica em si costuma ser o ponto de partida de uma alternativa. Em outras palavras, uma crítica externa não realiza apenas o papel puramente negativo, mas também outro, positivo, de criticar uma teoria do ponto de vista de outra em construção. Se for possível convencer os defensores de uma teoria da superioridade dos novos fundamentos propostos, então se poderá, ao mesmo tempo, desenvolver tais novas propostas.

A atitude de Keynes em relação à teoria clássica indica claramente que ele adotava a segunda postura. "Porque se a economia ortodoxa é falha, o erro

---

1 Mais de 30 anos depois do surgimento da chamada crítica de Cambridge à teoria neoclássica do capital, um rápido exame dos principais periódicos de economia mostra que, apesar da notória aceitação por Samuelson de sua derrota nesse assunto, as funções de capital agregado e produção agregada ainda abundavam na literatura *mainstream*. Isso se explica, em parte, por pura ignorância fomentada pela má qualidade de livros-texto que evitavam perguntas sobre conceitos fundamentais em prol de uma abordagem de "escola técnica", que enfatizava habilidades matemáticas, em vez de raciocínio teórico. Segundo um argumento frequente, estejam ou não teoricamente corretos, os conceitos das funções de capital agregado e produção agregada são instrumentos empíricos úteis. Tratam-se de práticas muito frágeis. O fracasso da crítica de Cambridge em modificar a maneira pela qual a teoria econômica é aplicada pode ser atribuída, contudo, principalmente à sua incapacidade de apresentar alternativas. Uma crítica interna naturalmente se desenvolve no interior de uma teoria e só em tal ambiente pode ser desenvolvida. Quando se tenta passar da negação de uma teoria para a construção de uma alternativa, percebe-se que a crítica por si só não estabelece bases claras para uma proposição positiva. Em outras palavras, negar conteúdo ao conceito de capital agregado não basta para estabelecer novos fundamentos. Em suma, uma crítica interna, por si só, não é suficiente para definir um novo paradigma alternativo em torno do qual os praticantes da ciência econômica possam se reagrupar. Como demonstrou Kuhn, um paradigma só é substituído quando há paradigmas competitivos que possam ser adotados. Ele não desaparecerá apenas por enfrentar dificuldades.

A Caminho da Revolução Keynesiana: Algumas Considerações... | 39

estará não na superestrutura, que foi erguida com muito cuidado com a consistência lógica, mas na ausência de clareza e generalidade das premissas" (KEYNES, 1964, p. V).[2]

Keynes estava convencido, no começo da década de 1930, de que era necessária uma nova "visão" do capitalismo moderno, a opor-se *in totum* [*sic*] contra a visão dos fundamentos que tinham os economistas clássicos.[3] De certa forma, sua "longa luta para escapar" estabeleceu modos de pensar que podem ser encarados como o processo de reconhecimento da insuficiência fundamental da visão clássica do capitalismo que resultou da tentativa de analisar seus problemas usando não só instrumentos clássicos, mas, também, e o que é mais importante, a hierarquia clássica de conceitos. Como veremos, o principal ponto de atrito de Keynes com o pensamento clássico era o papel confiado à moeda.

A semente da revolta de Keynes contra a teoria clássica talvez tenha sido plantada durante suas incursões pela filosofia antes de se tornar economista e das quais nasceu seu *Tradado da Probabilidade*, que discutiremos no Capítulo 4. As ideias que então desenvolveu encontraram em seu posterior treinamento em economia um solo fértil, porém conflituoso, que acabou levando-o a adotar uma atitude cada vez mais crítica em relação aos postulados clássicos e, afinal, ao seu abandono.

---

2 Vale notar que uma implicação importante dessa discussão é a de que uma crítica externa, ao rejeitar um paradigma, em vez de procurar trabalhar em seu interior, está, na verdade, rejeitando não só conceitos específicos, mas também, e o que é mais importante, a hierarquia dos conceitos apresentados pela visão atacada. Isso quer dizer que um novo paradigma não só apresenta novos problemas, mas também rejeita como irrelevantes alguns daqueles levantados pela tradição deposta. Um novo paradigma ergue seus próprios questionamentos. Sua tarefa não é a de dar resposta às antigas perguntas, a não ser quando ocorrem também no novo paradigma. Nesse sentido, é indevida a crítica neoricardiana aos pós-keynesianos de que estes não oferecem interpretação alternativa dos modelos neoclássicos de equilíbrio no longo prazo. Como bem esclarece Garegnani (1983), os neoricardianos aceitam as mesmas perguntas que os economistas clássicos e neoclássicos. Como sustentaremos adiante, não é esse o caso dos pós-keynesianos. Quanto à necessidade de se tomar a visão de Keynes como um todo, em vez de admitir a revolução keynesiana como mero desenvolvimento de novos instrumentos, ver Barrere (1985).

3 Keynes ocupou-se a vida toda da persuasão, primeiro em seus panfletos políticos e econômicos, e depois na própria *Teoria Geral*.

MARSHALL E KEYNES

A formação marshalliana de Keynes foi muito importante ao moldar tanto sua atitude em relação ao objeto e à natureza da ciência econômica quanto à criação de seus principais instrumentos analíticos, notadamente as funções de demanda e oferta agregadas.

Em um sentido relevante, pode-se talvez afirmar que Keynes tenha levado a abordagem marshalliana da economia aos seus limites. A revolução keynesiana deveria ser encarada como simultaneamente o ápice e a superação do programa de pesquisa marshalliano. Keynes observou no obituário de Marshall (CWJMK, vol. X) que a influência deste sobre o pensamento econômico inglês fora muito além de suas obras publicadas. Não obstante, os *Princípios de Economia*, de Marshall, ainda que não tratassem de temas que o autor não julgava adequados para um volume sobre os fundamentos, como moeda, comércio internacional e outros, continham alguns elementos-chave de seu método que foram parte do legado que Keynes criticou e desenvolveu.

Marshall parecia ter avaliado o próprio trabalho com considerável modéstia. Ele encarava os *Princípios* como uma obra de compilação das propostas dos primeiros autores de teoria econômica, como Smith e Ricardo, e dos participantes da revolução marginalista do final do século XIX. A visão que Marshall tinha da separação entre autores clássicos e neoclássicos (empregando termos anacrônicos em nome da clareza) era a de que esse confronto era ilusório, uma questão mais de ênfase do que de substância. Por isso, ao escrever de um ponto de vista adequado, dado o intervalo de tempo entre a revolução marginalista da década de 1870 e a publicação dos *Princípios* (cuja primeira edição surgiu em 1890), Marshall acreditava que já era hora de uma codificação da teoria econômica que demonstrasse sua unicidade fundamental em contraposição à aparência de conflito e discórdia.

Um aspecto da síntese marshalliana é bem conhecido e não será aqui abordado em detalhes. Trata-se da famosa imagem da tesoura, usada para mostrar que o litígio entre ricardianos e marginalistas sobre a teoria do valor era resultado da natureza parcial das duas teorias. Os ricardianos enfatizavam as condições de custo, e os marginalistas, as de demanda, mas assim como são necessárias as duas lâminas de uma tesoura para cortar uma folha de papel, o valor podia

A Caminho da Revolução Keynesiana: Algumas Considerações... | 41

ser determinado tanto pelas condições de custo quanto pelas de demanda. A aparente oposição entre as duas escolas estava enraizada em seu entendimento incorreto da influência do tempo sobre a determinação do valor. As condições de custo e de oferta variavam mais lentamente do que as de demanda. Assim, para intervalos de tempo breves, todas as variações de valor observadas também seriam explicáveis por deslocamentos da demanda. Ao longo do tempo, contudo, a oferta também poderia se alterar em adaptação à demanda, de modo que o estudo deveria ser sobre a interação entre as duas, que deveria ser estudada, em vez de sobre a ênfase estreita em uma delas, como propunha cada uma das escolas.

Vê-se que a consideração explícita do tempo representa um papel central nesse argumento. Marshall modificou o quadro dentro do qual a teoria do valor era discutida para que considerasse um papel analítico explícito para o tempo (BARADWAJ, 1978). Isso exerceria importante influência não só sobre Keynes, mas sobre toda a ciência econômica praticada pelos herdeiros de Marshall.

É para outro aspecto das tentativas de Marshall de construir uma síntese que desejamos chamar a atenção. Marshall também herdou a preocupação clássica com a identificação das "leis de movimento" da sociedade ou da economia.[4] Sugeria-se que essas "leis" emprestariam "sentido" ou "significado" à evolução das economias modernas ao longo do tempo. Os economistas políticos clássicos (Marx, inclusive), contudo, determinaram essas leis a partir de uma abordagem da dinâmica econômica que privilegiava a ação de coletivos e de classes sociais definidos por suas funções presumidas no processo produtivo. O conceito de lei era então usado para postular os comportamentos distintivos desses coletivos e suas interações. Trabalhadores eram aqueles que produziam renda, em especial, a renda excedente. Industriais, ou capitalistas, transformavam o produto do excedente em novo capital, e assim por diante. Eram papéis necessários — quase definidores —, e era a partir deles que as leis haviam sido derivadas.

O conceito de lei era de importância central também para Marshall, que escreveu que "uma ciência progride ao aumentar o número e a exatidão de suas leis" (MARSHAL, 1924, p. 25). Mas, como escrevia após a revolução marginalista, ele não podia deixar de lado os argumentos desta quanto à importância das deci-

---

4 Marshall provavelmente herdou essa preocupação não só dos economistas clássicos, mas, também, dos filósofos que reconhecidamente influenciaram suas perspectivas, como Hegel, a que Marshall faz referência no prefácio à primeira edição dos Princípios. Este autor explorou esses pontos em Carvalho, 1990.

42 | Keynes e os Pós-Keynesianos

sões individuais frente à ênfase clássica sobre a coletividade. O próprio Marshall afirmou que uma das características da era moderna seria:

Uma certa independência e o hábito de escolher para si o próprio caminho, uma autonomia; deliberação e ainda assim agilidade de escolha e julgamento, assim como um hábito de prever o futuro e moldar o próprio caminho em referência a metas longínquas... É a deliberação, não o egoísmo, que caracteriza a era modera. (p. 4-5)

Marshall teria grande dificuldade para conciliar a ideia de lei com a liberdade que reconhecia nas pessoas dos tempos modernos. Por um lado, era levado a diminuir, em certa medida, o significado das leis na ciência econômica (p. 27). Além disso, Marshall desenvolveu o conceito de "normalidade", em substituição às leis comportamentais pétreas da economia política clássica. Como veremos adiante, o conceito de normalidade viria a representar um papel muito importante na teoria do próprio Keynes, que precisou enfrentar o mesmo dilema entre os conceitos de "ordem" (que supunha alguma forma de coerência social e, portanto, de "leis") e de livre arbítrio individual.

Para transcender o indivíduo, Marshall ofereceu a ideia de "comportamento normal": "(...) Toma-se a atitude normal por aquela que se pode esperar, sob determinadas circunstâncias, dos membros de um grupo industrial" (p. 6).

Se os homens têm motivações semelhantes e enfrentam condições semelhantes, é de se esperar que apresentem comportamentos semelhantes, os comportamentos "normais" que a ciência — a ciência econômica — poderia observar e compreender. Comportamentos idiossincráticos, por outro lado, não poderiam ser objeto de uma ciência social como a economia.

Como escreveu Marshall, "o economista pouco se preocupa com fatos específicos das vidas individuais" (p. 83); "os economistas estudam a ação dos indivíduos, mas o fazem em relação não a vida individual, mas a social; e, portanto, pouco se preocupam com particularidades pessoais de temperamento e caráter" (p. 21); "Para os nossos fins, a flexibilidade da raça é mais importante do que a flexibilidade do indivíduo" (p. 638).

Marshall postulou que os motivos econômicos são semelhantes em média (p. 15, 83) mesmo quando se considera que algumas demandas são generalizadas a ponto de serem convencionalmente presumidas necessidades básicas (p. 58). O conceito de convenção representaria um papel importante na teoria do próprio Keynes. Finalmente, foram feitos alguns apelos a "natureza humana" quando faltaram a Marshall argumentos melhores (como na relação entre poupança e taxas de juros no Livro 6, Capítulo 6).

Se soubermos o que, em média, os indivíduos desejam, aquilo que efetivamente farão dependerá do que lhes é possível fazer. Em outras palavras, dependerá das restrições à liberdade de escolha que o ambiente impõe aos agentes. Se supusermos que os agentes sejam capazes de avaliar corretamente essas restrições, poderemos conseguir identificar estratégias ou comportamentos normais para cada conjunto de restrições.

Com efeito, Marshall não só postulou que isso seria possível como também deu um passo muito mais ousado, propondo a ideia bastante intuitiva de que o número de restrições sobre as decisões individuais que devemos considerar depende do tempo que decidimos permitir que o processo tome. No curto período, o agente enfrentaria muito mais restrições à escolha do que no longo período. Se souber quais são essas restrições, adotará os procedimentos "normais" para atingir seus objetivos, e suas ações (e as de qualquer outra pessoa como ele) serão inteligíveis, permitindo a observação de uma "lei" de comportamento.

O período, contudo, não é uma duração real de tempo. Sua dimensão temporal se deve inteiramente à nossa intuição de que quanto mais tempo considerarmos, menores serão os fatores "permanentes" que teremos de levar em conta como restrições à escolha do agente. A rigor, contudo, os períodos curto e longo diferem apenas na medida em que consideremos presentes diferentes conjuntos de restrições em cada um deles. Foi assim, na verdade, que Marshall os definiu: "para períodos curtos, as pessoas tomam ciência do estoque de aparelhos de produção como sendo praticamente fixos (...) em períodos longos, preparam-se para ajustar o fluxo de aparelhos à suas expectativas de demanda (...)" (MARSHALL, 1924, p. 310).

São necessárias duas condições para que a ação "normal" se torne comportamento efetivo. A primeira é que o ambiente precisa permanecer estável enquanto se desenvolve a ação; a segunda é que o agente precisa ser capaz de avaliar adequadamente o ambiente ao fazer suas escolhas. A segunda condição viria a ocupar Keynes. O próprio Marshall reconheceu a primeira como sendo uma dificuldade importante: "É verdade, contudo, que a condição de que se deve dar tempo para

44 | Keynes e os Pós-Keynesianos

que as causas produzam seus efeitos é fonte de grande dificuldade em economia. Porque nesse meio tempo, o material com que se trabalha e talvez até as causas em si podem ter se alterado, e as tendências que estão sendo descritas não terão "prazo" longo o bastante para se fazerem operar" (p. 30).

O prazo é um intervalo de tempo: o tempo que leva para que um processo realize seu fim. Se o ambiente permanecer em mutação, o processo nunca atingirá seu fim. Uma posição normal no longo período pode ser um estado puramente teórico se não lhe for dado tempo o bastante para que seja atingida. Em outras palavras, um longo período existe no presente, aqui e agora, como dizia Joan Robinson. Trata-se, de fato, de um conceito expectacional (p. 278), que somente pode ser um estado real, uma espécie de ponto final dos processos econômicos efetivos, se as condições se mantiverem inalteradas para a conclusão do processo de adaptação no longo "curso". A "solução" de Marshall foi reconhecer que "sob determinadas condições", os valores normais no longo período serão atingidos no longo prazo. Assim, no que se refere a processos cujas "condições" permitam, as leis de movimento podem ser derivadas.

KEYNES E MARSHALL

A digressão anterior, um tanto extensa, sobre Marshall nos ajuda a compreender um aspecto fundamental da teoria keynesiana e pós-keynesiana que enfrentará praticamente o mesmo dilema com que Marshall se deparou: como conciliar o conceito de ordem com o reconhecimento da liberdade individual?[5]

Escreveu Keynes no obituário de Marshall que a distinção entre o curto e o longo período era "pioneira". Mas acrescentou que "esta é a área em que, em minha opinião, a análise de Marshall é mais incompleta e insatisfatória, e onde mais resta a fazer" (CWJMK, vol. X, p. 207). Podemos aventar a hipótese de que a objeção de Keynes tivesse a ver com a identificação do longo período com o longo prazo e, assim, com o processo gravitacional que unifica os dois conceitos.

---

5 A tentativa de conciliar esses dois conceitos é uma meta especificamente pós-keynesiana que a distingue dos modelos neoricardianos, onde não há decisão individual e a ordem é o único problema, e das visões shackleanas extremadas que, em comum com a nova escola austríaca, podem apenas estudar o indivíduo, mas são impotentes na compreensão de sistemas "sociais" ordeiros.

A Caminho da Revolução Keynesiana: Algumas Considerações... | 45

Assim, os períodos longos eram importantes para Keynes porque eram a maneira de conciliar a busca por "constantes" de longo período com a análise comportamental dos mercados reais de que se ocupava. O conceito de normalidade era fundamental para justificar a possibilidade de equilíbrios estáveis, sempre que as condições fossem permanentes o bastante para permitir que os agentes encontrassem suas posições mais desejadas. Os resultados no longo período, nesse sentido, sempre poderiam ser definidos; ser ou não realmente atingidos dependia do grau de permanência de suas condições determinantes.

Keynes, como Marshall, também encarava o longo período como sendo o reino do pleno equilíbrio. Ao discutir um artigo que Kalecki submeteu para publicação no *Economic Journal*, em 1941, Keynes perguntou a Robinson se não seria "um tanto estranho, ao lidar com problemas de 'longo prazo', partir da premissa de que todas as firmas sempre operam abaixo da sua capacidade' (CWJMK, vol. XII, p. 829). Quando ela disse que Kalecki operava com uma perspectiva diferente do longo período Keynes retorquiu:

Se ele está estendendo a Teoria Geral para além do curto período, mas não do longo período no velho sentido, então precisa nos dizer que sentido é esse. Porque ainda sou ingênuo o bastante para ficar atônito com a ideia de que a premissa de que todas as firmas sempre operarem abaixo da sua capacidade seja condizente com um "problema de longo prazo". (CWJMK, vol. XII, p. 830-833)

Ao desenvolver o conceito de uma economia monetária sobre o qual se assentaria a *Teoria Geral*, Keynes observou que Marshall não "estabelecera explicitamente" o significado de equilíbrio de longo período. Ele via duas maneiras de fazer essa definição:

A primeira sugestão transmitida pelo termo "longo período" é a de que está relacionado com uma posição em direção a qual as forças de deslocam para influenciar a posição de curto período sempre que esta divirja daquela. A segunda sugestão transmitida é a de que a posição de longo período diverge das de curto período por ser uma posição estável capaz de, mantidas as demais condições, sustentar-se, enquanto as de curto período são instáveis, mantidas as demais condições, e não podem ser sustentadas. A terceira sugestão é a de que a posição de longo período seria, em algum sentido, uma posição ótima ou ideal do ponto de vista da produção, ou seja, uma posição em que as forças produtivas estejam dispostas e sejam utilizadas para seu máximo benefício possível (CWJMK, vol. XXIX, p. 54).

O sentido de longo período que Keynes efetivamente usou na *Teoria Geral* foi o segundo, com uma exceção importante: o conceito de emprego de longo período, apresentado no Capítulo 5 da *Teoria Geral* (ver adiante). Esse sentido do termo é mais fraco do que os outros dois. Nele, se reconhece apenas poder existir algum estímulo à mudança implícito em uma dada situação, ainda que ela represente um equilíbrio de curto período. Trata-se, por exemplo, do caso do equilíbrio de curto período entre oferta e demanda coexistindo com um desejo de mudar os estoques de bens de capital em uso. O conceito não se refere a uma posição terminal, mas inicial, e as reações a ele estão implicitamente contidas em sua formulação.

Na discussão sobre significados apresentada anteriormente, Keynes não procurou solucionar a ambiguidade do conceito, optando, em vez disso, por concentrar sua crítica na "singularidade" da posição de equilíbrio:

Porque a origem da objeção que faço à teoria em discussão, se proposta como teoria para o longo período, está no fato de que por um lado não se pode sustentar que a posição em direção a qual o sistema econômico tende, ou a posição em que esteja em repouso, ou a posição ótima, seja independente da política da autoridade monetária; e, por outro, não se pode sustentar haver uma só política que, no longo período, a autoridade monetária esteja fadada a adotar (...) Aos meus olhos, não existe uma posição singular de equilíbrio no longo período que seja igualmente válida independentemente da natureza da política da autoridade monetária. (CWJMK, vol. XXIX, p. 54-55)

Vale enfatizar alguns pontos dessa assertiva: primeiro, ela nada tem a ver com o segundo significado de período, que não especifica a natureza da posição final de equilíbrio; segundo, trata diretamente da maneira ortodoxa de igualar a normalidade no longo período com o equilíbrio no curto período; finalmente, é a existência da moeda e de seu aparato institucional que está na origem dos problemas da ortodoxia.

A esta altura, é preciso ter em mente o porquê da política monetária ser capaz de exercer o tipo de influência no longo período que Keynes esperava encontrar, ou seja, ser capaz de afetar "o curso dos eventos". Ela o faz ao exercer impacto

A Caminho da Revolução Keynesiana: Algumas Considerações... | 47

duradouro sobre a acumulação de capital. Iremos propor, adiante, que os *insights* mais originais de Keynes tiveram a ver com a possibilidade de que a moeda se torne substituto de outros tipos de ativo nas carteiras dos agentes, inclusive ativos reais de capital. Outros teóricos, à maneira de Wicksell, consideraram que as políticas monetárias poderiam afetar o investimento real por meio de seus efeitos sobre as condições de crédito. Keynes, por sua vez, aborda esse processo por meio da ênfase sobre o papel da moeda como ativo, absorvendo demanda que de outra maneira poderia ser voltada para ativos produtivos. Sob determinadas condições, poderia ser mais atraente manter ativos líquidos do que ativos de capital geradores de renda, mas de maior risco. Se a confiança nas expectativas de retorno destes for baixa, os agentes podem preferir a segurança que os ativos líquidos conferem aos seus titulares.[6]

Esta qualidade da moeda enquanto ativo, segundo Keynes, decorre da incerteza que cerca as decisões econômicas privadas no contexto capitalista. A liquidez da moeda está em sua capacidade singular de liquidar dívidas (CWJMK, vol. V, p. 1; KEYNES, 1964, p. 236-237). É porque outros ativos estão sujeitos a riscos de renda ou capital que a moeda, seja o dinheiro, sejam seus substitutos mais próximos, traz "retorno".

A incerteza é especialmente severa em relação ao investimento em ativos de capital de longa duração, em relação aos quais as condições do presente não fornecem ao tomador de decisões informações relevantes sobre o futuro para orientar suas ações. Isso não quer dizer que os agentes não possam perceber inadequações presentes de seu estoque de capital ou diferenças de taxas de lucro correntes. Quer dizer, apenas, que não há mecanismo que coordene suas percepções e decisões em direção a uma posição de equilíbrio consistente, estável e de longo período.

Keynes, como Marshall, abordou o longo período para sustentar o conceito de "normalidade". Mas a "normalidade" é um conceito comportamental.[7] Refe-

---

6 A substitutibilidade entre capital e ativos líquidos (monetários) é enfatizada em muitos pontos da *Teoria Geral* e modelada formalmente em seu Capítulo 17. (Ver KEYNES, 1964, p. 160-161; 212-213; 226-227; 357-358). A substitutibilidade entre moeda e bens já fora levantada em um rascunho da *Teoria Geral* de 1933 (CWJMK, vol. XXIX, p. 84-86), embora ainda não em um quadro de escolha de carteira. Iremos retomar o ponto no Capítulo 5.

7 Keynes escreveu: "Por meio da distinção entre o longo período e o curto período foi precisado o significado de valor 'normal'" (CWJMK, vol. VII, p. 207).

re-se às reações que consistentemente acompanham um determinado estímulo. Tal estímulo precisa ser suficientemente permanente ou repetitivo para permitir que os agentes desenvolvam um comportamento "normal". O investimento em capital físico não se enquadraria nesse critério. Neste caso, o fato notável é a extrema precariedade da base de conhecimento sobre a qual têm de ser feitas nossas estimativas de prospectos de rendimento. Nosso conhecimento dos fatores que regem o rendimento de um investimento daqui a alguns anos costuma ser muito tênue e é frequentemente desprezível (KEYNES, 1964, p. 149).[8]

O presente, assim, não basta para "determinar" as decisões de investimento: "relacionar à eficiência marginal do capital, com o rendimento corrente dos bens de capital (...) seria correto apenas no estado estático, onde não há futuro mutável que influencie o presente" (p. 145).

Se o investimento fosse "principalmente" decidido em termos das condições do presente, poder-se-ia postular condições sob as quais os valores de longo período seriam obtidos no longo prazo, induzidos por tais condições. Keynes, contudo, interpôs a predominância da interpretação pessoal, dos estados de confiança e dos espíritos animais entre as condições do presente e as decisões de investimento.

Nesse quadro, os valores de equilíbrio de longo período podem existir por trás ou como sombra de qualquer configuração de curto período, uma vez que representam a situação que constituiria um equilíbrio pleno consistente com os "dados" econômicos. Podemos considerar, ainda, como fez Keynes, que se os valores do curto período e do longo período divergirem, a economia se movimentará em direção a outra posição de curto período e continuará a se mover enquanto persistir a divergência; justamente por não estar em estado de equilíbrio pleno, os agentes continuarão a tentar mudar de posição. Isso deve, com efeito, ser o principal papel atribuído ao conceito de equilíbrio de longo período. Ainda assim, vale enfatizar a ausência de ligação necessária entre os valores de equilíbrio de longo período que um observador externo pode iden-

---

8 A inclinação de Keynes para o desenvolvimento de conceitos capazes de refletir o que se dá "no mundo real" já estava clara na maneira como escolheu seu lado no debate Malthus X Ricardo. Ver, por exemplo, CWJMK, vol. X, p. 87: "Malthus já estava predisposto a uma determinada linha de abordagem no tratamento dado a problemas econômicos práticos que iria posteriormente desenvolver em sua correspondência com Ricardo — um método com que simpatizo fortemente e que, creio, tem mais chances de levar a conclusões corretas do que a abordagem alternativa de Ricardo."

A Caminho da Revolução Keynesiana: Algumas Considerações... | 49

tificar a qualquer momento e as estratégias específicas que serão adotadas por agentes reais no mesmo momento. O que importa para Keynes ao explicar a real trajetória da economia é o "estado de expectativas de longo período", e não as condições "objetivas" de longo período.[9] Esses valores no longo período não podem, assim, ser ditos "normais", porque não correspondem à informação que estará efetivamente disponível aos agentes. Portanto, ainda que possam ser calculados os valores de longo período, nada garante que eles jamais se tornem, no longo prazo, valores "normais".

Essa diferença anteriormente descrita entre os conceitos de prazo e período era muito clara para Keynes. Em um debate com Hubert Henderson sobre a influência da oferta de moeda, Keynes observou que "este trata do que acontece no longo prazo, ou seja, após a passagem de um período de tempo considerável, e não no longo período no sentido técnico" (CWJMK, vol. XXIX, p. 221). Keynes então prossegue declarando que uma situação de equilíbrio de longo prazo poderia não existir (o que não se pode dizer dos valores de longo período no "sentido técnico"): "Devo, assim, estar preparado para argumentar que, num mundo regido pela incerteza, com um futuro incerto atrelado a um presente real, uma posição final de equilíbrio como as encontradas na economia estática, não existe na verdade" (p. 221).

O fato de a questão girar em torno do exercício da vontade em um ambiente de incerteza não está aberto a dúvidas. Em 1938, em carta a Harrod, Keynes escreveu:

Desejo, ainda, enfatizar com veemência o ponto acerca de ser a economia uma ciência moral. Já disse, antes, que ela trata de introspecção e de valores. Poderia acrescentar que trata de motivos, expectativas, incertezas psicológicas. É preciso vigiar constantemente contra tratar o material como sendo constante e homogêneo. É como se a queda da maçã ao chão dependesse dos motivos da maçã, ou de se vale a pena cair no chão, ou de se o chão desejava que a maçã caísse, e de erros de cálculo

---

9 Ao formar expectativas, um agente constrói um cenário do futuro dentro do qual localiza a própria posição esperada. A divergência entre os valores de curto e longo período poderia se revelar por meio da falsificação de suas previsões de cenários, ainda que os resultados específicos atingidos coincidam com o que esperava, levando-o a buscar novas mudanças de estratégia.

50 | Keynes e os Pós-Keynesianos

por parte da maçã quanto à distância a que se encontrava do centro da Terra. (CWJMK, vol. XIV, p. 287).

Mas o que se poderia dizer a respeito do equilíbrio no curto período? Não compartilharia ele da natureza atemporal do longo período? Para Keynes, é possível apontar algumas diferenças cruciais entre os dois conceitos. Primeiro, ele encarava o quadro de curto período como estando fortemente relacionado com o palco virtual em que os agentes tomam suas decisões. Não se tratava apenas de um cenário idealizado, mas de uma boa representação das restrições sob as quais agiriam agentes de carne e osso. Os dados para os quais se soluciona a teoria do emprego no curto período coincidem com as condições efetivas sob as quais as decisões de curto período são tomadas, permitindo, assim, que se defina não só um equilíbrio de curto período, como também um equilíbrio de curto prazo. É esse, claramente, o significado da citação que segue:

Assim, supomos, de acordo com os fatos, que a qualquer dado momento os processos produtivos postos em movimento, sejam eles para produzir bens de consumo ou de investimento, sejam decididos em relação aos bens de capital então existentes. Mas não presumimos que os bens de capital se mantenham de qualquer forma constantes entre um período contábil e o seguinte.

Se encararmos dessa maneira o processo produtivo, estaremos, me parece, no mais próximo contato possível com os fatos e métodos do mundo empresarial tal como de fato existem; e ao mesmo tempo teremos transcendido a incômoda distinção entre o curto e o longo período. (CWJMK, vol. XXIX, p. 64)[10]

É importante notar que a diferença trazida à tona é exatamente que o quadro de curto período inclui dados do ambiente real em que agem os agentes, enquanto a situação de longo período não apresenta tal "realidade". Não se rela-

---

10 Como escreveu Keynes em 1927: "Já disse em outro contexto que uma desvantagem do 'longo prazo' é que no longo prazo todos estaremos mortos. Mas eu poderia ter dito com a mesma confiança que uma grande vantagem do curto prazo é que nele ainda estamos vivos. A vida e a história são feitas de curtos prazos" (CWJMK, vol. XVIII, p. 62). As condições raramente são permanentes o bastante para garantir o funcionamento de qualquer processo de gravitação no longo prazo. A previsão pode ser uma tolice: "O inevitável jamais acontece. O que sempre acontece é o inesperado" (p. 117).

cionam da mesma maneira com os processos reais que devem se desenrolar em "cursos" definidos de tempo.

Por isso, a ideia do equilíbrio de curto período é, para Keynes, mais do que apenas uma abstração analítica. Como escreveu na *Teoria Geral*, as decisões de curto prazo, como a decisão de produzir, por exemplo, são tomadas de maneira essencialmente repetitiva (KEYNES, 1964, p. 50-51).

Desde que o ambiente não mude significativamente, o aprendizado pode dar origem a um processo de gravitação em direção ao equilíbrio:

Os empresários precisam tentar prever a demanda. De modo geral, não fazem previsões grosseiramente incorretas da posição de equilíbrio. Mas, como o tema é altamente complexo, não acertam com exatidão, e procuram se aproximar da posição verdadeira através de tentativa e erro. "(...) Isso corresponde com exatidão às oscilações do mercado por meio das quais compradores e vendedores buscam descobrir a posição de equilíbrio de oferta e demanda" (CWJMK, vol. XIV, p. 182).

Poderíamos nos perguntar, então, se há de fato utilidade em estender a *Teoria Geral* ao longo período. O uso que o próprio Keynes faz de conceitos de longo período na obra reforçam essa dúvida. O longo período é rapidamente apresentado no capítulo que trata de expectativas, depois de uma discussão do conceito de "expectativas de longo período" em que o termo "período" se refere a um horizonte de tempo definido para o qual o agente forma suas expectativas, declarando que "se supusermos que um estado de expectativas permaneça por tempo o bastante", a economia atingirá o nível de emprego inteiramente devido a tal estado. A isso chamaremos "emprego de longo período correspondente a tal estado de expectativa" (KEYNES, 1964, p. 48). Trata-se de um estado teórico, como se dá com outras configurações de longo período que podem ou não ser atingíveis no longo prazo. Devemos notar que Keynes não usa o termo "normal", como fazia Marshall ao se referir a valores de longo período. Isso provavelmente se deve ao fato de que Keynes partia daquela definição para afirmar que "a expectativa pode mudar com tal frequência" que o nível exato de emprego pode nunca ser atingido na realidade. De qualquer forma, como observou Asimakopulos (1984; 1985), a discussão de Keynes sobre esse conceito tem natureza de aparte, sem qualquer consequência para o modelo apresentado no livro. O que realmente importa para Keynes é o "estado de expectativas de longo período", já que é ele a

52 | Keynes e os Pós-Keynesianos

força motriz que age sobre os agentes. O emprego de longo período é apenas uma configuração teórica que não precisa coincidir com o emprego que se espera que efetivamente ocorra no longo prazo. Trata-se de uma referência para o observador externo, não uma orientação para as decisões e os comportamentos dos agentes.

NORMALIDADE

Marshall construiu sua análise de longo período ao procurar obter fundamentos comportamentais para o conceito de normalidade. Keynes propôs que, em uma economia que opere sob condições de incerteza, a capacidade de determinar valores no longo período não era suficiente para estabelecer uma tendência de longo prazo para alcançar esses valores.

Assim, para Keynes, como para Marshall, o objetivo da ideia de normalidade era o de explicar a existência de regras, da continuidade que a vida econômica apresenta, apesar das flutuações e interrupções da atividade que também são típicas do capitalismo. Como observou Keynes:

> *Uma característica notável do sistema econômico em que vivemos é a de que, embora esteja sujeito a flutuações severas quanto a produção e emprego, ele não é violentamente instável (...) As flutuações podem começar subitamente, mas parecem se esgotar antes de alcançarem extremos, e nosso destino normal é uma situação intermediária, nem desesperada, nem satisfatória.* (KEYNES, 1964, p. 249-250)[11]

Ademais, em carta de 1936 a Joan Robinson, Keynes alertou que "não se deve confundir instabilidade com incerteza" (CWJMK, vol. XIV, p. 137). A economia capitalista demostra notável grau de estabilidade para um sistema dotado das características que Keynes descreveu. De certa forma, o problema dos economistas não deve ser a explicação das flutuações, mas, sim, como um sistema como esse não entra simplesmente em colapso sob o peso das próprias contradições.

---

11 A correspondência entre os conceitos de normalidade e equilíbrio, entendido este como a ausência de estímulo para mudanças, está definida em Keynes como segue: "Defino salários reais de 'equilíbrio' como aqueles pagos quando todos os fatores de produção estão empregados e os empresários estão obtendo retornos normais, sendo retornos 'normais' aqueles que não geram incentivos para aumentar ou diminuir as ofertas de moeda que fazem aos fatores de produção" (CWJMK, vol. XIII, p. 178).

A Caminho da Revolução Keynesiana: Algumas Considerações... | 53

Como vimos, para Keynes, ordem e continuidade não eram resultado das forças de "atração" contidas em um conjunto de valores de equilíbrio de longo prazo. A divergência entre valores de curto período e de longo período era o bastante para movimentar o sistema, mas não para conduzi-lo em direção a qualquer posição determinada. Isso porque as decisões de investimento eram apenas em parte informadas pelos sinais correntes, e os valores de longo prazo não podiam ser traduzidos em "motivos e comportamentos" dos empreendedores, motivando o estado de suas expectativas de longo prazo. Na maioria dos casos, o investimento era determinado por expectativas extremamente incertas que de modo algum poderiam ser coordenadas entre diferentes agentes individuais. A continuidade (e a normalidade) deve, assim, ser explicada de outra forma. Segundo Keynes, a continuidade era, na verdade, garantida por fatores "exógenos": "Ora, como esses fatos da experiência [aqueles mencionados na citação de 1964] não decorrem de necessidade lógica, devemos supor que o ambiente e as propensões psicológicas do mundo moderno devam ser de tal natureza que produzam esses resultados" (KEYNES, 1964, p. 250).

Keynes prosseguiu, elencando quatro dessas características: o fato de que o multiplicador não é muito elevado; de que a escala de investimento não é muito elástica em relação a mudanças das expectativas ou da taxa de juros; de que a taxa nominal de salários não é muito sensível a mudanças do nível de emprego; e de que variações do investimento tendem a reagir sobre a eficiência marginal do capital de tal maneira a contrabalançar o impulso inicial (p. 250-251).

Essas características referem-se basicamente às "propensões psicológicas do mundo moderno". A elas acrescentaríamos um conceito muito importante desenvolvido em outro ponto da *Teoria Geral*, o de convenção. Trata-se

de nossa prática habitual (...) de tomar a situação existente e projetá-la no futuro, modificada apenas na medida em que tenhamos motivos mais ou menos definidos para esperar mudanças (...) O método convencional de cálculo acima será compatível com uma medida considerável de continuidade e estabilidade de nossos negócios, desde que possamos nos fiar na manutenção da convenção. (p. 148, 152)

O conceito de convenção é o substituto mais próximo que Keynes oferece para o conceito de valores "normais". Isola uma característica muito importante do comportamento sob condições de incerteza: sua persistência (*stickiness*). Adiante examinaremos mais detidamente esse comportamento.

Tão importantes quando a psicologia "correta" são as características ambientais que reforçam a continuidade. Em primeiro lugar estão as instituições criadas para reduzir ou socializar a incerteza, coordenando planos e atividades. A mais importante entre estas é o surgimento de contratos a termo denominados em moeda corrente, ligando o presente ao futuro (ver DAVIDSON, 1978a; 1978b; p. 57, 60). Para sustentar um sistema de contratos a termo, também é necessário definir um padrão monetário dotado de regras de gestão que possam ser vistas pelos agentes como limitadoras do comportamento futuro da unidade monetária dentro de uma faixa administrável, permitindo que formem previsões com maior grau de confiança. Além disso, há também elementos materiais de continuidade, como os bens de capital de longa duração, que limitam a qualquer dado momento a gama de alternativas disponíveis aos agentes. Finalmente, nas economias capitalistas modernas, não se pode deixar de lado a ação do Estado na informação e coordenação dos agentes econômicos e na garantia a eles de que serão mantidas condições "normais" de negócios.

Todos esses fatores "ambientais" e "psicológicos" são o suficiente para criar um arcabouço estável dentro do qual os agentes possam formar um quadro de "normalidade" sem referência a valores de equilíbrio de longo período que não poderiam ser operacionais no nível comportamental. Como sugerimos adiante, no Capítulo 4, a normalidade keynesiana é uma característica do curto período, não do longo.

EM SUMA

Garegnani (1983) enfatizou corretamente a continuidade metodológica entre a ciência econômica clássica e a neoclássica no que tange ao uso do método do longo período. As duas escolas tomavam os valores de equilíbrio no longo período como centros gravitacionais de longo prazo para a economia. No curto prazo, a economia estaria sujeita a influências erráticas, e surgiriam planos insustentáveis. No longo prazo, contudo, apenas os fundamentos prevaleceriam, uma vez que seria sensato supor que as influências erráticas se cancelariam ao longo do tempo. Além disso, as escolas clássica e neoclássica tendiam a identificar apenas forças "reais" de longo prazo. As influências monetárias funcionam como "véus", obscurecendo os motivos e as restrições reais em ação.

Como vimos, Marshall procurou não só permanecer no campo da ortodoxia quanto ao método, como também sintetizar o que acreditava serem as propostas essenciais de cada uma das duas escolas. Keynes foi o primeiro a romper com a ortodoxia no campo metodológico, e é esse o significado do deslocamento em direção ao curto período frente à ênfase tradicional sobre os períodos longos. Ademais, estava claro para Keynes que essa ruptura tinha a ver com a vontade e com a liberdade que a existência da moeda em uma economia capitalista moderna confere aos agentes individuais. Contudo, se isso significava que era necessário levar em consideração os "motivos e comportamentos" individuais, isso não levaria a um individualismo metodológico extremo, como ao modo dos austríacos. Ordem e organização social eram elementos essenciais da visão de Keynes tanto quanto a incerteza e a liberdade individual. Em grande medida, podemos encarar a teoria econômica de Keynes como uma tentativa de conciliar esses dois elementos, ordem e liberdade, sem se render a qualquer um deles, como fizeram os deterministas clássicos, que apenas enxergavam a ordem, ou os irracionalistas austríacos, que apenas podiam ver o indivíduo.

Keynes entendia que a chave para o desenvolvimento de seu projeto estava no papel da moeda nas economias modernas. A maioria dos debates a que se refere este capítulo começou com a consideração do poder da política monetária para afetar a trajetória de uma economia. A crescente clareza desse ponto na mente do próprio Keynes é a história da preparação da revolução keynesiana, algo que o próprio Keynes identificava como a codificação de uma teoria adequada à análise do funcionamento de uma economia monetária. Este será o tema do próximo capítulo.

CAPÍTULO 3

FUNDAMENTOS DA TEORIA ECONÔMICA PÓS-KEYNESIANA: O CONCEITO DE ECONOMIA MONETÁRIA

Como vimos no capítulo anterior, a ruptura de Keynes com a ortodoxia se deu por causa de sua insatisfação com o tratamento clássico dado à moeda. O que ele chamou na *Teoria Geral* de "longa luta pela fuga" dos modos estabelecidos de pensamento assumiu a forma de um crescente mal-estar com a maneira como os clássicos concebiam a inserção da moeda na economia.

As teorias clássica e neoclássica postulam, basicamente, a neutralidade da moeda em relação à determinação dos valores de equilíbrio no longo período. Todos os teoremas fundamentais dessas teorias são estabelecidos em termos reais, por consideração direta dos bens, das preferências e das restrições técnicas. Assim, na economia política clássica, todas as leis de movimento são propostas como produto da interação entre elementos como a taxa de excedente, a composição orgânica do capital, os salários reais, e assim por diante. A proposta central da teoria neoclássica se refere à conciliação entre a disponibilidade limitada de

58 | Keynes e os Pós-Keynesianos

recursos e as preferências dos consumidores obtidas pelo sistema de preços (reais) relativos. A moeda não pode influenciar as escolhas básicas que podem ser feitas, a não ser na medida em que é capaz de obscurecer o teor informacional dos preços de mercado. No longo prazo, quando se cancelam mutuamente todas as influências erráticas e os agentes aprendem a separar a informação do ruído (criado pelas perturbações monetárias), só o que importa são as variáveis reais.

Keynes formou-se nessa tradição, e um meio possível de reconstruir sua trajetória em direção à ruptura com a ortodoxia é identificar sua atitude em relação à moeda em suas principais obras. Embora não seja este o local para uma reconstrução histórica exaustiva do pensamento monetário de Keynes, pode ser útil — para corretamente avaliar sua relevância para a compreensão do conteúdo da revolução keynesiana — acompanhar, em termos gerais, a maneira como a moeda foi abordada em suas três principais obras de teoria monetária: o *Tract on Monetary Reform* (1923) (CWJMK, vol. IV), o *Tratado sobre a Moeda* (1930) (CWJMK, vol. V) e a *Teoria Geral* (1936) (CWJMK, vol. VI).

Ao escrever os artigos que foram coletados no *Tract*, Keynes era um convicto teórico quantitativo marshalliano. Como escreveu Kahn, talvez seu colaborador mais próximo: "Keynes provou ser, em seu *Tract on Monetary Reform*, um crente fanático na teoria quantitativa, no sentido causal pleno da determinação do nível de preços pela quantidade de moeda" (KAHN, 1984, p. 53). Keynes de fato disse a respeito da teoria quantitativa nesse período: "Esta teoria é fundamental. Sua correspondência com os fatos não está aberta a discussões" (CWJMK, vol. IV, p. 61).

No *Tract*, Keynes apresenta uma discussão da teoria quantitativa da moeda de Marshall. Nessa versão, a equação das trocas é usada para definir uma função de demanda por moeda ligada ao nível de renda nominal. A ligação se dá por um coeficiente de velocidade que mede a conveniência de manter a moeda em mãos para superar o intervalo entre receitas e dispêndios.

A abordagem marshalliana da teoria quantitativa era essencialmente comportamental, ao contrário da fisheriana, de natureza fortemente mecanicista (FISHER, 1926).[1] De certa forma, com a versão marshalliana (ou de Cambridge) da teoria

---

[1] Como observou Davidson (1978b), a abordagem de Keynes a teoria quantitativa da moeda era muito mais flexível e comportamental do que os modelos altamente mecanicistas de Fisher. Isso, contudo, não era raro entre os alunos de Marshall, sendo uma característica da abordagem do próprio Marshall à teoria monetária. Para uma excelente e sucinta apresentação da teoria quantitativa marshalliana e das opiniões de Keynes sobre ela, ver Kahn (1984).

Fundamentos da Teoria Econômica Pós-Keynesiana... | 59

quantitativa, éramos levados a nos concentrar principalmente nos mecanismos de ajuste, e não nas propriedades de um estado de equilíbrio. Um dos principais assuntos do *Tract* é justamente o comportamento das economias que apresentam profundo desequilíbrio inflacionário, como as hiperinflações alemã e russa do começo da década de 1920. Em tal situação, não se pode esperar que elementos como a velocidade de circulação se mantenham constantes, como presumem os exercícios de equilíbrio. Para entender as variações apresentadas por esses "parâmetros" presumidos, era crucial explicar a dinâmica das hiperinflações.

No *Tract*, Keynes também se interessou pela teoria da taxa de câmbio, principalmente quanto às qualificações que era necessário introduzir na teoria da paridade do poder de compra das taxas de câmbio ao considerar a existência de mercados de câmbio a termo. Como demonstrou Kregel (ver adiante, Capítulo 5), essa discussão ocupou lugar estratégico no desenvolvimento do pensamento de Keynes, que terminou por levar à *Teoria Geral*.

Apesar do interesse intrínseco despertado pelo estudo de Keynes sobre hiperinflação,[2] a análise pode ser considerada estritamente ortodoxa, ou pelo menos estritamente marshalliana. A moeda não é neutra, mas a não neutralidade se dá no curto prazo, algo perfeitamente aceitável para a ortodoxia. Os comentários de Keynes sobre a ideia de que, no longo curso, tudo retornaria à normalidade são moderadamente zombeteiros: ele não questiona sua validade teórica, mas sua relevância prática. Aqui surge uma de suas mais famosas declarações: "No longo prazo, todos estaremos mortos. Os economistas estabelecem para si uma tarefa por demais fácil e inútil se, em épocas de tempestade, somente podem nos dizer que o oceano se acalmará quando a tempestade tiver finalmente passado" (CWJMK, vol. IV, p. 65).

A moeda permanece um meio de circulação de mercadorias. As hiperinflações são perturbações um tanto graves da circulação de moeda, mas problemas de circulação não trazem consequências de longo prazo. A moeda — existente

---

2 Pode-se argumentar que as lições derivadas por Keynes nesse período quanto ao comportamento da moeda sob condições de hiperinflação nunca foram abandonadas. A relação direta entre a disponibilidade de moeda e a demanda agregada sob condições de inflação elevada, discutida na década de 1920, nunca foi negada na *Teoria Geral*. A mudança no pensamento de Keynes foi que, sob condições normais, essa relação era mais complexa porque a moeda poderia ser acumulada, mas quando ocorressem "fugas da moeda", a validade das proposições de 1923 se mantinha.

60 | Keynes e os Pós-Keynesianos

apenas como meio de circulação, como meio para facilitar o giro do fluxo de bens — não deixa marcas na economia para além dos limites do curto prazo.[3]

Uma mudança crucial se dá entre o surgimento do *Tract on Monetary Reform* e do *Tratado sobre a Moeda*. Como notaram muitos autores, apesar da reverência continuada de Keynes pela teoria quantitativa no *Tratado*, ocorreu uma mudança fundamental de ponto de vista que implicou o abandono da abordagem tradicional da moeda,[4] muito embora algumas das implicações mais dramáticas dessa nova abordagem só se tenham feito notar na redação da *Teoria Geral*.

Para resumir em uma só frase, a mudança fundamental que se deu foi a de como a moeda era percebida: ela passou de meio de circulação eventualmente mantido por conveniência para superar intervalos definidos entre transações para uma representação de riqueza, um ativo que podia ser mantido como poder de compra em forma pura, a ser gasto em alguma data futura indeterminada.[5]

A primeira ruptura com a ortodoxia se dá com a identificação de uma circulação financeira que rompe o elo entre moeda e circulação de bens, aquilo que Keynes chamou de circulação industrial. Nela, a moeda é apenas um meio para facilitar a circulação de bens. A circulação financeira, por outro lado, inclui as operações que envolvem ativos, estoques de riqueza, sem relação necessária com o giro de bens. Com efeito, mesmo no contexto da circulação financeira, a moeda pode ser encarada como um mero meio de circulação de ativos, mas não necessariamente como um ativo em si. Isso romperia a relação entre demanda e oferta de moeda, mas não representaria qualquer ruptura substancial com a ortodoxia. Contudo, ao perguntar sobre formas de riqueza empregadas na circulação financeira, Keynes avançou para o exame de conceitos como espera e especulação, e,

---

3 O longo prazo era e permanece o refúgio da ortodoxia, que parece não se sentir obrigada a explicar como se pode passar de uma situação de curto prazo que pode estar altamente desequilibrada para o equilíbrio no longo prazo. Até algumas escolas no mais antiortodoxas compartilham dessa "fé" no equilíbrio no longo prazo, compartilhando, também, da limitação da incapacidade de demonstrar como ele poderia ser atingido. Para uma discussão mais detalhada, ver Carvalho (1983/4 e 1984/5).

4 Segundo Leijonhufvud (1968). Também Kahn observou que "a grande inovação do *Tratado* foi o abandono da teoria quantitativa da moeda — além de alguns gestos de ruptura (...)" (KAHN, 1984, p. 64-65).

5 Apenas sob a incerteza fundamental pode a moeda representar, de fato, esse papel. Como observaram Davidson e Davidson (1984, p. 60): "Apenas em um mundo não ergódico pode a demanda precaucional por liquidez ser compreendida como escudo contra forças capazes de ameaçar a própria existência dos indivíduos e organizações."

especialmente, como a moeda enquanto forma de espera e especulação quanto aos valores de ativos. A retenção de posições em moeda afetava os preços das obrigações e dos ativos e atingia efetivamente a alocação de riqueza entre suas diversas formas, tornando a moeda não neutra.

É claro que Keynes não postulava a ilusão monetária. Em última análise, a moeda é um meio, não um fim, mesmo na circulação financeira. Ainda assim, ao contrário do que se dá na circulação industrial, a moeda mantida como ativo não está associada a qualquer plano definitivo de gasto. É mantida para um gasto eventual, mas permite que seu titular adie a decisão a respeito de quando gastar. É, portanto, mais do que uma conveniência enquanto ponte entre momentos no tempo, e seu comportamento não pode ser adequadamente descrito pela teoria quantitativa sob qualquer forma, a não ser que se a tome como mero truísmo ou identidade contábil.

A semente da discórdia estava há muito tempo em Keynes. Suas primeiras ideias quanto à preferência pela liquidez foram apresentadas no exame que fez, em 1913, do comportamento dos bancos ao longo do ciclo de negócios (CWJMK, vol. XIII, p. 2-14) e sobre a interação mais complexa entre bancos e outras instituições financeiras quando irrompeu a Primeira Guerra Mundial (CWJMK, vol. XII, Cap. 4). Esses trabalhos altamente sugestivos, contudo, ainda traziam um tom excessivamente empírico e um uso ainda confuso de termos como capital, poupança e outros, e juntamente com o segundo volume do *Tratado sobre a Moeda*, são muito importantes para uma extensão da teoria da preferência pela liquidez ao comportamento bancário e à determinação da oferta de moeda. De forma mais definida, contudo, podemos dizer que a nova abordagem de Keynes parte de uma característica da moeda que ele enfatizava desde 1925 (CWJMK, vol. XXXVIII, p. 252 e 255): a importância da existência de contratos denominados em moeda para a organização das economias modernas. Este ponto ocupa as primeiras páginas do *Tratado*, e lá se lê que agir como unidade contratual (moeda de conta) é a principal função da moeda, da qual derivam todas as suas demais propriedades (ver Capítulo 6).

O objeto que liquida as obrigações contratuais denominadas na moeda de conta é a moeda, e é por esse motivo que ela é "líquida". Sendo líquida, pode ser mantida para assegurar aos devedores que suas obrigações poderão ser liquidadas no seu vencimento. A moeda, então, se torna aquilo que Davidson chamou de

62 | Keynes e os Pós-Keynesianos

"máquina do tempo de liquidez", transportando poder de compra ao longo do tempo. Não se pode subestimar a importância dessa mudança de perspectiva.[6] Agora, os efeitos da moeda não mais desaparecem ao fim de cada período, mas persistem de um período para o seguinte. A moeda afeta as escolhas feitas quanto aos meios de conservação da riqueza, agindo como substituto de outros ativos. Com isso, está fadada a afetar não só a operação da economia no curto prazo, como, também, suas posições de longo período e suas trajetórias no longo prazo.

Os elementos de identificação da não neutralidade da moeda no longo período foram indicados no *Tratado*. Ainda assim, Keynes parece não ter notado a contradição entre sua nova abordagem e o desejo de manter a atitude pragmática do *Tract*, evitando confronto com a ortodoxia. No *Tratado*, como no *Tract*, Keynes ainda escreveu que suas novas ideias eram "formalmente compatíveis com a teoria quantitativa tradicional — como não poderiam deixar de ser, uma vez que esta é uma identidade, um truísmo" (CWJMK, vol. VI, p. 5).

A postura pragmática podia, contudo, ser adotada no *Tract*, porque Keynes ainda se atinha a uma teoria na qual a moeda não tinha impacto no longo prazo. Não era o caso do *Tratado*. Aceitar a visão ortodoxa exigia aceitar que a moeda não pudesse ser vista como forma durável de riqueza. O argumento contrário era exatamente o resultado do novo tratamento.[7]

A teoria levantada no *Tratado* ligava o dinheiro a outros ativos e sugeria uma teoria dos preços de bens de capital pela qual eles seriam determinados por mecanismos que agiam nos mercados monetário e de ativos financeiros (CWJMK, vol. V, Cap. 10). As críticas que Keynes recebeu, mesmo de leitores a ele simpáticos, como os participantes do Cambridge Circus, levaram a um desenvolvimento mais detido e à percepção de que uma nova obra seria necessária para lidar com essas questões. Essa nova obra seria a *Teoria Geral*.[8]

---

6 Uma proposição central da teoria monetária pós-keynesiana é a de que, em uma economia monetária de produção, a moeda é um ativo para seu titular e um passivo para o emissor. Conforme CWJMK, vol. XIV, p. 199-123; ver, também, por exemplo, Minsky (1982, p. 131), entre muitas outras obras da teoria pós-keynesiana que enfatizam o mesmo ponto.

7 No *Tract*, Keynes toma a teoria quantitativa da moeda como teoria, enquanto a toma por truísmo no *Tratado*. Neste, Keynes apontou as limitações da teoria quantitativa como sendo sua incapacidade de demonstrar qualquer nexo causal (CWJMK, vol. V, p. 120), a não captura de forças relevantes em ação (ibidem), a identificação inadequada das funções da moeda (p. 135) e a aplicabilidade apenas a depósitos de renda (p. 207).

8 Kregel (1988) descreve com brilhantismo a evolução do pensamento de Keynes sobre a determinação dos preços dos débitos e dos ativos entre o *Tratado* e a *Teoria Geral*.

Como se pode ver nos volumes XIII e XXIX das *Obras Completas* de Keynes, o caminho até a *Teoria Geral* não foi fácil. O ponto crucial, contudo, foi que Keynes logo percebeu a impossibilidade de manter as inovações teóricas do *Tratado* e o arcabouço geral ortodoxo que ainda aceitava. A percepção de que talvez fosse necessária alguma mudança mais radical para estabelecer o que propunha cresceu, em vez de fazer apenas meros ajustes ou qualificações da abordagem dominante.

Não se trata, aqui, de especulação, mas daquilo que se depreende do material coletado, em especial os volumes XIII e XXIX das obras de Keynes. Com efeito, em um artigo um tanto obscuro publicado em 1933, ele declarou que estava em busca de um novo conjunto de conceitos fundamentais, uma nova "visão", que lhe permitisse compreender a operação de uma "economia monetária":

A distinção que normalmente se faz entre uma economia de escambo e uma economia monetária depende do emprego da moeda como meio conveniente de realização de trocas — como um instrumento de grande praticidade, mas transitório e de efeito neutro... A moeda não deveria afetar a natureza essencial da transação de ser, na mente dos que dela participam, uma troca de coisas reais, ou modificar a motivação e as decisões das partes da transação. Ou seja, a moeda é empregada, mas tratada como sendo, em certo sentido, neutra.

A teoria que desejo trataria, pelo contrário, de uma economia em que a moeda representa um papel próprio e afeta as motivações e decisões e é, em suma, um dos fatores decisivos da conjuntura, de tal maneira que o desenrolar dos fatos não se possa prever, seja no longo período, seja no curto, sem conhecimento do comportamento da moeda entre o primeiro estado e o último. E é isso que devemos querer dizer quando falamos de uma economia monetária. (CWJMK, vol. XIII, p. 408-409)

No mesmo artigo, Keynes deixa absolutamente clara a necessidade de uma ampla reconstrução da teoria econômica a partir de suas fundações: "É um engano a ideia de que seja comparativamente fácil adaptar as conclusões hipotéticas de uma economia [clássica] de salário real ao mundo real da economia monetária" (p. 410).

Os primeiros índices que Keynes redigiu para sua nova obra tinham como primeiro capítulo justamente a exposição dos princípios da operação de uma economia monetária, ou seja, uma economia em que a moeda não seja neutra no curto período nem no longo. A *Teoria Geral* se tornaria uma codificação da nova visão, a declaração formal das regras de operação dessa nova conceptualização daquilo que é uma economia moderna. Por muitos motivos, inclusive, ao que parece, a tentativa de reduzir atritos com a comunidade acadêmica de economia, Keynes minimizou na versão final da *Teoria Geral* os aspectos inovadores ou radicalmente novos de sua abordagem, evitando, em especial, discussões mais prolongadas do conceito de economia monetária. Essa escolha parece ter fracassado, e Keynes, na mais importante contribuição ao debate pós *Teoria Geral*, o artigo *The General Theory of Employment*, procurou restabelecer o caráter radical daquilo que propunha.

Na opinião deste autor, o programa de pesquisa dos pós-keynesianos é justamente desenvolver a nova visão, aquela de uma economia monetária. É este o conceito unificador que organiza o paradigma pós-keynesiano e permite superar a impressão tão comum (mesmo entre os próprios pós-keynesianos) de que a escola está unida mais pelos argumentos que refuta do que pelos aspectos positivos da teoria em reconstrução.

Na próxima seção serão apresentadas as características fundamentais de uma economia monetária para permitir a identificação exata das regras e dos limites do trabalho no contexto desse paradigma. Depois é oferecido um panorama da construção analítica do modelo da *Teoria Geral* como representação analítica do mesmo paradigma. O modelo teórico resumido neste panorama será discutido adiante, na Parte II do livro.

UMA ECONOMIA MONETÁRIA

Os anos cruciais de desenvolvimento do pensamento de Keynes em relação à *Teoria Geral* parecem ter sido os de 1932 a 1934. Nesse período, Keynes percebeu com clareza que era, de fato, necessária uma ruptura radical com a teoria clássica e que a teoria econômica exigia a definição de novas fundações para ter qualquer relevância na análise das economias modernas. A ideia central, como vimos anteriormente, era a da não neutralidade da moeda no longo período, ou seja, existia a necessidade de encontrar uma caracterização da economia que implicasse um papel substancial para a moeda, ao contrário da função mais superficial de meio de circulação que a teoria clássica reconhecia.

Fundamentos da Teoria Econômica Pós-Keynesiana... | 65

No período entre a publicação do *Tratado sobre a Moeda* e a da *Teoria Geral*, Keynes, em seus rascunhos do livro e aulas na universidade, tateava o caminho em direção aos contornos da nova ciência econômica. Mais especificamente, estava preocupado com a definição dos princípios ou postulados que caracterizariam seu "modelo" fundamental de uma economia monetária como algo distinto da economia de salário real, ou neutra, que informava a teoria clássica.

As primeiras tentativas de Keynes de conceber uma economia monetária pareceram ter sido essencialmente negativas. Ele sabia o que não desejava preservar da teoria clássica. As discussões sobre as características do novo modelo eram mais fluidas. Segundo ele, no tipo de economia que concebiam os clássicos, os fatores de produção eram pagos diretamente com bens ou com algum meio de pagamento, mas, nesse segundo caso "há algum mecanismo que assegure que o valor de troca das rendas monetárias dos fatores de produção sejam sempre iguais, no agregado, à proporção da produção corrente que teria sido a participação daquele fator em uma economia cooperativa [no primeiro caso, os pagamentos se dão em espécie]" (CWJMK, vol. XXIX, p. 78).

As economias do tipo cooperativo admitem desequilíbrios setoriais e desequilíbrios locais entre oferta e demanda, mas os desequilíbrios no agregado são descartados. Não há efeitos de renda amplificadores de desequilíbrio, como multiplicadores e assemelhados. Toda a renda gerada no processo de produção retorna ao mercado como demanda pelos bens produzidos, ainda que não seja exatamente pela cesta de bens disponíveis. Esse tipo de desequilíbrio é eliminado pela operação do sistema de preços, no qual escassezes e excedentes relativos de oferta são sinalizados por disparidades entre os preços de mercado e os naturais (ou normais de equilíbrio no longo período). Nessas economias podem-se conceber processos gravitacionais, porque a informação sobre a oferta excedente pode coexistir com a informação sobre demanda excedente (desta forma, os preços de mercado se encontram abaixo dos naturais, no primeiro caso, e acima deles, no segundo).

Essa concepção de uma economia, que Minsky apelidou de "paradigma da feira de aldeia", a vê como sendo constituída de consumidores-produtores independentes que negociam os excedentes de produção acima e além de suas necessidades. Como escreveu Ricardo, produtos são trocados por produtos, e somente se realiza esforço produtivo porque os agentes precisam de um produto adicional,

66 | Keynes e os Pós-Keynesianos

ou o desejam.[9] Esses consumidores-produtores fixam suas metas em termos reais, os bens capazes de satisfazer suas necessidades; a moeda é uma conveniência que somente pode ser não neutra no curto prazo, quando é possível que os agentes a confundam com riqueza real. No longo prazo, as pessoas aprendem a enxergar através da moeda e, com isso, percebem que ela é apenas um meio para se atingir um fim, e não um fim em si.

O mecanismo que sustenta o equilíbrio geral é, de fato, a premissa de que os agentes econômicos são predominantemente consumidores que se deparam com uma escassez de bens.[10] As decisões de produção são tomadas com vistas a aumentar a disponibilidade de bens para satisfazer as demandas insaciáveis dos consumidores. Para remover esse "mecanismo", é necessário verificar se essa caracterização de uma economia moderna como um aglomerado de Robinsons Crusoé se ajusta bem à estrutura fundamental da produção capitalista moderna.

A resposta de Keynes foi a de que ela não se ajustava. No lugar, ofereceu o conceito de uma "economia de salário monetário, ou empresarial" (rótulos alternativos para as economias monetárias, ou monetárias de produção), em que "os empresários contratam os fatores em troca de moeda, mas sem um mecanismo como o descrito acima" (CWJMK, vol. XXIX, p. 78), concluindo a discussão da seguinte forma: "é óbvio, com base nessas definições, que a economia em que hoje vivemos é uma economia empresarial" (p. 78).

A tarefa, então, é que passou a elaborar o conceito de economia monetária (ou empresarial), de maneira a lhe dar rigor teórico o bastante para permitir o desenvolvimento de análises formais a partir dela. No entanto, o exame das características definidoras de uma economia empresarial se deu de forma não sistemática por Keynes e encontra-se quase inteiramente confinado aos rascunhos da *Teoria Geral*, tendo sido deixado de fora de sua versão definitiva. Mas há pistas o

---

9 Autores clássicos, como Walras, consideraram a demanda dos produtores pelos próprios bens uma parte das funções da demanda, confirmando sua visão fundamental das economias de mercado como sendo compostas de consumidores-produtores independentes. Ver, por exemplo, Ricardo: "Homem algum produz que não com o objetivo de consumir ou vender (...) Por meio da produção, assim, ele se torna necessariamente ou o consumidor dos próprios bens, ou o comprador e consumidor dos bens de outrem" (RICARDO, 1971, p. 291). Essa visão é radicalmente oposta à de Marx e Keynes.

10 Ricardo presumia a insaciabilidade das demandas dos consumidores. Ver Ricardo (1971, p. 292), onde Smith é criticado por fazer a presunção contrária.

Fundamentos da Teoria Econômica Pós-Keynesiana... | 67

bastante nesses trabalhos e em discussões posteriores por parte de alguns de seus seguidores que permitem uma reconstrução, ainda que parcial, do conceito.[11]

A teoria neoclássica moderna apresenta seus fundamentos sob a forma de axiomas sobre os quais, por meio da derivação de suas implicações e corolários, se pode construir propostas analíticas formais. Usando a linguagem de Keynes para falar sobre esses esforços modernos, diríamos que esses axiomas neoclássicos definem com rigor os fundamentos (ou princípios operacionais) de uma economia cooperativa, incorporando a visão fundamental de uma economia consumidora-produtora.

O conceito de Keynes de economia monetária, contudo, não pode ser corretamente retratado sob a forma de axiomas. A aplicação do método axiomático exige que os axiomas propostos apresentem duas propriedades: primeiro, sejam pontos de partida, declarações irredutíveis a outros princípios. Como notou Hahn, os axiomas "marcam o estágio além do qual não se buscam explicações" (HAHN, 1984, p. 6). Sua adequação não pode ser provada: para usá-las, é preciso estar convencido de sua valia. Mais uma vez, como escreveu Hahn, "os axiomas resumem aquilo que se considera conhecimento empírico bastante seguro" (p. 7). Os axiomas apresentam uma segunda propriedade que não deixa de estar relacionada à primeira: a de que os axiomas precisam ser independentes uns dos outros. A aplicação do método axiomático de construção exige que os fenômenos sejam redutíveis a suas "partículas fundamentais" sobre combinações das quais o restante da construção teórica se ergue. Essas partículas fundamentais não podem, em si, ser combinações de outros elementos, porque isso significaria apenas que a análise necessária não foi realizada à exaustão quando da proposta dos axiomas.

Para que a segunda propriedade seja válida, portanto, é necessário que o objeto de estudo seja abordado por um ângulo "atomista", que os fenômenos sejam, assim, redutíveis a uma combinação de elementos fundamentais. Fitzgibbons observou corretamente que em seus primeiros estudos probabilísticos, Keynes era atomista (FITZGIBBONS, 1988). Não soa convincente, contudo, ao argumentar que esse aspecto das ideias do jovem Keynes permaneceu uma característi-

---

11 Foram realizadas outras tentativas de sistematizar o conceito de economia monetária. Entre elas devemos mencionar as de Davidson (1978, 1982 e 1984); Kregel (1980); Minsky (1975) e (1986); Barrere (1985). Um trabalho recente com visões próximas da aqui apresentada é o de Feijó (1991).

68 | Keynes e os Pós-Keynesianos

tica de seus trabalhos posteriores em economia.[12] Em seu ensaio biográfico sobre Edgeworth, Keynes observou:

> *A física matemática, enquanto ciência ou estudo, não cumpriu sua promessa original... A hipótese atômica que funcionou de maneira tão esplêndida na física não se sustenta na psíquica. Deparamos, a cada passo, com o problema da unidade orgânica, da separabilidade, da descontinuidade — o todo não é igual à soma das partes, comparações quantitativas falham, pequenas mudanças produzem grandes efeitos, as premissas de um continuum uniforme e homogêneo não se verificam.* (CWJMK, vol. X, p. 262)

Não se pode conceber um objeto caracterizado por uma "unidade orgânica" como uma combinação matemática de elementos independentes, e é isso que se dá com a economia. Enquanto o pensamento neoclássico reduz a economia à interação mecânica em um vácuo de partículas individuais (o consumidor-produtor independentemente definido), a abordagem de Keynes se baseia, mesmo em sua forma mais abstrata, em um conceito institucional (e, portanto, orgânico), qual seja, a moeda. A moeda é uma forma de interação que Keynes supõe ir muito além do mero status "friccional" que enxerga a teoria neoclássica. Afeta "motivações e decisões" e, portanto, a própria definição do agente econômico. Por causa da moeda (ou, a esta altura do argumento, em relação a ela), há incertezas de mercado que afetam a atividade econômica. A incerteza é, em parte, um axioma, mas também, em parte, uma consequência da natureza dos arranjos monetários modernos, e assim por diante.

Essas características do pensamento keynesiano nos impedem de formular rigorosamente sistemas axiomáticos, como faz a teoria neoclássica. Por outro lado, para debater com a ortodoxia, é decerto útil tentar identificar, se não os axiomas, pelo menos os princípios fundamentais que orientam a concepção de uma economia monetária.

Como já vimos, Keynes nunca apresentou esses fundamentos nesse formato. Os rascunhos da *Teoria Geral*, contudo, mostram que esse conceito não lhe era

---

12 Isso não significa haver qualquer descontinuidade entre o *Tratado sobre a Probabilidade* e outras obras redigidas no mesmo período e trabalhos mais tardios de Keynes. Com efeito, argumentaremos no próximo capítulo que existe um elo entre o *Tratado* e a *Teoria Geral*. Trata-se, contudo, de uma linha de desenvolvimento em que algumas ideias são mantidas e outras mudam, e não de visões estáticas e imutáveis.

estranho, uma vez que contêm grande volume de material dessa natureza. Como não há apresentação sistemática desses princípios oferecida pelo próprio Keynes, podemos organizar os comentários que fez durante o período de redação da *Teoria Geral*, assim como em sua defesa perante a crítica depois da publicação, da maneira mais adequada para permitir comparação com os axiomas neoclássicos.

Davidson (1984) resumiu os fundamentos da economia keynesiana e pós--keynesiana na recusa de três axiomas neoclássicos a serem substituídos por princípios alternativos. Os três axiomas a serem rejeitados eram os da substituição bruta, dos reais, e da ergodicidade. O axioma da substituição bruta, segundo o qual tudo é até certo ponto substituto de todo o resto, era incompatível com o postulado de Keynes de que a moeda era singular nos papéis que era capaz de representar, e, portanto, uma de suas propriedades fundamentais seria uma baixa elasticidade de substituição. O axioma dos reais consiste em presumir que apenas bens e serviços geram utilidade e, portanto, os agentes estabelecem metas reais para suas estratégias, a menos que apresentem alguma forma de irracionalidade como a ilusão monetária, uma possibilidade que era negada por outro axioma (não necessariamente incompatível com as ideias de Keynes), o da racionalidade. Era esse o fundamento da neutralidade da moeda, que, como já vimos, era justamente o objeto das principais críticas de Keynes. Finalmente, o axioma da ergodicidade admite que os processos econômicos sejam basicamente estacionários, de tal modo que no longo prazo os agentes possam aprender como operam tais processos e, adaptando seu comportamento ao ambiente, atingir posições de equilíbrio no longo período. O axioma da ergodicidade, como veremos de maneira mais detalhada no próximo capítulo, é incompatível com o conceito de incerteza tal como apresentado por Keynes.

Segundo Davidson, a revolução keynesiana consistiria na substituição dos axiomas assim rejeitados por três princípios alternativos. O primeiro seria a não neutralidade da moeda, ou seja, a ideia de que ela afeta "motivações e decisões". Em segundo lugar, a irreversibilidade do tempo gera ambientes não ergódicos nos quais a tendência gravitacional em direção a um equilíbrio de longo período não opera e os tipos de comportamento descritos pelos modelos neoclássicos são, eles mesmos, irracionais. Os processos não ergódicos exibem médias espaciais diferentes das médias temporais, impossibilitando o aprendizado por tentativa e erro (DAVIDSON, 1984, p. 185). Finalmente, o terceiro princípio seria o de que, em um mundo não ergódico em que a produção tome tempo, as sociedades desenvolverão meios para lidar com a incerteza, dos quais o mais comum e generalizado é a criação de um sistema de contratos monetários a termo.

Esses três princípios decerto resumem o núcleo da revolução proposta por Keynes. Mas estão sujeitos a uma limitação, se pensarmos em um sistema de axiomas — a de não serem intuitivos o bastante e, portanto, talvez não serem "originadores" o bastante. No restante deste capítulo apresentaremos algo que pode ser uma alternativa mais intuitiva, principalmente no que se refere ao primeiro e ao terceiro dos princípios propostos por Davidson. Antes de delineá-los, contudo, é importante estabelecer alguns pontos preliminares que estão relacionados com a concepção da atividade econômica e com a identificação dos agentes econômicos.

O conceito de atividade econômica de Keynes é essencialmente marshalliano, se aproxima daquele adotado pela economia política clássica e difere em muito da abordagem walrasiana. Em primeiro lugar, reconhece a produção como sendo a atividade econômica essencial, ao contrário da ênfase walrasiana sobre as trocas. Isso quer dizer que, embora o estudo das características do processo produtivo — consumir tempo, ser cooperativo, envolver equipamento de longa duração, e assim por diante — seja uma parte essencial da economia keynesiana, a abordagem walrasiana da produção se limita, como disse o próprio Walras, à formação dos preços dos fatores (WALRAS, 1954, p. 40). A segunda diferença está na concepção do mercado, em que mais uma vez, para Keynes, os mercados são instituições, conjuntos de práticas, regras e procedimentos. Para a abordagem walrasiana, os mercados são, na verdade, uma ilusão. Não têm qualquer realidade, e quanto mais perfeitos forem, menos visível será sua operação.

Em suma, o conceito de economia empresarial se aplica a uma economia em que os agentes se organizem para produzir e onde os bens sejam distribuídos por meio de relações de mercado entre unidades independentes. No modelo básico de economia empresarial, há três tipos de agentes (um modelo mais amplo poderia também incluir pelo menos mais dois tipos de agentes: o estado e os agentes estrangeiros): as empresas, as famílias e os bancos. As empresas organizam a produção e as atividades e ela relacionadas. As famílias têm dois papéis: o de fornecer serviços de fatores e o de consumir bens. Já os bancos criam moeda. É importante notar, logo de início, que esses três tipos não se reduzem uns aos outros, como na teoria neoclássica, em que as firmas ou são fantasmas indefiníveis, ou são formas especiais assumidas pelas famílias para atingir fins específicos.[13] São, isto sim, indivíduos plenamente reconhecíveis à medida que se pode notar nelas metas e objetivos que não podem ser reduzidos às metas e aos objetivos de outrem; mais especificamente, não são redutíveis à busca pela maximização da satisfação por parte das famílias.

A esta altura, podemos formular seis princípios fundamentais da operação de uma economia monetária, ou empresarial. O primeiro é aquilo que chamamos de "princípio da produção", segundo o qual reconhecemos a individualidade peculiar da empresa como agente nessas economias na medida em que é possível tanto definir uma atividade exclusiva dela quanto constatar que tem metas e objetivos que não são meras modificações das metas estabelecidas por outros agentes, como as famílias, por exemplo. Segundo o princípio da produção, a produção se dá pelas empresas com o fim de obter lucros.[14] A meta da empresa está estabelecida em termos quantitativos: produzir lucros para ser capaz de produzir mais lucros, e assim por diante. Ela não existe para gerar utilidade para seus donos. Como escreveu Keynes, "um empresário está interessado não no montante de produção, mas no montante de moeda que cabe à sua participação" (CWJMK, vol. XXIX, p. 82).

O abandono da figura antropomórfica do "empresário" em outro rascunho é ainda mais esclarecedor: "A firma lida inteiramente em termos de somas de moeda. Não tem propósito no mundo a não ser o de terminar com mais moeda do que começou. É essa a característica essencial de uma economia empresarial" (p. 89).

Finalmente, também é significativo ter sido nesse contexto de concepção da independência das metas da empresa nessa forma de produção que Keynes fez a única referência simpática à visão de Marx que se pode encontrar em todos os seus *Escritos Coletados* (p. 81). Aqui, Keynes reconhece a "observação fértil" feita por Marx de que a atitude das empresas é a de "abrir mão de moeda por uma

---

13 Sobre as dificuldades dos teóricos neoclássicos para lidar com as firmas, sua própria existência, seu papel, e assim por diante, ver Hahn (1984).

14 A firma é um conceito estratégico na construção dos modelos pós-keynesianos. Em contraponto à caixa preta neoclássica, a máquina que transforma insumos em produtos, a firma pós-keynesiana é principalmente um centro tomador de decisões (SHACKLE, 1970, p.20). Sua principal meta não é a de produzir bens, mas a de ganhar dinheiro (DAVIDISON, 1984). Alguns pós-keynesianos propõem que uma empresa moderna deve ser estudada como se fosse um banco (MINSKY, 1982, p. 19, 145, 206). Para uma discussão completa do conceito pós-keynesiano de firma, ver Feijó (1991, Cap. 2) e Shapiro (1981, 1984).

mercadoria (ou esforço) para assim obter mais moeda". Ela existe, em outras palavras, para acumular riqueza, e sua "satisfação" ocorre quando ela é capaz de aumentar o controle que tenha sobre a riqueza. Isso implica em ser a riqueza de modo geral, e não formas específicas de riqueza, o que ela busca. Assim, a meta da empresa é a riqueza sob a forma de moeda.

A existência de entidades como a empresa keynesiana, para a qual a moeda é a meta — é o fim, e não o meio —, basta para estabelecer um papel não neutro da moeda, assim como a demanda dos consumidores por um determinado bem basta para estabelecer a não neutralidade de tal bem. Deve-se observar, de qualquer forma, que Keynes não apela, nesse argumento, para qualquer espécie de ilusão monetária. Pelo contrário, a forma monetária é exatamente aquilo que define a natureza da riqueza, em contraposição com as formas peculiares representadas por bens específicos que somente são riqueza em relação a determinados usos. A moeda é riqueza porque é uma potencialidade para todos os fins, uma vez que é poder aquisitivo em sua forma universal.

Por outro lado, as firmas têm um índice do poder aquisitivo da moeda que não é dado por qualquer mercadoria ou cesta de mercadorias em particular, mas, na teoria de Keynes, pelo salário monetário. O salário monetário é uma medida do controle sobre a riqueza real ou do poder para gerar riqueza real representada por um montante de moeda. Bens específicos podem ser índices significativos em alguns setores, mas apenas a mão de obra interessa a todas as firmas, e é por isso que o salário monetário é o preço mais estratégico para as decisões da firma como um todo (ver KREGEL, 1989; KAHN, 1972, p. 105, e 1984, p. 126).

O segundo princípio de uma economia monetária se refere à sua hierarquia e o que chamaremos de "princípio da estratégia dominante". O conceito que Keynes tinha de uma economia empresarial reconhecia claramente poderes distintos dos agentes para determinar a dinâmica da economia em que operavam.[15] Esse conceito é muito claramente exposto na *Teoria Geral* e nos artigos que a acompanham. Nela, o exame dos mercados em que se encontram as famílias e as empresas, como os de mão de obra ou de poupança, demonstra o claro domínio das empresas: o montante tanto de emprego quanto de poupança depende das decisões das empresas de produzir e investir. Trabalhadores e poupadores adaptam-se às decisões das empresas, ainda que não o percebam, e parte do que há de inovador na *Teoria*

---

15 Barrere (1985) faz o mesmo argumento.

Geral encontra-se na demonstração de como isso se dá. Por outro lado, no debate posterior à *Teoria Geral* que manteve com Ohlin, Keynes deixou clara sua visão de que os bancos detêm a chave para o processo de investimento em outra relação hierárquica crucial para o conceito de economia empresarial.

Esse princípio se baseia na ideia de que a distribuição de recursos produtivos é desigual entre agentes. Como escreveu Keynes na *Teoria Geral*, em uma economia empresarial, o capital é "escasso", se comparado ao trabalho (KEYNES, 1964, p. 213). Embora praticamente qualquer pessoa tenha capacidade de trabalhar, o controle sobre os meios de produção não é tão igualmente acessível. É claro que essa escassez não é de qualquer maneira natural; é organizada pelo próprio sistema, cuja operação a restaura sempre que ela é ameaçada, como acontece, por exemplo, durante períodos de expansão, quando a mão de obra também escasseia. Minsky (1975) sugere que o ciclo de negócio pode ser visto como a maneira pela qual se preserva a escassez de capital (e, com ela, a base hierárquica do sistema, uma intuição de grande valia para quem quer que seja que proponha a possibilidade de sustentação do pleno emprego).[16]

Ademais, é preciso levar em consideração que a riqueza financeira e material costuma ser armazenável e pode, portanto, não ser utilizada pelo tempo que seu titular assim deseje se as condições sob as quais o seria não forem satisfatórias. A força de trabalho, por outro lado, se não gasta, simplesmente se perde.

O argumento mais fundamental que explica esse princípio, contudo, pode ter a ver com o fato de que, para produzir, é necessário ter recursos financeiros disponíveis, permitindo que o produtor compre os implementos, os materiais e a mão de obra necessários. Naturalmente, as empresas — muito mais do que as famílias —, têm acesso a fundos discricionários criados pelos bancos. As empresas (ou, caso se deseje, neste contexto, um conceito mais antropomórfico, os capitalistas) têm preferência no acesso ao crédito, dada a natureza dos ativos que possuem. Elas dispõem de ativos que podem ser absorvidos pelos bancos em caso de inadimplemento contratual. Já as famílias, de modo geral, possuem capital geralmente sob a forma de capital "humano", que não pode ser tomado pelos bancos, ou bens de consumo duráveis que são altamente ilíquidos.

---

16 Kalecki (1943) apresenta uma análise muito aguda dos problemas políticos envolvidos na manutenção do pleno emprego nas economias capitalistas.

O terceiro princípio na representação de uma economia monetária é o da temporalidade dos processos econômicos. A produção consome tempo. Isso implica em que as empresas precisam decidir a respeito da escala de produção com base em expectativas de demanda. Precisam comprometer-se com a compra de mão de obra e outros insumos antes da venda efetiva dos bens acabados nos mercados. Além disso, diferentes setores empregam diferentes métodos de produção. A duração dos processos produtivos, assim, não é uniforme. Keynes e os pós-keynesianos consideram explicitamente os atrasos e assincronias que caracterizam a atividade econômica e impõem a necessidade de considerar como os planos são concebidos e implementados, e qual a natureza da interação que se estabelece entre os agentes individuais.

Durante o processo produtivo, os fatores são remunerados com moeda. Não se comprometem a gastar essa moeda de qualquer maneira específica ou em qualquer data específica. As empresas operam com base em suas expectativas de demanda, não em compromissos assumidos pelo "mercado". Produzir é uma atividade inevitavelmente especulativa em uma economia capitalista: "queira ou não, a técnica de produção em um regime de contratos monetários força o mundo empresarial a sempre sustentar uma grande posição especulativa" (CWJMK, vol. XIX, p. 114).[17]

Embora o princípio da temporalidade nos faça considerar a necessidade de levar em conta as expectativas, ainda não basta para implicar a consideração da incerteza no sentido empregado por Keynes. Para isso, precisamos de um quarto princípio, tomando emprestado o princípio da não ergodicidade de Davidson.[18] A esta altura, não precisamos acrescentar nada ao resumo do argumento de Davidson apresentado anteriormente, a não ser para enfatizar que a não ergodicidade é responsável pela incerteza fundamental (não probabilística) que cerca algumas das decisões que os agentes precisam tomar nas economias empresariais.[19] Por isso, é a não ergodicidade — e não só a temporalidade — que implica

---

17 Minsky deu especial atenção à natureza especulativa das decisões de produção e investimento das firmas. Ver Minsky, 1975, Cap. 4, e 1986, p. 177.

18 Em um processo ergódico, o aprendizado pela experiência é possível, permitindo que os agentes, no longo prazo, decidam com certeza e eliminem a necessidade de especulação.

19 A incerteza decorre de duas fontes principais. Por um lado, a moeda, em seu papel de "máquina de transporte de liquidez no tempo" (DAVIDSON, 1978), permite que os agentes poupem sem investir ou façam encomendas para consumo futuro (CHICK, 1983a, p. 5; KREGEL, 1980, p. 38). Por outro lado, se são possíveis inovações, qualquer comprometimento de longo prazo com técnicas específicas de produção é incerto (SHACKLE, 1970, p. 21).

no conceito de irreversibilidade do tempo e no confronto com outras teorias das expectativas, em especial aquelas construídas sobre modelos neoclássicos Este ponto será desenvolvido mais detalhadamente no Capítulo 4.

O quinto princípio é o da coordenação. Uma característica das economias modernas é o fato de que a divisão social do trabalho não se refere apenas aos produtos finais (como ocorre, por exemplo, em sociedades agrícolas atrasadas), mas que os próprios processos produtivos são fragmentados em um grande número de produtores independentes que extraem as matérias-primas, as processam em diversos estágios e, finalmente, obtêm os bens acabados. O processo entre a extração de ferro e carvão e a produção de um automóvel, na verdade, se realiza por um grande número de unidades produtivas independentes que não apenas são autônomas, como também estão envolvidas em muitas outras sequências produtivas (o produtor de aço, por exemplo, está envolvido no processo de produção de um grande número de outros bens acabados).

Como vimos ao discutir o princípio da temporalidade, as economias empresariais não dispõem de mecanismos de comando pelos quais a coordenação dos planos de produção sejam previamente estabelecidos, seja em termos de quantidades produzidas, seja em termos do momento em que os bens intermediários deverão estar disponíveis para o passo seguinte na sequência de produção, seja, ainda, em termos do casamento final entre a disponibilidade de bens e a estrutura das necessidades percebidas pela sociedade. Diz-se com frequência que, nessas economias, a coordenação é obtida *ex post facto* por meio da revelação pelo "mercado" das decisões que estavam corretas ou não. Tais mecanismos seriam, evidentemente, dispendiosos, porque as decisões erradas seriam indicadas pela imposição de perdas aos produtores. Mas não se deve dizer que essas economias carecem de qualquer mecanismo de coordenação prévia que seja. Como observou Keynes, sob condições de incerteza (ou seja, dada a possibilidade de perdas futuras resultantes da tomada de decisões "incorretas"), os agentes desenvolvem "técnicas" de comportamento (CWJMK, vol. XIV, p.114). De especial importância entre as maneiras de lidar com a incerteza causada pela coordenação pelo mercado é o desenvolvimento de instituições que socializem as perdas e reduzam o risco para cada agente individual.

A instituição mais característica e disseminada dentre elas é o contrato monetário a termo. Um contrato reduz a incerteza ao estabelecer fluxos de recursos reais

76 | Keynes e os Pós-Keynesianos

e financeiros, seus prazos e seus termos, garantindo, por um lado, a disponibilidade de insumos aos produtores e, por outro, a existência de canais de saída para seus produtos. Ele age como dispositivo de controle de custos para os empresários e como base de cálculo das recompensas relativas que são o campo de aplicação da racionalidade empresarial. Nem todos os fluxos de bens podem ser definidos em contratos a termo (em especial, bens de consumo não são produzidos "sob encomenda"), de modo que a incerteza não pode desaparecer completamente. Mas processos produtivos que tomam tempo e que, do contrário, seriam excessivamente arriscados podem ser organizados a partir de um sistema de contratos que garanta sua continuidade, pelo menos frente a contingências previsíveis.[20]

A importância estratégica da existência dos contratos monetários a termo nos leva ao último princípio definidor de uma economia monetária. O chamaremos de "princípio das propriedades da moeda". Esse princípio está intimamente relacionado com o anterior no sentido de que Keynes afirma que, para que seja viável um sistema complexo de contratos monetários a termo, é necessário que a moeda tenha propriedades que garantam sua sobrevivência. Segundo Keynes:

> *A moeda de conta, ou seja, aquela em que são expressos os débitos e preços e o poder de compra de maneira geral, é o conceito primário de uma teoria monetária (...) a moeda em si, ou seja, aquela por meio do qual a entrega de contratos de dívida são liquidados e sob cuja forma se detém um estoque de poder de compra genérico, deriva sua natureza da relação que mantém com a moeda de conta, uma vez que débitos e preços precisam, primeiro, ter sido expressos nos termos desta (...) Talvez possamos esclarecer melhor a distinção entre as duas dizendo que a moeda de conta é a descrição, ou a titularidade, e a moeda é a coisa que corresponde a essa descrição.* (CWJMK, vol. V, p. 3)

A moeda de conta é a medida padrão dos compromissos a termo. Como padrão de medida, seu conteúdo deve ser estável (CWJMK, vol. XIX, p. 117; vol. XXVIII, p. 257).[21] Não serviria como dispositivo redutor de incerteza se os

---

20 Keynes foi explícito quanto à natureza essencial de uma economia monetária como economia "contratual" no sentido discutido anteriormente. Ver, por exemplo, CWJMK, vol. XXVIII, p. 255. Na teoria pós-keynesiana moderna, essa linha é firmemente seguida por Davidson. Ver Davidson (1978a, 1978b).

21 Como observou Vicarelli (1984), os processos inflacionários precisam ser encarados como críticos para economias organizadas com base em contratos monetários a termo (p. 35).

Fundamentos da Teoria Econômica Pós-Keynesiana... | 77

agentes não pudessem se fiar, ao contrair obrigações contratuais, na sua avaliação daquilo que essas obrigações implicariam para eles. Mas a moeda de conta é uma "descrição". Isso quer dizer que a propriedade da estabilidade que é característica da "descrição" deve ser também verdadeira para a "coisa que corresponde à descrição". Em outras palavras, deve haver algum grau de estabilidade no valor da moeda tal como reconhecido pelos agentes para que aceitem os compromissos contratuais. Assim, para que a moeda cumpra seu papel, é preciso impor algumas restrições à sua criação, para garantir que ela não infrinja a "descrição" a que deve corresponder.

Essas restrições são reassentadas pela afirmação de Keynes de que a moeda em uma economia empresarial se caracteriza por elasticidades nulas ou desprezíveis de produção e substituição (KEYNES, 1964, p. 230). Essas propriedades sustentam a "liquidez" da moeda, sua capacidade de liquidação de débitos e de constituição de poder aquisitivo em sua forma geral. Se não houver dúvida quanto à liquidez da moeda, os agentes aceitarão obrigações nela denominadas e liquidáveis e se erguerá um sistema contratual. Mas, disse Keynes:

> *É improvável que um ativo cuja oferta possa ser facilmente ampliada — ou pelo qual o desejo possa ser facilmente desviado por uma alteração de preço relativo — possua o atributo de liquidez na mente dos titulares de riqueza. A própria moeda perde rapidamente o atributo de "liquidez" se houver a expectativa de que sua oferta futura sofra variações abruptas.* (p. 241)

Um modelo de economia construído sobre os seis princípios mencionados apresentará os resultados esperados por Keynes: a não neutralidade da moeda no longo período, a plena realização do significado do conceito de circulação financeira, criado no *Tratado sobre a Moeda*, e o princípio da demanda efetiva. A *Teoria Geral* pode ser encarada como um desenvolvimento analítico do conceito de economia monetária, onde esses princípios se traduzem em proposições analíticas que permitem uma descrição rigorosa de sua dinâmica.

Do ponto de vista dessa discussão, podemos pensar nas proposições centrais da *Teoria Geral*. Em uma economia monetária, a moeda não é apenas um meio de circulação, mas, também, um ativo, um meio de conservação de riqueza cujo principal atributo é a capacidade de liquidar obrigações e representar o poder de compra em sua forma mais pura. A existência de uma demanda por moeda en-

78 | Keynes e os Pós-Keynesianos

quanto ativo afeta a demanda (e os preços) dos outros tipos de ativo e as formas alternativas de conservação de riqueza que apresentam atributos diferentes.

Para um dado estado de expectativas, os titulares de riqueza terão, então, que demandar os estoques disponíveis de ativos, inclusive de moeda. Os preços se moverão de maneira a obter a compatibilidade entre demanda e oferta dos diversos itens. Para ativos reprodutíveis, os preços obtidos no mercado são importantes para indicar sua "escassez" relativa. Isso acontecerá se os ativos reprodutíveis estiverem sendo transacionados a preços maiores do que seu custo de produção (seu preço de oferta). Se os preços correntes forem mais elevados do que o preço de fluxo de oferta, serão produzidos novos itens, aumentando a disponibilidade do ativo em questão (e, assim, a acumulação de capital na economia).

A produção de quantidades adicionais de ativos reprodutíveis exige o emprego de fatores de produção, em especial a mão de obra. Os trabalhadores então empregados poderão demandar bens de consumo, levando a uma expansão do emprego também nesse setor. Por outro lado, se uma expansão adicional do emprego tiver de ocorrer para suprir as demandas daqueles empregados na produção de ativos reprodutíveis, um novo impulso será dado ao setor de bens de consumo, que precisará ofertar bens para os próprios trabalhadores recentemente empregados, e assim por diante. Em termos keynesianos, a expansão do investimento terá dado origem, por meio de efeitos multiplicadores, a uma expansão secundária do setor de bens de consumo. O montante total da renda e do emprego assim criados dependerá do montante da demanda secundária por bens de consumo que tiver sido criada. É claro que o mecanismo todo irá em direção contracionista se supusermos que os preços correntes dos bens reprodutíveis estejam abaixo de seus preços de oferta. Este, em suma, é o princípio da demanda efetiva que Keynes supôs ser característica da economia monetária (e a ela exclusivo).[22]

---

22 Davidson e Kregel (1980, p. 137) enfatizam que o princípio de demanda efetiva é característico de economias monetárias, uma vez que é a existência de um lugar de repouso não produtivo para a riqueza que causa o desemprego. Apenas a moeda permite uma separação completa entre a provisão financeira e a provisão física para o futuro, o que pode criar desemprego. À medida que nossa organização social e empresarial separa a provisão financeira para o futuro da provisão física para o futuro, de tal maneira que esforços para criar as primeiras não necessariamente trazem consigo as segundas, a prudência financeira tenderá a destruir a demanda efetiva e, assim, afetar o bem estar, como mostram tantos exemplos (CWJMK, vol. XIII, p. 439). Nesse sentido, não se pode aceitar argumentos como a proposição de Kaldor de que a preferência pela liquidez nada tem a ver com o desemprego na macroeconomia pós-keynesiana. Ver Kaldor (1982, p. 26).

EM SUMA

Neste capítulo, propusemos que a realização revolucionária de Keynes foi a formulação de um novo conceito de economia que melhor representaria o funcionamento do mundo real. A chave do desenvolvimento desse novo conceito foi a não neutralidade da moeda no longo período, ou seja, a possibilidade de demonstrar as condições sob as quais a moeda pode se tornar um ativo (uma forma de riqueza a ser detida por agentes individuais em lugar de outros ativos), afetando, assim, o ritmo de acumulação de capital da economia como um todo.

Keynes chamou esse novo paradigma de economia monetária de produção, algo que deveria ser encarado como uma forma original de organização social, e não como derivação das economias cooperativas, como fazia a ciência econômica clássica. As principais características dessa economia monetária de produção foram apresentadas sob a forma de seis postulados: de produção, de estratégia dominante, de temporalidade, de incerteza, de coordenação e de propriedades da moeda.

Propôs-se que tal economia monetária de produção apresentaria as características que Keynes identificou nas economias de mercado do mundo real, como a não neutralidade da moeda e a possibilidade de que o desemprego resultasse de demanda efetiva insuficiente. Os agentes, percebendo a incerteza do futuro, poderiam optar por formas líquidas, mas não reprodutíveis, de acumulação de riqueza que deprimiriam os preços dos ativos reprodutíveis para aquém de seus custos de produção. Isso levaria a uma redução da produção e do emprego que exerceria impacto secundário também sobre os setores de bens de consumo. O desemprego involuntário então resultaria desses deslocamentos da demanda em direção a ativos não reprodutíveis.

80 | Keynes e os Pós-Keynesianos

Na maior parte do que segue neste livro, exploraremos esse mecanismo. Antes, contudo, há uma última questão preliminar a ser abordada: o conceito de incerteza adotada por Keynes e pelos pós-keynesianos. Como vimos, um aspecto essencial da visão de Keynes é o de que o papel representado pela moeda em uma economia moderna tem a ver com a forma singular de incerteza que prevalece nessas economias. É sobre isso que nos debruçaremos no próximo capítulo.

CAPÍTULO 4

PROBABILIDADE, INCERTEZA E EXPECTATIVAS

De todas as inovações teóricas oferecidas no conceito de economia monetária que discutimos no capítulo anterior, dois princípios talvez sejam, por si sós, os mais revolucionários: o das propriedades da moeda e o da incerteza. As propriedades da moeda serão examinadas mais detidamente no Capítulo 6. Neste capítulo, exploraremos as perspectivas keynesianas e pós-keynesianas da incerteza.

Começamos por um exame da visão de Keynes a respeito da probabilidade e da incerteza, antes de prosseguir para uma discussão das implicações dessa visão para a maneira como se formam as expectativas. Os contrastes entre o tratamento keynesiano dado às expectativas e o da abordagem neoclássica são rapidamente apresentados. Finalmente, são elencadas algumas das implicações da consideração da incerteza para o desenvolvimento de modelos analíticos.

PROBABILIDADE

Keynes foi um estudante da probabilidade antes de se tornar economista. Estava mais interessado, contudo, na probabilidade enquanto fundamento para a tomada de decisões do que em estatística descritiva ou na probabilidade como característica do mundo em si. Para acompanhar a perspectiva de Keynes sobre a probabilidade e a incerteza, é importante ter em mente esse interesse. As modificações observadas em seus pontos de vista parecem se dever ao aprofundamento, com o passar do tempo, de sua compreensão dos processos efetivos de tomada de decisão, e não ao estudo da lógica da probabilidade em si. Keynes abordou inicialmente a probabilidade ao procurar por critérios que respaldassem decisões práticas. Sob determinadas condições, seria possível conceber métodos racionais por meio dos quais se escolheria uma consequência que se pudesse demonstrar ser "decorrência lógica" de uma determinada proposição ou de determinadas premissas. Em muitos casos, contudo, a lógica por si só não seria capaz de levar seja à certeza, seja à impossibilidade. Nesses casos, a relação entre premissas e consequência se poderia dizer provável. A crença parcial então tomaria o lugar da crença absoluta, e a probabilidade se tornaria a base para uma decisão. Para resultados igualmente desejáveis, portanto, "poderíamos dizer (...) que o provável é a hipótese a partir da qual é racional agir" (CWJMK, vol. VIII, p. 339). Segundo Braithwaite, "a principal motivação de Keynes ao escrever o *Tratado* [da Probabilidade] era a de explicar como um grau de crença poderia ser racional e, portanto, não só questão de composição psicológica do tomador de decisão, mas algo compartilhado por todos os homens racionais em circunstâncias assemelhadas" (p. XXI).

Abordar a economia como sendo "especialmente ocupada da tomada de decisões e com as consequências que decorrem das decisões" (HICKS, 1979, p. 5) era uma honrada tradição britânica (KREGEL, 1977). Se a tomada de decisões deve ser encarada como um dos principais objetos da ciência econômica, e não como mera questão lateral, ela deve preencher dois requisitos. Precisa ser criativa (ou "livre de causa", na terminologia de Shackle). Isso significa que tomar decisões não é apenas reagir automaticamente a estímulos no presente. Não se pode reduzir o ato de decidir a uma mera adaptação, o que quer dizer que não se pode ligar diretamente as condições do ambiente aos resultados comportamentais. Não se nega a existência de necessidades sistêmicas, de leis naturais e sociais,

Probabilidade, Incerteza e Expectativas | 83

ou de qualquer outra influência externa sobre o tomador de decisões. Mas esses fatos são encarados como elementos de informação para o processo de decisão, não como seus controladores.[1]

O segundo requisito é o de que o processo em si por meio do qual se chega a uma decisão possa ser analisado como etapas consistentes e conectadas. Deve haver um critério de tomada de decisão, um método de construção das consequências de um conjunto de premissas que informe essa decisão. As decisões são tomadas como referência às consequências que se crê que cada escolha gere. A escolha racional é aquela que maximiza a possibilidade de obtenção da consequência mais desejada. A aplicação da razão significa, assim, a busca pela alternativa em que a consequência desejada possa visivelmente decorrer de maneira mais direta — dadas as restrições percebidas ou esperadas — da escolha a ser feita. O julgamento de racionalidade somente pode ser feito se o tomador de decisões puder demonstrar como cada etapa decorre da anterior e dá forma à seguinte na cadeia que vai da decisão ao resultado esperado. Se a construção de consequências obedecer às regras da lógica, será independente da "composição psicológica do tomador de decisão" e será possível seu estudo científico.

Quando se toma uma decisão, se escolhe uma determinada consequência, por meio da qual as premissas — a descrição do ponto de partida do tomador de decisão — se conectam ao resultado almejado. Um processo de escolha, portanto, pode ser visto como sendo composto de dois elementos: os dados iniciais e o processo racional que leva aos resultados. O segundo desses elementos, a construção da relação entre as proposições iniciais e os resultados finais, era o tema central do *Tratado de Probabilidade*[2] de Keynes. Seu objetivo era o de encontrar leis de tomada racional de decisão que servissem como fundamento para as ciências do

---

1 Como bem observou Penrose em sua discussão das estratégias empresariais, "Não é o ambiente 'como tal', mas o ambiente como o empresário o enxerga, que importa para suas atitudes" (1980, p. 215). É claro que "se os fatos confirmarão as expectativas é outra história" (p. 5).

2 O professor Tony Lawson atraiu minha atenção para a distinção entre crença racional e escolha racional, estando esta diretamente ligada à ação, enquanto Keynes se concentrava naquela. A distinção é muito importante, e acredito que tenha representado um papel central no desenvolvimento das ideias de Keynes sobre o assunto. Mas, no *Tratado de Probabilidade*, Keynes não parece estar plenamente ciente desse fato ou de sua importância. Entre a crença e a tomada de decisão (ou a ação) encontramos a lógica "humana" (da confiança, por exemplo) a que Ramsey e o próprio Keynes se referirão mais tarde (KEYNES, 1951, p. 240-244). No *Tratado*, Keynes ainda relacionava diretamente a crença à ação, como mostram as citações extraídas da página 339 (acima). O ponto será explicado mais detidamente adiante.

comportamento, inclusive a economia. Como escreveu Keynes, "entre dois conjuntos de proposições (...) há uma relação em virtude da qual, se conhecermos a primeira, podemos atribuir à segunda algum grau de crença racional. Essa relação é o objeto da lógica da probabilidade" (CWJMK, vol. VIII, p. 6-7).

A teoria da probabilidade é, assim, parte da epistemologia. Não trata de eventos ou processos materiais como tal, mas como proposições. Keynes se ocupa da determinação da medida em que é racional aceitar como verdadeira uma proposição que se obtenha de outra por argumento: "A probabilidade é o estudo dos fundamentos que nos levam a manter uma 'preferência' racional por uma crença sobre outra" (p. 106).

"Crença racional" se refere à plausibilidade lógica da proposição derivada em referência a uma determinada proposição inicial. A medida da veracidade da ideia resultante depende da verdade e da plenitude do ponto de partida e da construção apropriada da relação de probabilidade. A proposição inicial (ou as premissas iniciais) pode ser uma presunção, um dado ou uma observação. No *Tratado de Probabilidade*, Keynes simplifica o ponto admitindo que todas as premissas sejam, com efeito, resultado de observação, aquilo que chama de conhecimento direto. Em uma presunção ainda mais ousada, Keynes então propõe considerar o conhecimento direto como sendo conhecimento verdadeiro (Cap. 2).[3]

---

3 Lawson (1987, p. 959) observa que Keynes não considera só a observação como forma de conhecimento direto, mas também a intuição. Keynes faz uma rápida incursão no campo da teoria do conhecimento no Capítulo 2. Sua intenção parece ser a de definir suas premissas epistemológicas, e não de discutir a epistemologia em si. Nesse capítulo, Keynes propõe que o conhecimento direto das coisas seja a fonte de conhecimento a respeito delas, "sendo experiência, compreensão e percepção três formas de conhecimento direto" (*Tratado de Probabilidade*, p. 12). Os objetos de conhecimento, abrangendo sensações, significados e percepções, são então chamados de "proposições" (p. 12). "É difícil dizer sobre quais tipos de coisas somos capazes de conhecer diretamente as proposições" (p. 14). Keynes argumenta que "não podemos conhecer uma proposição a menos que seja de fato verdadeira" (p. 11). Esse sentido do termo "conhecimento", contudo, é por demais forte, e Keynes posteriormente optou por algo mais suave, mas mais próximo do senso comum: "Para fazer um uso comum dos termos (ainda que inconsistente com o citado), admiti que todo o conhecimento direto seja certo" (p. 17); "Admito, então, que apenas proposições verdadeiras possam ser conhecidas" (p. 18). Como será proposto adiante, a incerteza surge quando focamos sobre as proposições iniciais, e não sobre o método de argumento. Seja como for, a opinião de Lawson de que Keynes não era um empirista "extremado" encontra respaldo nas observações breves, mas significativas, de Keynes sobre a memória e a dificuldade de distinguir a recordação do conhecimento de recordações geradas por "associações irracionais de ideias que não podem ser corretamente chamadas de conhecimento" (CWJMK, vol. VIII, p. 15). Keynes concluiu: "Não podemos sempre dizer, assim, o que é conhecimento recordado e o que não é, de fato, conhecimento" (p. 15). É claro que podemos nos perguntar se há qualquer conhecimento que não seja conhecimento "recordado".

Presumir verdadeira a proposição inicial permite que Keynes se concentre na derivação do conhecimento por argumento. O espaço probabilístico é então definido como a aplicação da lógica a proposições para obter novas proposições: "Dado o corpo de conhecimento direto que constitui nossas premissas em última instância, essa teoria nos diz quais outras crenças racionais, certas ou prováveis, se podem derivar do conhecimento direto por meio de argumentos válidos" (CWJMK, vol. VIII, p. 4). É possível determinar por meio da lógica quais argumentos são válidos. Desta forma, a crença nas conclusões é racional, porque não depende de singularidades individuais, mas dos critérios de consistência com a lógica formal. O resultado, sendo uma derivação lógica das premissas, compartilha da verdade destas. A escolha das premissas é, em todos os casos, prerrogativa do indivíduo. A probabilidade, contudo, não se ocupa da escolha de premissas, mas de seu desdobramento lógico em uma conclusão.[4]

A esta altura, pode ser interessante comparar a visão de Keynes da probabilidade com a visão dominante da teoria da frequência. O principal contraste entre a abordagem de Keynes à probabilidade e a da teoria da frequência está na própria definição do objeto de estudo. Para a teoria da frequência, a probabilidade é uma relação entre eventos, uma característica do mundo em si. A acumulação de conhecimento não altera as probabilidades, porque a aleatoriedade é uma característica do objeto de conhecimento, não do conhecimento em si. A teoria da probabilidade consiste, assim, na descrição precisa das formas que essa aleatoriedade pode assumir e de suas propriedades. Se os processos estocásticos forem estáveis o bastante, a observação repetida levará ao conhecimento de seus padrões subjacentes.

Enquanto, para Keynes, cada relação probabilística é individual por definição, para a teoria da frequência, a probabilidade somente pode ser atribuída a uma relação específica como parte de uma família maior de observações individuais. Essa teoria distribui a certeza entre eventos. O que importa é a função de

---

4 No sentido que importa à lógica, a probabilidade não é subjetiva. Ou seja, não está sujeita ao capricho humano. Uma proposição não é provável porque acreditamos que seja. Quando uma vez dados os fatos que determinam nosso conhecimento, o que é provável ou improvável sob tais circunstâncias foi objetivamente fixado e independe de nossa opinião... As proposições específicas que escolhemos como premissas de nosso argumento dependem, naturalmente, de fatores subjetivos a nós peculiares; mas as relações, em que outras proposições contrapõem-se a elas e que nos dão direito a crenças prováveis, são objetivas e lógicas (CWJMK, vol. VIII, p. 4).

86 | Keynes e os Pós-Keynesianos

distribuição como um todo. Uma declaração isolada de relação probabilística é essencialmente desprovida de sentido: "as leis probabilísticas que regem as respostas à pergunta original são integralmente conhecidas. Não há incerteza ou ambiguidade de significado na afirmativa de que o evento A tem probabilidade $p(A)$" (KATZNER, 1986, p. 60).[5]

Mas se as premissas são verdadeiras e os argumentos são logicamente derivados,[6] por que as conclusões são apenas prováveis, e não certas? Keynes aborda a probabilidade como parte do processo de aprendizado. Quanto maior o corpo de conhecimento reunido como premissas, mais completas e certeiras poderão ser as conclusões obtidas por argumento. No limite, podemos imaginar um conjunto de premissas suficiente para implicar logicamente um resultado determinado. Nesse caso, a crença provável se torna crença certa. Mas sob determinadas circunstâncias, o conhecimento direto pode ser incapaz de gerar um conjunto suficiente de premissas verdadeiras para sustentar de forma certeira um resul-

---

5 Costumamos supor que a teoria da frequência e a construção de funções de distribuição de probabilidade sejam descrições de estados reais do mundo. Lawson (1988) levanta o argumento de que autores subjetivistas, como Friedman e Savage, também consideram a probabilidade uma característica da coleta de conhecimento, e não uma característica da realidade. Mas dois pontos merecem ser explorados. Primeiro, como se geram as funções de distribuição de probabilidades? Como demonstrou Keynes no *Tratado*, o uso de probabilidades antecedentes baseadas em alguma versão do princípio da razão insuficiente envolve grandes dificuldades de definição das alternativas. Além disso, o tomador de decisões precisa ter motivos para supor, ainda que com grau indefinido de exatidão, que alguns eventos sejam mais prováveis do que outros. Como se distribuem intuições? Em segundo lugar, devem os agentes comportar-se "como se" pudessem se fiar nessas funções de probabilidade como sendo descrições verdadeiras (e passíveis de seguro) da realidade? As formas mais características de comportamento discutidas por Keynes, como a preferência pela liquidez, o comportamento convencional e assim por diante, resultam exatamente da resposta que dá resposta a essas perguntas. Afinal, como observou Shackle, "a probabilidade subjetiva (...) não se pode dizer conhecimento" (citado em LAWSON, 1987, p. 18).

6 Emprego o termo "lógica" no mesmo sentido de lógica formal aceito por Keynes: "A lógica formal não diz respeito a nada a não ser as regras de pensamento consistente" (KEYNES, 1951, p. 243). Dada uma suficiência de premissas, elas podem ser combinadas em relações que levam a conclusões que não sejam contraditórias em relação às premissas, sejam consistentes umas com as outras, e não sejam mais genéricas em significado que as próprias premissas. É inegável que Keynes às vezes usou uma ideia mais elástica de lógica que não era facilmente redutível a regras formais como essas. O'Donnel (1989) menciona a dependência de Keynes da ideia de similaridade como uma das chaves para sua noção de lógica. Por outro lado, argumentos como o de Carabelli (1988) de que Keynes, na verdade, se opunha à lógica formal não parecem sustentáveis à luz dos escritos do próprio Keynes. Uma pista especialmente informativa quanto ao uso que Keynes fazia da lógica encontra-se no contraste entre a certeza prática e a certeza lógica (CWJMK, vol. VIII, p. 177), uma distinção que confere algum respaldo à posição de O'Donnel, mas não à de Carabelli.

tado. Os processos podem ser demasiado complexos para serem reconstruídos na imaginação. Em outros casos, o conhecimento direto pode ser impossível (por exemplo, em processos sequenciais, algumas premissas podem se referir a eventos que somente possam ser contemplados no futuro). Nesse caso, a lógica ou o raciocínio não pode substituir a insuficiência de conhecimento de maneira a se obter resultados certos.

Esta nova discussão, contudo, não pôde ser levada adiante no *Tratado de Probabilidade*, em que Keynes parece estar inseguro do status epistemológico das premissas em si (ou não estar interessado nele). De fato, o foco do desenvolvimento das ideias de Keynes sobre a tomada de decisões mudou gradualmente da probabilidade para a incerteza. Essa mudança, contudo, não exigiu qualquer alteração importante de seu arcabouço básico. Decorreu de sua atenção crescente dada às premissas para a tomada de decisões, deslocando-se da presunção de conhecimento verdadeiro obtido por meio de observação direta para as expectativas e a fragilidade das informações sobre as quais se sustentam.

INCERTEZA

O ponto citado foi originalmente levantado por Ramsey ao observar que a crença não era apenas um problema de lógica formal. A crença, ainda que racional, também era questão de lógica humana, daqueles "hábitos mentais" que são, também, "uma espécie de lógica" (KEYNES, 1951, p. 243). Keynes concedeu o ponto, embora ainda não estivesse certo de suas implicações.[7] A lógica humana, contudo, não é capaz de anular a lógica formal. Seu campo é outro. A lógica humana somente pode ser um processo de avaliação das premissas em si, e não de sua manipulação.

Keynes se deparara com essa questão pela primeira vez no *Tratado* ao apresentar uma discussão sobre o "peso" dos argumentos. O peso de um argumento

---

7 "Até aqui, rendo-me a Ramsey — acredito que esteja certo. Mas ao tentar distinguir graus "racionais" de crença da crença em geral, ele ainda não foi, penso, muito bem-sucedido (...) Mas ao procurar distinguir uma lógica "humana" da lógica formal, por um lado, e da psicologia descritiva, por outro, Ramsey pode ter indicado o caminho para o próximo campo de estudos quando a lógica formal tenha sido deixada em ordem e seu escopo altamente limitado tenha sido devidamente definido" (KEYNES, 1951, p. 244).

não é determinado por uma comparação "entre evidências favoráveis e desfavoráveis, mas entre montantes absolutos de conhecimento relevante e de ignorância relevante, respectivamente" (CWJMK, vol. VIII, p. 77). O tipo de evidência não revela qualquer novo elo lógico entre as proposições e nem nega qualquer outro. Apenas corrobora ou repete algum argumento já conhecido (positiva ou negativamente). Sob essas condições, tal nova evidência não pode alterar uma probabilidade, mas altera seu "grau de crença".[8] O grau de confiança em uma proposição obtida por probabilidade depende da força dos sinais de que não só uma proposição seja correta em relação a suas premissas, mas também de que seja efetivamente verdadeira, o que quer dizer que as premissas sobre as quais se constrói são verdadeiras. É este o campo da "lógica humana". Esta "lógica" não encontrou guarida, contudo, no *Tratado de Probabilidade*, porque, se as premissas são conhecimento verdadeiro e sua manipulação é lógica, então o peso do argumento é irrelevante.

Preocupado apenas com as conexões lógicas, Keynes evadiu-se do ponto, mantendo-o isolado do restante do *Tratado*. O peso dos argumentos somente foi revivido muito mais tarde, quando a abordagem de Keynes com relação à incerteza estava muito mais bem desenvolvida na discussão do estado de confiança na *Teoria Geral*.

Como introduzir a confiança (ou crença) na teoria de probabilidade de Keynes? Decerto não com o método de construção de consequências. Para preservar a racionalidade dos métodos de decisão, o raciocínio deverá se dar sobre caminhos lógicos. Se isso se der por meio do uso da lógica formal, a consequência terá de estar de alguma forma contida nas próprias premissas. A lógica formal não "cria" consequências; pode, apenas, revelar o que quer que já esteja implícito nas premissas. Se o conjunto de premissas não for "completo", a lógica não poderá

---

8 "O peso do argumento, portanto, não pode ser explicado em termos de probabilidades. Um argumento de grande peso não tem "mais chances de estar correto" do que outro de peso baixo; porque as probabilidades desses argumentos apenas declaram relações entre premissa e conclusão, e essas relações são declaradas com igual precisão em cada caso" (CWJMK, vol. VIII, p. 82-83). Um exemplo talvez seja útil. Suponhamos que um empresário esteja decidindo o volume de produto a ser produzido no próximo "dia". A observação de seu mercado em operação durante um dia será, em princípio, suficiente como base para seus cálculos. Pode ele se fiar nos seus dados? Novas observações poderão repetir os mesmos dados, mantendo inalterados os cálculos originais. Mas aumentarão o peso de suas evidências, o grau de confiança nas premissas adotadas, reforçando a pulsão para agir com base nessas expectativas. Se, por outro lado, admitirmos que a observação original era conhecimento verdadeiro, nada se poderá ganhar com a mera corroboração das evidências.

Mas aplicada para tal efeito. Ainda que aceitemos que todo o conhecimento direto seja verdadeiro, isso não quer dizer que todo esse conhecimento seja completo.

Mas e se o conhecimento direto não for completo? Então o tomador de decisões precisará preencher as lacunas, "criar" as premissas adicionais que podem ser necessárias para aplicar a elas o método lógico. Ora, o conhecimento direto — as premissas observadas — pode sustentar diferentes resultados, dependendo de como o conjunto de dados necessários é complementado com premissas imaginadas. Em situações assim, algumas das premissas podem representar conhecimento verdadeiro, mas as demais serão apenas hipotéticas. Essas hipóteses podem ser, em si, relações prováveis, mas também poderão ser "frutos da imaginação", para usar novamente a analogia de Shackle.

Assim, como corretamente conclui Lawson (1988), o peso do argumento, a incerteza de uma relação, se define pelo grau de "plenitude" das informações disponíveis no momento da tomada de decisão. A incompletude do conjunto de premissas observáveis pode ser um problema insolúvel em processos sequenciais. Nesses processos, o resultado final, no qual é necessário ter algum grau de crença para induzir a ação, pode depender de premissas inseparáveis (HICKS, 1979, Cap. 2), mas não contemporâneas. Além disso, algumas das variáveis que agem como premissas podem ser influenciadas (mas não necessariamente determinadas) pela própria decisão que o agente precisa tomar no presente. Isso normalmente se dá com decisões de investimento. Uma das premissas de tais decisões é o tamanho dos mercados futuros. Esses mercados, contudo, são influenciados (embora não determinados, já que há outras forças que dão forma às curvas de demanda) por variações da renda que podem resultar da própria decisão de investimento, além das reações que podem causar em competidores. Quanto maior a duração do processo em tela, maior o número de possibilidades que precisam ser levadas em conta, e menor o conjunto de elementos de conhecimento direto que, ainda que presumidos verdadeiros, serão relevantes para dar respaldo à decisão.

O ponto, assim, é que o conjunto de premissas observáveis não basta para estabelecer a certeza, e que o agente precisa "criar" as premissas adicionais necessárias para construir uma consequência. Assim, podemos dizer, no mesmo sentido que Shackle, que o agente não escolhe a partir de uma lista de possibilidades; precisa, com efeito, criar tal lista por meio da criação das premissas a partir das quais se gera cada alternativa.

De acordo com o conceito de Keynes de incerteza, não só algumas premissas podem ser desconhecidas no momento da decisão, como também podem ser incognoscíveis. Isso é facilmente visto quando pensamos em decisões como as de produção ou investimento. O empresário precisa formar expectativas quanto à conduta de outros empresários, além da conduta de seus clientes. Seus competidores, naturalmente, estarão compelidos a adotar o mesmo procedimento. Assim, é logicamente impossível incluir essas condutas como premissas observadas ao lado daquelas efetivamente conhecidas, como o volume e a eficiência técnica de seus equipamentos, as obrigações contratuais de empregados e fornecedores, e assim por diante. As premissas ausentes simplesmente não existem. Precisam ser criadas pelo tomador de decisão para construir uma consequência, mas não são "conhecimento". Pelo contrário, como escreveu Shackle, são "desconhecimento".

Quando pensamos em termos de economias do mundo real evoluindo ao longo do tempo, o número de incognoscíveis desse tipo é muito maior. Agora, a cada etapa, o tomador de decisão precisa preencher novas lacunas e criar novas premissas, em algoritmos cada vez mais complexos e com um número crescente de consequências possíveis. Incerteza significa reconhecer a impossibilidade de lidar logicamente com essa complexidade.[9] Em casos assim, não é possível obter probabilidades numericamente significativas. Não é possível limitar o universo de resultados possíveis para distribuir entre eles probabilidades. Uma probabilidade numérica seria, então, desprovida de significado.

É diferente a situação em que as premissas podem ser conhecidas, mas a maneira como se combinam é excessivamente complexa, e "a debilidade de nosso poder de raciocínio nos impede de saber o grau [de probabilidade]" (CWJMK, vol. VIII, p. 34). Para fins práticos, contudo, os dois casos podem ser considerados equivalentes no sentido de que tendem a induzir o mesmo tipo de comportamento dos agentes econômicos. Processos sociais que se desenvolvem no tempo histórico podem, talvez, ser o exemplo mais importante de situações em que o poder do raciocínio é

---

9 A famosa passagem no artigo de Keynes de 1937 *Teoria Geral do Emprego* se ajusta muito bem a essa interpretação. Loterias e roletas não exigem a criação de novas premissas. Mas o prospecto de uma guerra na Europa, o mercado de cobre, ou o comportamento da taxa de juros "daqui a vinte anos" exigem a criação de premissas *ex-nihilo*. Não se trata de questão de lógica formal ou probabilidade, como discutiu ele no *Tratado*. Nesse caso, "simplesmente não se sabe" (CWJMK, vol. XIV, p. 113-114). Keynes apresenta postura semelhante, agora em relação à política internacional, ao escrever: "Acredito em viver da mão para a boca em política internacional porque os elos sucessivos no nexo causal são completamente imprevisíveis" (CWJMK, vol. XXVIII, p. 120).

por demais débil para derivar a imagem completa necessária para a identificação de probabilidades numéricas. Nos dois casos, o agente precisa de alguma forma limitar o conjunto de premissas concebíveis a um grupo viável de alternativas e construir consequências de forma ciente, entretanto, de sua inevitável incompletude. Estar o agente ciente de que ignora pelo menos em parte os elementos influenciadores de um dado processo será uma característica crucial que distingue o comportamento nos modelos pós-keynesianos e neoclássicos.

A incerteza cerca, assim, o processo de tomada de decisões por causa da ciência da medida em que a ignorância leva a imaginação a substituir o conhecimento como base para o estabelecimento de premissas. A lógica formal somente será capaz de sustentar expectativas robustas se pudermos confiar na correção das premissas. Quando sabemos que algumas (talvez a maioria) das premissas nada mais são que fruto da imaginação, a lógica humana assume o protagonismo, o peso dos argumentos passa a ser relevante, e a incerteza encontra lugar ao lado da probabilidade no sentido que lhe dá Keynes.

Foi exatamente assim que Keynes apresentou a incerteza que cerca as decisões de investimento na *Teoria Geral*: "O fato notável é a extrema precariedade da base de conhecimento sobre a qual precisam ser feitas nossas estimativas do rendimento em potencial. Nosso conhecimento dos fatores que regem o rendimento de um investimento daqui a alguns anos costuma ser muito tênue e, frequentemente, desprezível" (KEYNES, 1964, p. 149). Como destacamos, costuma ser um dos casos em que as premissas sobre as quais construir uma relação probabilística não podem se basear em conhecimento, especialmente em conhecimento direto. Ainda assim, é preciso tomar uma decisão. Por mais "frágeis" que sejam os fundamentos dessa decisão, o empresário precisar coletar todo o conhecimento que puder acumular (por exemplo, tecnologias existentes, condições financeiras atuais, elasticidades da demanda, e assim por diante), e então criar premissas em termos da maneira como os clientes (assim como seus competidores) se comportarão, de mudanças tecnológicas futuras, de variações dos preços relativos etc. Dadas essas premissas, se poderá construir uma relação provável. A incerteza se refere às premissas, e delas se alastra para os resultados.

A lógica humana e o papel do peso do argumento ressurgem nesse contexto como grau de confiança (ou estado de confiança). O próprio Keynes aponta a equivalência dos conceitos ao observar: "seria tolice, ao formarmos nossas expec-

92 | Keynes e os Pós-Keynesianos

tativas, atribuir grande peso a questões muito incertas". A essa altura, ele acrescenta uma nota de rodapé em que escreve: "Por 'muito incertas' não quero dizer o mesmo que 'muito improváveis'. Ver meu *Tratado de Probabilidade*, Capítulo 6, sobre 'O Peso dos Argumentos'" (p. 148).

A crença racional, quando o processo de decisão não mais se pode estabelecer em termos de premissas verdadeiras, não pode se fiar em resultados esperados com base apenas no desenvolvimento lógico dessas premissas. A crença racional também precisará se apoiar na confiança que há nas premissas em si. Como propôs Keynes, a confiança dependerá "de quão elevada julgamos a probabilidade de que nossas melhores previsões se revelem equivocadas" (p. 148). Se admitirmos que o agente empregue métodos lógicos adequadamente formais, essa probabilidade poderá depender apenas da precisão e do realismo das premissas.[10]

INCERTEZA E ERGODICIDADE

Poderíamos, é claro, imaginar condições em que a criação das premissas faltantes fosse um processo objetivo de "descoberta". Se os processos sociais fossem ergódicos, como vimos no capítulo anterior, a tentativa e erro poderia levar os agentes a identificar gradualmente todos os dados necessários para orientar suas decisões. Mas a ergodicidade exige replicabilidade, o que quer dizer que os processos teriam de ser independentes do tempo. Ela não pode sobreviver em um mundo onde são possíveis "decisões cruciais", porque estas destroem o ambiente em que são tomadas. A replicabilidade, ainda que teórica, não faz sentido para "experimentos cruciais". Em um mundo keynesiano, um mundo não ergódico, não há trajetórias inevitáveis (predeterminadas) para a economia. Os agentes precisam criar por si sós as próprias imagens de consequências e agir com base nelas. Com isso, a história será resultado da fusão dos atos dos homens, de uma maneira

---

10 É por isso que dois indivíduos que compartilhem das mesmas premissas precisam compartilhar das mesmas crenças (lógica formal), mas podem ser levados a escolher cursos de ação diferentes (lógica humana). Precisamos, contudo, ser cautelosos com essa afirmativa. Na medida em que parte das premissas é de fato criada por cada agente, os conjuntos de premissas adotados por diferentes agentes não precisam coincidir, mesmo que todos partam do mesmo conjunto de dados observados. Em outras palavras, os "espíritos animais", por exemplo, podem influenciar não só a pulsão de agir frente a dadas premissas, mas também a maneira como se completa o conjunto de premissas.

efetivamente imprevisível para qualquer um deles ou até para um observador externo. Se as inovações forem uma possibilidade teórica, a ergodicidade não poderá ser sustentada.

A incerteza, portanto, não é mero resultado de métodos defeituosos de raciocínio. A insuficiência das premissas tem raízes em características objetivas de processos sociais reais. A ausência de conhecimento sobre, por exemplo, demandas futuras por bens que sirvam como premissas para uma decisão de investimento em uma economia monetária não pode ser superada pela observação ou pelo desenvolvimento de meios de informação melhores. Como escreveu Kregel, há uma "característica crucial em uma economia monetária que permite aos consumidores não gastar toda sua renda — não saber o que desejarão consumir no futuro e adiar decisões sobre o gasto de sua renda —, qual seja: a existência de uma reserva de valor que preserve o poder de compra da renda corrente" (1980, p. 39). Sob tais condições, "não se dá nenhum sinal de mercado, porque nada há a sinalizar" (p. 36). A incerteza é resultado, para o processo de decisão, da consideração dessas características. O mundo social, portanto, é não determinístico.

A realidade social tem uma existência externa à mente do observador, mas não independe das perspectivas e dos comportamentos dos agentes. Depois do surgimento da mecânica quântica, nem mesmo os fenômenos físicos podem mais ser considerados independentes do observador, pelo menos no campo das partículas subatômicas. Quanto aos processos sociais, sua orientação e sua evolução, decerto não independem da maneira como os agentes os percebem e deles concebem. É o reconhecimento de que a ação orientada por percepções e elaborações mentais não é impotente que faz da incerteza uma característica da realidade, e não apenas do conhecimento.

Nesse sentido, a visão de Keynes a respeito da realidade da probabilidade precisa ser estudada tendo em consideração não só o *Tratado de Probabilidade*, em que seu posicionamento é mais ambíguo, mas também sua obra madura, onde a incerteza torna-se um sentimento enraizado na realidade dos processos sociais.[11]

---

11 No *Tratado*, Keynes pareceu hesitar em considerar a realidade em si de maneira não determinística. As observações sobre experimentos como um jogo de cara ou coroa apontam para a técnica imperfeita de experimentação, e não para uma natureza aleatória do mundo em si. A realidade física parece ser considerada deterministicamente. Quanto à realidade social, as perspectivas de Keynes não são tão claras no *Tratado*. De qualquer forma, na *Teoria Geral* há uma clara compreensão de que é a realidade social propriamente dita que é incerta.

IMPLICAÇÕES COMPORTAMENTAIS

Partindo dos conceitos de Keynes de probabilidade e incerteza, os pós-keynesianos postularam que as relações comportamentais por eles afetadas tendem a ser notadamente diferentes das aceitas pela teoria neoclássica.

Embora se possa identificar alguma diversidade entre os autores neoclássicos no que se refere à probabilidade,[12] é possível dizer com alguma tranquilidade que a teoria neoclássica moderna aceita uma visão realista da probabilidade (ou seja, a ideia de que a aleatoriedade é uma característica da realidade em si) e que, além disso, os processos sociais são ergódicos, o que quer dizer que são replicáveis e seguem leis de distribuição de probabilidades estáveis. Esta é a base do uso que fazem da noção de risco tal como representado pela dispersão de resultados em torno de seus valores médios esperados (ver LUCAS, 1981, p. 223-224).

Os economistas neoclássicos raramente são claros a respeito de como os agentes devem aprender a respeito das funções de distribuição que descrevem esses processos sociais.[13] Poderia se pensar em observações repetidas (tentativa e erro) ou em inferência bayesiana, se as condições forem propícias a esse tipo de método.[14] Seja como for, se o processo em tela for ergódico, podemos presumir que será conhecido no longo prazo.

A importância de abordar a probabilidade dessa maneira é que isso permite considerar processos aleatórios da teoria econômica sem necessidade de alterar os

---

12 Lawson (1988) oferece uma orientação abrangente quanto às diferenças epistemológicas e ontológicas no tratamento dado s probabilidades pelas principais escolas de pensamento econômico.

13 Os expectativistas racionais, por exemplo, propõem simplesmente que as visões dos agentes coincidam com as funções objetivas de distribuição de probabilidades (cf. MUTH, 1961; LUCAS, 1981). Ver em Arrow (1983, p. 278) uma crítica dessa "solução" um tanto superficial do problema do aprendizado.

14 Duas condições importantes são a de que é preciso conceber um conjunto de eventos possíveis que seja completo (de maneira a possibilitar a distribuição da certeza que se tem de que ocorrerá um dentre os eventos alternativos em consideração) e bem definido (um conjunto consistente de eventos que os torne comparáveis, de maneira a excluir eventos tais como um objeto ser ou não verde, que são características evidentemente incomparáveis). Uma definição adequada das alternativas é necessária para a aplicação do princípio da razão insuficiente. Por isso, se não houver motivos para admitir que qualquer evento dentre um dado conjunto seja mais provável que outro qualquer, podemos simplesmente atribuir igual probabilidade a cada um deles. Nesse sentido, se as alternativas não forem bem definidas (como do caso do verde ou não verde), ou se houver motivos para supor que não sejam igualmente prováveis, não se poderá fazer a inferência.

postulados fundamentais desenvolvidos para um mundo determinístico. A teoria neoclássica moderna, na verdade, apenas avança para uma redefinição da noção de bens, em vez de comportamentos (DEBREU, 1959).

Nessa abordagem modificada, desenvolvida por von Neumann e Morgenstern (1953), os agentes escolhem não apenas bens, mas, na verdade, probabilidades de bens. Em suas palavras, "Se v for preferível a u, então até uma chance $1 - a$ de v – como alternativa a u – será preferível" (p. 27). Esse tratamento permite construir uma escala contínua de preferência entre probabilidades de bens que pode ser usada tão bem quanto antes em problemas de maximização da satisfação do consumidor. Agora, a utilidade de um bem é dada por uma combinação de suas características úteis e das chances de efetivamente obtê-las. Se prefiro uma maçã a uma laranja, então também preferirei uma chance de obter uma maçã a uma laranja.

Dada a existência generalizada de loterias, era especialmente atraente considerar esses arranjos em termos de valores, em vez de em termos de bens específicos. Naturalmente, como nos problemas tradicionais de teoria do consumidor, a moeda é apenas um substituto para os bens que efetivamente proporcionam satisfação. Traduzindo em termos monetários, pode-se dizer que se prefiro R\$1 a R\$0, também prefiro uma chance de obter R\$1 a obter nada. É claro que uma chance de obter R\$1 vale menos do que ter R\$1 com certeza. No primeiro caso, preciso subtrair o "risco" de não obter R\$1. Se for possível encontrar uma fórmula para isso, teremos definido três "bens": R\$1, R\$0 e a chance de obter R\$1, em termos dos quais o consumidor poderá tomar sua decisão usando exatamente os mesmos instrumentos que usaria ao escolher entre três bens x, y e z.

A maneira de definir o novo "bem", a "chance de obter R\$1", era tomar o valor da recompensa e multiplicá-lo por sua probabilidade. Se considerarmos as duas recompensas citadas como sendo resultantes do jogo de uma moeda justa, com cada valor associado a uma de suas faces, a probabilidade de se obter \$1 será de 50%. O valor da loteria, então, seria de 1 vez 0,5 mais 0 vezes 0,5, ou 50 centavos. O consumidor, então, encararia três bens: \$1, \$0, ou 50 centavos. Só o que era necessário para se obter o valor da loteria era conhecer sua distribuição probabilística.

Mas o que significa dizer que o valor de uma loteria com essas recompensas e essa probabilidade é de 50 centavos? Significa que, se o jogo pudesse ser repetido um número indefinidamente grande de vezes, o resultado dos sucessivos lances seria uma sequência de 1s e 0s com média no longo prazo, entre ganhos e perdas, de 50 centavos. Quem pudesse apostar por um período de tempo indefinidamente longo seria "indiferente" (na ausência do prazer resultante do ato em si de jogar) à escolha entre dispor de 50 centavos e jogar nessa loteria. Se o conhecimento acerca da distribuição probabilística for verdadeiro, no longo prazo não haverá incerteza a respeito daquilo que se pode obter do jogo, de modo que os agentes poderão encarar como um bem como qualquer outro e fazer suas escolhas maximizadoras da maneira habitual.

Para os pós-keynesianos, esse procedimento é inaceitável, pelo menos como teoria geral do comportamento sob condições de incerteza. Isto porque se baseia na replicabilidade do experimento, o que exige sua estabilidade ao longo do tempo, ou seja, que seja ergódico. O mecanismo do jogo de cara e coroa não sofre, em decorrência do ato de jogar, qualquer alteração entre o primeiro lance e o último. As condições iniciais são restauradas depois de cada lance, independentemente da face da moeda virada para cima no lance anterior. Essa visão exclui aquilo que se convencionou chamar de "experimentos cruciais", aqueles que são essencialmente singulares no sentido de que as condições iniciais nas quais foram tomados são destruídas pelo experimento em si. Nesses casos, o contexto não é externo ao agente, como se dá com o mecanismo de jogo de cara e coroa. As condições variam dependendo das decisões tomadas. Desa forma, o agente não pode contar sempre com ambientes estáveis que esperem que ele os conheça por meio de experimentos repetidos. Ele sabe que está dando forma ao contexto, muito embora possa não saber (e provavelmente não saiba) o quanto e em que direção.

Uma crítica frequente é a de que, ainda que o experimento fosse teoricamente replicável, o agente poderia não ter a chance de repeti-lo. Se pudesse lançar a moeda uma única vez, qual seria o valor da loteria para ele? Essa objeção é apenas superficialmente válida e é a base para a qual se pode desenvolver um modelo neoclássico de seguro. Se o experimento puder ser realizado no agregado, na verdade não importará quem o realize para possibilitar a solução citada. Suponhamos que cada agente individual tenha recursos limitados e, portanto, não possa buscar resultados no longo prazo. Se os agentes forem neutros ao risco, poderão trocar seus bilhetes de loteria para cada lance por uma apólice de seguro no valor de 50 centavos e, assim, obter no "curto prazo" a recompensa de longo prazo. Se todos os jogadores fizerem o mesmo, o segurador não perderá, porque, se dispuser de todos os bilhetes de loteria, seu ganho médio será de exatamente 50 centavos. Assim, o experimento pode parecer "crucial" para cada agente, porque não poderá repeti-lo, mas não será, na verdade, crucial, porque outro agente o tornará repetível. É possível sofisticar o arranjo, considerando os agentes avessos ao risco. Nesse caso, eles aceitarão menos que 50 centavos por seus bilhetes, e o segurador terá um lucro dado pela diferença entre os 50 centavos que obtém em média por cada lance e o montante menor pago a cada indivíduo por seu bilhete de loteria.

Pode-se ver, assim, que o arranjo Von Neumann-Morgenstern nos permite, com modificações superficiais do modelo básico, lidar com a incerteza, se por ela nos referirmos à dispersão observada nas funções dadas de distribuição de probabilidades. A hipótese crucial é, assim, o princípio ergódico que sustenta a premissa de que os agentes podem conhecer a distribuição. Nesse caso, basta redefinir o bem, levando em conta seu "risco" e mantendo todas as regras de comportamento desenvolvidas para tipos de escolha estritamente determinísticas.

A noção de Keynes de probabilidade e incerteza, como vimos, difere dos conceitos ortodoxos e rejeita a ideia de que os mesmos métodos podem ser aplicados a processos de tomada de decisão determinísticos e incertos. Se a função de distribuição não puder ser conhecida e os agentes estiverem cientes de que os experimentos podem ser "cruciais", seu comportamento mudará à medida que tentam construir defesas contra desapontamentos. A consideração da incerteza não probabilística impossibilita apelar para métodos bem-comportados de tomada de decisão, tais como os descritos pela teoria neoclássica.

A economia de Keynes e pós-keynesianos é frequentemente acusada de niilismo por causa da importância que a incerteza veio a assumir. Isso resulta, decerto, de uma má compreensão do papel da incerteza em seus modelos. Em termos resumidos, a incerteza é importante, porque reconhecê-la altera o comportamento. A teoria econômica não é substituída por um jogo em que "tudo é possível". O ponto de Keynes é o de que o comportamento, ou a conduta, difere em um mundo incerto, ou seja, um mundo em que se reconhece a possibilidade de experimentos cruciais. A crítica feita contra o tratamento neoclássico, nesse aspecto, é exatamente a de que ignora as complexidades da tomada de decisão sob condições de incerteza, ecoando algo semelhante a o que Keynes disse em 1937: "Acuso a teoria econômica clássica de ser, ela mesma, uma dessas técnicas bonitas e bem-comportadas que tenta lidar com o presente abstraindo do fato de que sabemos muito pouco sobre o futuro" (CWJMK, vol. XIV, p. 115). As técnicas mudaram, mas sua característica essencial se manteve inalterada: presumir processos ergódicos é o mesmo que presumir que o futuro seja igual ao presente (ou ao passado).

A alternativa, contudo, não é presumir que qualquer coisa seja possível, porque também isso seria falso. A necessidade de criar na prática as premissas nas quais basear decisões confere ao agente um grau de liberdade que carece em mundos determinísticos. Mas se o mundo admite novidades, apresentará também continuidades. Embora, em sentido estrito, o mundo mude constantemente, para fins práticos haverá continuidade suficiente nos processos sociais para permitir algum grau de indução e identificação de regras de comportamento.

O aprendizado pela experiência exige repetibilidade suficiente para permitir aos agentes observar e reconhecer padrões que lhes permitam compreender fenômenos. Exige, também, que o grau de complexidade da experiência em si não seja excessivo, caso contrário os agentes deixarão de compreender a natureza do experimento e de extrair lições dele. Essas exigências, evidentemente, não se cumprem no caso de decisões de investimento. Tais decisões são cruciais e não repetitivas; as consequências são por demais complexas para serem captadas antecipadamente. Experiências passadas no caso de investimento não indicam com segurança a direção a tomar no futuro. Decisões de produção, por sua vez, raramente são cruciais. Não implicam comprometimento irreversível de recursos e podem ser revistas após intervalos muito breves. Os mercados tendem a ser contínuos por breves períodos, de modo que podem ser realizados experimentos assemelhados, e generalizações podem ser extraídas. As premissas faltantes no caso de decisões de produção não são, sob condições normais, impossíveis de visualizar com alguma segurança. Para decisões de investimento, a lógica humana prevalece sobre a lógica formal, e a indução é impossível. Para decisões de produção, as premissas são mais seguras, a lógica formal pode prevalecer na formação de expectativas, e a possibilidade de indução se mantém.

Uma das inovações mais importantes da *Teoria Geral* foi a distinção proposta entre expectativas no curto prazo e no longo prazo: "O processo de revisão de expectativas de curto prazo é gradual e contínuo, realizado em grande parte à luz de resultados realizados" (KEYNES, 1964, p. 50). A experiência orienta essas expectativas, porque "seria complicado demais determinar novamente as expectativas sempre que fosse iniciado um processo produtivo; e, ademais, seria um desperdício de tempo, uma vez que grande parte das circunstâncias costuma permanecer significativamente inalterada entre um processo e o seguinte" (p. 51). É na formação de expectativas de curto prazo que os agentes podem aprender com a experiência e derivar conclusões lógicas a partir de premissas predominantemente conhecidas.[15] Aqui, o agente reconhece ambiente a adapta-se a ele. Reinam o comportamento previsível e a lógica formal:

> *Os empresários precisam tentar prever a demanda. Como regra, não fazem previsões altamente incorretas da posição de equilíbrio. Mas como o tema é muito complexo, não acertam com exatidão; e tentam se aproximar da posição correta por meio de tentativa e erro. Retraindo onde percebem que excederam seu mercado, expandindo onde se dá o contrário. Isso corresponde com precisão ao ondular do mercado por meio do qual compradores e vendedores procuram descobrir a verdadeira posição de equilíbrio entre oferta e demanda.* (CWJMK, vol. XIV, p. 182).

Os investimentos, por sua vez, são decisões cruciais. Baseiam-se em expectativas de longo prazo "que não podem ser revistas a intervalos de tempo breves à luz dos resultados realizados (...) Assim, o fator das expectativas de longo prazo não pode ser sequer aproximadamente eliminado ou substituído por resultados realizados" (KEYNES, 1964, p. 51).

---

15 O mundo está em constante mutação, e rigorosamente todo processo é inergódico em um universo orgânico em que pelo menos um processo seja inergódico. O argumento, contudo, não é o de haver ou não processos estocásticos realmente estacionários, mas se os agentes devem ou não agir como se todos os processos fossem inergódicos. O ponto de Keynes no Capítulo 5 da *Teoria Geral* é o de que não vale a pena, ao formar expectativas de curto prazo, considerar o mundo radicalmente diferente de um "dia" para o outro. Os pós-keynesianos se ocupam da maneira como os agentes se comportam, e isso depende de eles pensarem ou não que vale a pena reexaminar profundamente o contexto em que operam a cada vez que tomam uma decisão. A hipótese de Keynes é a de que pensam que não. Poupam o esforço de reexaminar algo que, embora jamais permaneça inalterado, ainda assim é assemelhado o bastante para justificar a presunção de que as coisas não tenham mudado.

A economia de Keynes reconhece que as expectativas de longo prazo são, assim, exógenas, porque não podem ser definitivamente relacionadas a qualquer variável econômica corrente. Baseiam-se em "fundamentos tênues" e estão sujeitas "a mudanças súbitas e violentas". Isso não nega continuidades ou a teoria da possibilidade, mas reconhece explicitamente a intratabilidade teórica das expectativas de longo prazo, onde a lógica humana da crença prevalece sobre a lógica formal da probabilidade.[16]

EM SUMA

Neste capítulo, discutimos as noções de probabilidade e incerteza oferecidas por Keynes e que representam um papel crucial no desenvolvimento da teoria pós-keynesiana, e argumentamos que a noção de Keynes de incerteza está ligada a incognoscibilidade das funções de distribuição de probabilidades relevantes que regem os processos sociais. A impossibilidade de recurso a tratamentos como o neoclássico, que reduz a incerteza a uma dispersão de uma distribuição probabilística conhecida, obriga os pós-keynesianos a considerar outras respostas para o problema da incerteza.

Para os pós-keynesianos, como para Keynes, o que importa é discutir porque e como os processos econômicos se cercam de incerteza, para assim identificar as estratégias defensivas que os agentes adotam para lidar com ela e evitar a paralisia. A teoria neoclássica, por sua vez, usa a teoria da probabilidade para avaliar os eventos em si, de maneira a manter inalterados seus modelos teóricos de escolha originalmente construídos para condições determinísticas.

---

16 Antes da *Teoria Geral*, Keynes não distinguia adequadamente entre as expectativas de curto e longo prazo. Assim, tendia a dar ênfase excessiva a influência dos fatos correntes sobre a formação de expectativas, inclusive aquelas que orientam a tomada de decisões de investimento. Para exemplos do tratamento dado por Keynes às expectativas antes da *Teoria Geral*, ver CWJMK, vol. V, p. 143, 178; vol. XIII, p. 358-359, 363-364, 457; vol. XX, p. 366.

As pistas para uma alternativa encontram-se na *Teoria Geral*, onde se diferenciam processos que podem e que não podem ser previstos com alguma margem de segurança a partir da observação de eventos correntes. Em relação aos primeiros, os agentes agirão com base em expectativas que podem ser consideradas endógenas à operação da economia. Mas quanto aos processos em que o futuro não possa ser previsto a partir do valor corrente das variáveis, como investimentos de vencimento no longo prazo, o único tratamento possível é tomar como exogenamente, dadas as expectativas que orientam suas decisões e derivar suas implicações.

PARTE II

COMO OPERA UMA ECONOMIA MONETÁRIA

CAPÍTULO 5
Escolha de Ativos e Acumulação de Riqueza

CAPÍTULO 6
Preferência pela Liquidez e Moeda

CAPÍTULO 7
Taxas Próprias de Juros e Investimento

CAPÍTULO 8
A Propensão a Consumir e o Multiplicador

CAPÍTULO 9
Poupança, Financiamento e Funding: As Instituições
Financeiras e a Sustentação do Investimento

CAPÍTULO 10
Emprego, Salário e Distribuição de Renda

CAPÍTULO 5

ESCOLHA DE ATIVOS E ACUMULAÇÃO DE RIQUEZA

A *Teoria Geral* é a codificação analítica das formas de operação de uma economia monetária de produção. Traduz as intuições que sustentam o novo paradigma de Keynes, cujos fundamentos discutimos na Parte I, em relações funcionais, padrões de interação e fluxos causais formalmente definidos.

O modelo essencial de uma economia monetária precisa levar em conta algumas características cruciais.

1. Deve reconhecer que a atividade produtiva se organiza e é dirigida pelas empresas de acordo com suas expectativas de lucro. Essas expectativas são intrinsecamente especulativas, uma vez que se referem ao comportamento futuro e incerto dos mercados. Uma vez formadas as expectativas e tomadas as decisões de produção, as empresas firmam contratos monetários a termo que lhes permitem reservar fatores de produção antes de sua efetiva utilização, de maneira a garantir não só sua disponibilidade física, mas, também, seus termos de compra.

106 | Keynes e os Pós-Keynesianos

Tendo aceitado obrigações contratuais de pagamento antes que efetivamente ocorram a produção e a venda, as empresas apresentam, então, demanda em potencial por caixa como estoque de liquidez para lhes permitir honrar suas dívidas caso suas expectativas quanto aos mercados se frustrem.

2. As empresas também precisam decidir quanto à sua capacidade de produção, o que implica na formação de expectativas para horizontes de tempo mais remotos. Essas decisões são afetadas pela crescente incerteza associada a processos que se estendem no futuro distante. O montante de recursos envolvidos em uma decisão de investimento e o longo intervalo de tempo durante o qual a empresa ficará presa a ativos ilíquidos faz desta uma decisão crucial. Por causa do elevado risco envolvido e da fragilidade das bases de informação sobre as quais se toma uma decisão de investir, o investimento tende a flutuar, sendo esta a principal causa da instabilidade global que caracteriza uma economia empresarial moderna. As flutuações da demanda efetiva estão enraizadas em deslocamentos da demanda por ativos em direção a outras formas de riqueza, como ativos líquidos e moeda.

3. Os consumidores estão sujeitos principalmente à restrição imposta por sua renda, obtida da venda de serviços produtivos ou de transferências de outros agentes. Assim, seus planos são induzidos pelos atos de empresas, que são responsáveis pelas decisões de emprego e, portanto, pela renda efetiva que será auferida pelos consumidores.

4. Como o gasto de um agente é a renda de outro, a dinâmica de uma economia monetária depende da maneira como se tomam decisões sobre a demanda. A demanda por bens de investimento é mais volátil do que aquela por bens de consumo, fazendo do investimento a *causa causans* da trajetória que a economia segue. Os gastos de investimento, além disso, determinam a renda dos produtores de bens de investimento, mas também a dos produtores de bens de consumo, que fornecem bens para os trabalhadores. Em uma economia monetária, a renda e a produção nos dois setores (bens de investimento e bens de consumo) se movem de maneira solidária.

Um modelo completo de uma economia monetária, portanto, precisa ser capaz de descrever como as decisões essenciais de investimento são tomadas, na qualidade de causas fundamentais da dinâmica desse tipo de economia, e, em segundo lugar, precisa levar em conta os modos de propagação desses impulsos pela economia.

Keynes localiza a geração dos impulsos originais no mercado de ativos, onde os proprietários de riqueza decidem as formas sob as quais preferem manter sua riqueza ao longo do tempo. A decisão de investir em ativos reais de capital, desse ponto de vista, resulta de uma escolha mais ampla em termos de quais ativos manter, algo que depende das vantagens que se vê em alguns ativos comparados a outros.

Tendo decidido quais ativos preferem, os proprietários de riqueza interagem com os produtores para determinar a taxa de construção de novos ativos reais de capital, ou seja, a taxa de investimento, que, por sua vez, determina a taxa de produção e o nível de emprego no setor de bens de capital. Flutuações do emprego no setor de bens de capital se propagam pela economia por causa das decisões delas derivadas de produção de bens de consumo para atender aos recém-empregados na produção de bens de capital e aos recém-empregados no próprio setor de bens de consumo. Os Capítulos 5 a 7 explorarão o primeiro mecanismo, a determinação da demanda por ativos, enquanto os Capítulos 8 e 9 explorarão os mecanismos de propagação. O Capítulo 10 resumirá o argumento, apresentando o modelo keynesiano de demanda efetiva.

ANTECEDENTES

Vimos na Parte I que uma "intuição" fundamental do novo paradigma de Keynes é o reconhecimento de que, em uma economia monetária, a moeda se torna um ativo, algo que Davidson chamou de "máquina do tempo de liquidez", ou seja, um meio de transportar poder aquisitivo ao longo do tempo sem necessidade de se preocupar antecipadamente com quando ou como esse poder aquisitivo será gasto. Se a moeda se torna um ativo, desloca outras formas de manutenção de riqueza e, portanto, afeta seus preços e, por meio deles, os montantes em que se encontram disponíveis. Assim, um modelo que capture adequadamente a dinâmica da acumulação de riqueza nessas economias precisa permitir que o tomador de decisões opte entre ativos monetários e outros e desenvolva as implicações de tal escolha.

108 | Keynes e os Pós-Keynesianos

O modelo de escolha de ativos de Keynes na *Teoria Geral* era uma adaptação da teoria dos mercados a termo que expusera no *Tratado sobre a Moeda*, mas em que já trabalhava muito antes disso, pelo menos desde o *Tract on Monetary Reform*, quando o arcabouço foi aplicado à análise dos mercados de câmbio. Em termos resumidos, diz a teoria que, para qualquer dado bem durável, a divergência entre seus preços à vista e a termo — ou seja, entre o preço corrente para entrega imediata e o preço corrente para entrega em uma data futura especificada — refletirá as expectativas do mercado quanto ao ganho que se poderá derivar da posse de tal bem entre o momento presente e a data futura especificada.

Esse princípio foi originalmente aplicado por Keynes em seu exame, no *Tract*, da teoria da paridade de poder de compra das taxas de câmbio. Ali, o autor estabeleceu que a diferença entre as taxas de câmbio à vista e a termo entre duas economias dependia, *ceteris paribus*, da diferença entre as taxas de juros de curto prazo que se poderia auferir sobre empréstimos em cada moeda. O conceito pode ser esclarecido por meio de um exemplo. Suponhamos que haja um mercado de câmbio livre entre a Inglaterra e os Estados Unidos, de modo que qualquer agente que disponha de recursos em uma das moedas os possa investir livremente em qualquer um dos dois países. Suponhamos, ainda, para simplificar, que em um dado momento inicial as taxas de câmbio à vista e a termo (para entrega em seis meses) entre o dólar e a libra sejam de 1:1 e as taxas de juros sobre um empréstimo com vencimento em seis meses sejam de 5% em Nova York e de 10% em Londres. Isso significa que alguém que conceda um empréstimo de US$100 em Nova York terá US$105 em seis meses, enquanto alguém que conceda empréstimo de iguais valor e prazo em Londres terá US$110. É óbvio, portanto, que, em um mercado de câmbio livre, todos os agentes tentariam conceder empréstimos em Londres, e não em Nova York.

Admitindo que a taxa de câmbio a termo se mantenha estável em 1:1, agentes que detenham dólares americanos tentarão convertê-los em libras para poder conceder imediatamente empréstimos em Londres. Isso fará surgir um excedente de demanda por libras que perdurará enquanto perdurar a vantagem da concessão de empréstimos em Londres. O excedente de oferta de dólares causará uma depreciação de seu valor em relação à libra, e o preço à vista da libra em dólares aumentará até o ponto em que a vantagem em taxa de juros da concessão de empréstimos em Londres seja exatamente compensada pela diferença de preço da libra em dólares entre as duas datas. Quando a taxa à vista cair para US$1:95,46 *pence*, o proprietário dos recursos estará indiferente a conceder empréstimos em Nova York ou Londres. A diferença entre o preço à vista em libras do dólar de 95,46 *pence* e o preço a termo de £1 mede a vantagem relativa de conceder empréstimos em libras, em vez de dólares. Assim, o pleno equilíbrio exigiria que ou se ajustassem as taxas de câmbio à vista e a termo ou as taxas de câmbio à vista e as taxas de juros de curto prazo nos dois países.

Como Kregel demonstrou convincentemente, esse arranjo foi novamente usado por Keynes no Capítulo 17 da *Teoria Geral* com algumas modificações sugeridas pela crítica de Sraffa (1932) à obra de Hayek, *Preços e Produção*. A inovação essencial de Sraffa foi o uso do arranjo à vista/a termo para descrever o processo de ajuste quantitativo das ofertas às demandas no caso de *commodities* reprodutíveis. Os preços a termo representavam preços de fluxo de oferta. Quando um mercado se caracterizava por pressões de excedente de demanda, a competição entre compradores elevaria os preços à vista acima dos preços de oferta, de forma a sinalizar aos produtores — por meio da aparência de lucros fortuitos — uma escassez relativa do bem em questão e levar a uma realocação de recursos produtivos em direção ao aumento de sua produção. A ideia foi de crucial importância para o maior desenvolvimento, por Keynes, de seu modelo de escolha de ativos. Com efeito, o modelo de taxas específicas de juros proposto no Capítulo 17 da *Teoria Geral* é uma generalização da sugestão de Sraffa para todos os ativos, e não apenas os reprodutíveis. Foi, assim, uma combinação do uso pelo próprio Keynes de seu aparato teórico, aplicado a itens não reprodutíveis (moedas), e sua utilização por Sraffa para estudar os mecanismos por meio dos quais a oferta se ajustava à demanda.

TAXAS PRÓPRIAS DE JUROS E PREÇOS DOS ATIVOS

Para desenvolver um modelo de preços à vista/a termo que descrevesse a escolha de ativos em uma economia monetária, ou seja, uma economia em que a moeda seja um ativo capaz de tomar o lugar de outros tipos de ativo nas carteiras

110 | Keynes e os Pós-Keynesianos

individuais, Keynes criou o conceito de taxas próprias de juros.[1] A taxa própria de juros de um determinado ativo é uma medida de seu rendimento total, não apenas em termos de direitos sobre a renda que confere, mas também em termos da conveniência de sua posse e dos ganhos de capital que se pode obter com sua venda. É uma medida adequada às economias monetárias porque reconhece que alguns ativos podem oferecer recompensas que não são valores monetários, como o prêmio de liquidez, a ser definido adiante. Essa visão dos rendimentos de um ativo abre caminho para se considerar a moeda como um ativo, muito embora ela não "pague" qualquer tipo de rendimento monetário.

Cada ativo oferecerá sua própria taxa de juros, e se propõe que os investidores escolham aqueles que ofereçam as maiores taxas de rendimento possíveis. A competição entre proprietários de riqueza pela obtenção dos melhores ativos (aqueles que têm os maiores rendimentos totais) determinará os preços desses ativos. Esses preços sinalizarão quais ativos são relativamente escassos e quais apresentam excedente de oferta (sendo a escassez medida pela proporção entre os preços de demanda e de oferta) e determinarão a composição da riqueza total acumulada por uma comunidade no período em estudo.

Para desenvolver formalmente o modelo de acordo com o que propôs Keynes (1964, Cap. 17), precisamos, antes, esclarecer duas condições. Em primeiro lugar, é preciso ter em mente que este é um modelo de escolha de ativos. Temos de ser capazes de entender como são tomadas as decisões quanto aos meios de manutenção da riqueza ao longo do tempo e extrair as consequências dessas decisões. Os ativos são "promessas" de rendimentos futuros em uma determinada forma; assim, operações com ativos são sempre e necessariamente prospectivas.

---

1 O primeiro conceito apresentado no Capítulo 17 da *Teoria Geral* é, na verdade, a taxa própria de juros em termos do próprio ativo. Esta se define como uma medida do rendimento total de um determinado ativo em termos do próprio ativo. Em outras palavras, a taxa própria de juros do próprio ativo é uma medida como o rendimento "intrínseco" de um ativo, como a capacidade de uma máquina de produzir algum bem ou serviço, de um bem de consumo de prestar um serviço, ou de sementes de produzir novas safras. É um conceito de rendimento que considera o ativo isoladamente dos demais e não considera, portanto, "rendimentos" representados por uma alteração de seu valor em relação a outros tipos de ativos. Em outras palavras, as taxas próprias de juros de um ativo em termos de si mesmo estabelecem que os ativos apresentam rendimentos que não são apenas a apreciação do próprio valor, mas podem resultar de seu uso como instrumentos de produção ou direitos sobre renda futura. No que segue, estamos mais interessados no conceito mais geral de taxas próprias de juros, que, além de considerar o rendimento intrínseco de cada ativo, também inclui os ganhos (ou perdas) decorrentes de variações de preço em relação aos preços de outros ativos.

Como modelo de tomada de decisão, os valores das taxas próprias de juros que serão considerados são todos valores esperados. Valores correntes ou realizados no passado somente são considerados na medida em que sejam usados pelos tomadores de decisões para formar suas expectativas correntes acerca dos rendimentos futuros. Nesse sentido, deve-se ter em mente, também, que estamos lidando com operações com itens que podem ser de longa duração, e, portanto, dependendo do período de tempo pelo qual o detentor de riqueza terá de manter o ativo antes de poder atualizar sua carteira, o horizonte de expectativas aplicável pode estar muito distante do presente. Em outras palavras, pelo menos no que se refere a ativos não facilmente disponíveis, sua compra pode depender de expectativas de longo prazo que, como vimos no Capítulo 4, podem ser altamente insensíveis aos valores presentes realizados.

O horizonte de tempo envolvido na decisão de escolha de ativos também está na origem da segunda condição para a operação do modelo. Diferentes ativos costumam representar direitos sobre rendimentos futuros a serem exercidos em diferentes datas. A posse de moeda confere direitos à renda disponível corrente. Títulos não negociáveis são direitos à renda que estará disponível em sua data de resgate. Ações são direitos a lucros a serem gerados no futuro, mas também podem ser convertidas em direitos correntes se forem vendidas nos mercados acionários. Assim, ao construir um modelo de escolha de ativos, é preciso propor uma maneira de lidar com o fato de que o tempo em si é parte dos rendimentos de um ativo. O prazo de um ativo e a facilidade de conversibilidade antes do vencimento são características importantes a considerar ao escolher como transportar riqueza para um futuro incerto. Direitos a rendimentos monetários iguais em datas diferentes não têm o mesmo "valor" para os proprietários de riqueza.

A maneira comum para lidar com ativos de diferentes prazos de vencimento e/ou perfis de pagamentos é descontar seus rendimentos esperados de acordo com a respectiva data-valor. Não se compara o rendimento monetário de diferentes ativos da maneira como especificam seus contratos, mas pelo valor presente. Esse procedimento, contudo, não estava disponível para Keynes na *Teoria Geral*, porque, para descontar rendimentos futuros e obter valores presentes, é preciso dispor das taxas de desconto, que são elas mesmas as taxas de rendimento de um ativo escolhido. Em geral, esse problema é resolvido por meio do recurso a uma

Keynes e os Pós-Keynesianos

determinação exógena de uma taxa "básica" de juros pela autoridade monetária, por exemplo. O modelo de Keynes de taxa própria de juros, contudo, não pode recorrer a taxas de juros exogenamente determinadas, porque isso evidentemente envolveria raciocínio circular em um modelo que procura determinar a natureza das taxas de juros.

Para fugir a essa circularidade, Keynes ofereceu uma solução muito engenhosa propondo um conceito fundamental para o desenvolvimento da economia pós-keynesiana. A solução foi considerar todos os ativos como sendo dotados de um prazo idêntico de retenção, com todos os pagamentos sendo efetuados na mesma data especificada. Isso permitiria a comparação direta dos rendimentos, sem necessidade de recurso a métodos de desconto. A dimensão temporal dos ativos não era ignorada, mas incorporada em outra variável e ao prêmio de liquidez oferecido por cada ativo. Em outras palavras, podemos considerar que, quanto maior a conversibilidade de um ativo em outro (mediada, em geral, por sua conversão em moeda como meio de pagamento), mais curto seu prazo de retenção, ou seja, o tempo pelo qual é necessário manter um ativo antes que ele possa ser trocado por outra coisa. A liquidez é justamente a capacidade de conversão em moeda e, assim, em qualquer coisa que se possa adquirir com ela. Portanto, quanto mais líquido um ativo, maior sua conversibilidade e menor o prazo efetivo de retenção que um proprietário de riqueza precisa levar em consideração ao fazer suas escolhas. A facilidade com que se pode dispor de um ativo define seu prêmio de liquidez e mede, assim, um aspecto central de sua dimensão temporal. Se esse procedimento for aceito, podemos abrir mão, nesse nível de análise, da necessidade de desconto.[2]

Resumindo esses dois pontos, trabalharemos com variáveis que medem os rendimentos totais que se podem esperar obter da posse de um determinado ativo por um prazo de retenção especificado que se presume igual para todos os ativos.

---

2 Uma definição mais completa da liquidez deveria incluir não só o potencial de revenda de um ativo, mas também sua capacidade de agir como garantia para a tomada de empréstimo de um banco ou outra instituição financeira. Isso, contudo, não modifica a pergunta, porque apenas transfere para o credor os mesmos dilemas e as mesmas incertezas citadas. O credor substitui um título por moeda em sua carteira e exigirá remuneração — a taxa de juros paga pelo devedor — para pagar pela maior iliquidez de seus ativos. Ainda precisa considerar, assim, se o ativo que mantém como garantia real é ou não conversível em moeda. A relação se torna mais clara, mas seu conteúdo permanece o mesmo.

Escolha de Ativos e Acumulação de Riqueza | **113**

As diferenças de conversibilidade na constância do prazo de retenção estarão incorporadas em seu prêmio de liquidez, ou seja, a capacidade do possuidor de um dado ativo de trocá-lo por outros ativos durante o prazo de retenção.

O rendimento total de um ativo, como vimos, é chamado de taxa própria de juros do ativo em questão. Esses rendimentos são calculados por meio dos valores assumidos por quatro atributos que supomos serem compartilhados por todos os ativos. O primeiro é a taxa de quase-renda que se espera ganhar com o uso ou a posse de tal ativo, q.[3] Um ativo pode render algo a partir de seu uso ou sua mera posse, como máquinas que dão origens a bens negociáveis, sementes que dão a safras, letras a juros, ações a dividendos, e assim por diante. A proporção entre esses retornos e o preço a que o ativo é comprado (Q/CP) é q, o primeiro atributo dos ativos.

A retenção de ativos implica em certos custos, independentemente do uso que deles se faz. Armazenagem, custo de seguro, perdas causadas pela simples passagem do tempo e outros são despesas de carregamento do ativo. A proporção entre esses custos esperados e o preço corrente do ativo (C/CP) é indicada por c.

Como vimos, diferentes ativos têm diferentes graus de "negociabilidade". Alguns podem ser alienados com mais facilidade do que outros. Naturalmente, os mais facilmente conversíveis em moeda ou diretamente em outros ativos conferem aos seus possuidores um importante "rendimento" sob a forma de flexibilidade frente a alterações imprevistas no ambiente de negócios. A isso Keynes chama prêmio de liquidez, que denotamos por l.

Finalmente, os ativos podem ser comprados e vendidos, e, assim sendo, um proprietário de riqueza pode ganhar (ou perder) com a apreciação (ou depreciação) dos preços de mercado de tal ativo entre a compra e o fim do prazo de manutenção. Esse atributo, a que chamamos de a, é a razão entre o ganho esperado de capital e o preço corrente do ativo ($(EP - CP)/CP$).

Desta forma, a taxa própria de juros mede o rendimento total esperado de um ativo não apenas em termos de valor, mas também em termos de segurança frente

---

3 Adotaremos, neste capítulo, a convenção do próprio Keynes na *Teoria Geral* de uso de letras em caixa-alta para representar valores absolutos e caixa-baixa para taxas e razões.

114 | Keynes e os Pós-Keynesianos

a frustrações de expectativas. É esse último atributo que nos permite considerar a moeda um ativo e comparar seus "rendimentos" com os rendimentos monetários oferecidos por outros ativos.[4]

As quase-rendas são calculadas líquidas de depreciação, ou, como escreveu Keynes, líquidas de custos de uso e suplementares. O cálculo já leva em conta a incerteza que cerca a expectativa de rendimento (formando o estado das expectativas de longo prazo). Ter-se um valor definido de q que leve em conta a incerteza pode não ser a melhor maneira de representar esse tipo de variável, mas é o procedimento aqui usado em nome da simplicidade, como procedeu Keynes em outro ponto da *Teoria Geral*:

> *Um empreendedor que precise tomar uma decisão prática quanto à sua escala de produção não mantém, é claro, uma só expectativa livre de dúvidas quanto aos proventos da venda de uma determinada produção, mas, sim, diversas expectativas hipotéticas mantidas com graus variáveis de probabilidade e exatidão. Por expectativas quanto aos proventos me refiro, assim, à expectativa de proventos que,*

---

4 Precisamos considerar a questão da substitutibilidade entre ativos com mais cautela. Como observou Davidson (1978b, p. 64), tanto Friedman quanto Tobin parecem admitir que qualquer ativo possa ser reserva de valor, o que equivale a admitir a existência de mercados à vista para todo e qualquer ativo. A teoria pós-keynesiana distingue claramente ativos que podem ser mantidos como reservas de liquidez, como a moeda, daqueles que não trazem prêmio de liquidez (ou, se o trazem, é muito inferior ao custo de manutenção, fazendo com que seja irracional mantê-los como reserva de valor). Entre os últimos estão os bens de capital, para os quais não há mercados à vista organizados. Por isso Davidson alerta quanto a considerar com leviandade a questão da substitutibilidade (1978a, p. 19 e 61), apontando para as diferentes atitudes dos poupadores, que procuram por liquidez, e dos investidores, que procuram por colocações lucrativas (p. 66). Em um nível mais abstrato, contudo, precisamos considerar que ativos líquidos e não líquidos são alternativas a ter em conta pelos proprietários de riqueza. Quando o prêmio de liquidez dos ativos líquidos é muito mais alto do que o lucro esperado (como se dá às vésperas de uma recessão profunda), até os investidores considerarão permanecer líquidos por algum tempo. O oposto também se aplica. O conceito de taxa própria de juros permite demonstrar essa visão fundamentalmente unitária da acumulação de capital que permite que a moeda seja um ativo. Como apontou Kregel, o modelo de taxas próprias de juros é "aplicável a todos os bens duráveis do sistema e fornece uma teoria perfeitamente geral da demanda por bens duráveis e seus rendimentos" (1984, p. 103). Keynes enfatizou repetidas vezes que a escolha entre ativos estava envolvida na determinação das taxas de juros e da demanda por moeda e por outros tipos de ativos (CWJMK, vol. XIII, p. 221; vol. XIV, p. 102).

se mantida com certeza, levaria ao mesmo comportamento que o conjunto de possibilidades vagas e mais variadas que efetivamente forma seu estado de expectativa quanto chega a uma decisão. (KEYNES, 1964, p. 24)[5]

Isso quer dizer que esse arranjo leva em consideração as incertezas quanto à renda por meio de ajustes de q. Se o desempenho futuro de um mercado de um determinado bem ou serviço se tornar mais duvidoso, essa maior incerteza quanto aos rendimentos de um investimento em bens de capital para a produção de tal bem ou serviço se reflete na redução do valor de q. Deve-se notar, portanto, que, nesse sentido, l — o prêmio de liquidez — não é a única variável a captar o impacto da incerteza. O prêmio de liquidez tem a ver com a incerteza que cerca a alienabilidade do ativo em si, enquanto q mede a incerteza que cerca o resultado de sua utilização.

O mesmo argumento se aplica aos custos de carregamento, c, e à taxa de apreciação do capital, a. Os custos de carregamento podem ser sabidos com menor incerteza, uma vez que podem ser compostos de despesas contratadas antecipadamente. Por sua vez, a apreciação do capital — a diferença entre os preços de compra no presente e os preços esperados de revenda no futuro — também precisa ser ajustada em relação à incerteza, embora esteja claro que mudanças do valor de um ativo têm muito a ver com a facilidade com que haja troca dos itens existentes. Em outras palavras, a apreciação do capital está associada à liquidez do ativo na medida em que, *ceteris paribus*, quanto mais líquido um ativo, mais fácil é de ser vendido, o que significa que menor é a probabilidade de que seu possuidor precise "subornar" outros proprietários de riqueza para que o comprem.

Seja como for, o mais original dos atributos identificados por Keynes é o prêmio de liquidez, um conceito que se tornou uma pedra fundamental da teoria monetária e financeira pós-keynesiana. Como enfatizou Keynes: "Não há, por

---

5 Este ponto exige cautela, dada a discussão da incerteza no Capítulo 4. Em todo caso, não estamos tratando com equivalentes de certeza que um observador externo pudesse identificar se conhecesse a função de distribuição de probabilidades, mas com o resultado que o tomador de decisão imagina ser uma somatória adequada de seu estado de expectativas de longo prazo, o que poderia representar, digamos, um par de lucros ou prejuízos focais padronizados de Shackle.

assim dizer, nenhum resultado [desse atributo] em forma de produção no fim do período considerado, e, mesmo assim, trata-se de uma coisa pela qual as pessoas estão dispostas a pagar um preço" (KEYNES, 1964, p. 226).

A liquidez é um conceito bidimensional. Refere-se simultaneamente ao intervalo de tempo necessário (ou que se espera ser necessário) para alienar um ativo e a capacidade que esse ativo pode ter de conservar seu valor ao longo do tempo.[6] É claro que qualquer coisa pode ser alienada muito rapidamente se seu possuidor aceitar um preço baixo o bastante para encontrar compradores imediatos. Por outro lado, a probabilidade de encontrar outro proprietário de riqueza que avalie um ativo da mesma maneira que seu atual possuidor aumenta se este não se importar em precisar esperar indefinidamente. Assim, podemos afirmar que um ativo é tão mais líquido quanto mais breve é o tempo necessário para sua conversibilidade e quanto menor é a mudança esperada de seu valor.

Do que, então, depende o atributo da liquidez? É claro que um ativo terá alto prêmio de liquidez se o público esperar que possa ser revendido a qualquer momento sem perda significativa de capital. É da sua negociabilidade potencial que nos ocupamos. Se se falar da conversibilidade ou negociabilidade de um ativo, para um dado estado de expectativas, também se fala, obviamente, das características do mercado de tal ativo. A liquidez depende, assim, das características do mercado em que um determinado ativo é transacionado. Quanto mais "eficiente" seu mercado, mais líquido se tornará o ativo, porque mais segura será (aos olhos dos proprietários de riqueza) a expectativa de que a possibilidade de revenda a preços razoavelmente sustentados esteja garantida no futuro. Quanto mais eficientes forem os mercados à vista de um determinado ativo, mais forte a confiança que se atribui à expectativa de conversibilidade sem perdas significativas.

Podemos conceber da eficiência de mercado no sentido proposto anteriormente em termos de três características: densidade, permanência e organização. A densidade tem a ver com o porte do mercado, com o número de compradores em potencial para um item, constituindo uma reserva de demanda capaz de absorver rapidamente e sem pressão os suprimentos que sejam ofertados à venda a qualquer momento. Ela tem a ver principalmente com a substitutibilidade entre itens individuais de um determinado tipo tanto no espaço como no tempo.

---

6 O argumento é emprestado, com pequena alteração, de Chick (1983a).

Escolha de Ativos e Acumulação de Riqueza | 117

Quanto menor o grau de substitutibilidade, mais específico será o mercado de um determinado item e menor a probabilidade de localizar compradores para ele. A substitutibilidade pode ser estabelecida tanto entre itens que apresentem pequenas diferenças de caráter (por exemplo, entre ações de empresas de um mesmo setor ou de uma mesma categoria) ou de idade (como se dá entre moeda corrente emitida em datas diferentes). Quanto mais indistinto um item for de outro, maior será o mercado da categoria geral de tais ativos e, portanto, mais fácil será sua negociação. Itens que não sejam indistintos nesse sentido (por exemplo, bens de capital de usos específicos ou de idades diferentes) apresentam mercados mais exíguos e, assim, não se espera que sejam facilmente alienados. São "ilíquidos".

A permanência se refere ao tempo da operação. Quanto mais permanente um mercado, mais líquido se torna o ativo, porque maior é a probabilidade de que o atual possuidor encontre um comprador, se necessário. Nesse sentido, a moeda é perfeitamente líquida, porque seu "mercado" está constantemente aberto. As ações são menos líquidas porque seus mercados operam apenas algumas horas por dia e alguns dias por semana. Os mercados de outros ativos operam por períodos de tempo ainda mais breves, como durante feiras setoriais, por exemplo.

Finalmente, e talvez de máxima importância, devemos considerar o grau de organização desses mercados. Esse ponto pode ser o mais importante de todos, porque os mercados são instituições, e não fenômenos naturais. Quando de sua criação, regras são para eles fixadas, padrões são definidos, comportamentos e procedimentos aceitáveis são estabelecidos. Em grande medida, a densidade e a permanência são definidas no contexto dessa "criação", ou seja, da organização de um mercado específico. Quanto mais organizado um mercado, mais ordeira a maneira como podemos esperar que transcorram suas transações no dia a dia.

Podemos identificar, contudo, um sentido mais preciso para definir o grau de organização de um mercado. Um mercado organizado é aquele que evita flutuações excessivas e potencialmente perturbadoras dos preços dos ativos, evitando, assim, crises de solvência que poderiam ameaçar a própria permanência. Conter as flutuações dos preços dos ativos é função dos *market makers* (formadores de mercado) (DAVIDSON, 1978b), compradores ou vendedores residuais que absorvem o excedente de oferta ou demanda quando superam alguma margem aceitável.

A eficácia dos *market makers* depende de duas condições: (1) em que medida as flutuações de preços são consideradas desejáveis em um determinado mercado; e (2) os recursos de que dispõem para realizar as operações necessárias para regular o mercado. Na primeira condição, levamos em consideração que um certo grau de flutuação dos preços de ativos pode ser sadio no sentido de que pode sinalizar a atuação de algumas forças fundamentais. Os preços das ações variam, pelo menos em parte, refletindo mudanças da expectativa real de lucros (e dividendos) que os agentes mantêm. É claro que parte da variação dos preços das ações também depende de manobras especulativas, mas como pode ser impossível distinguir entre as duas coisas, é melhor aceitar alguma atividade especulativa como um mal menor, ou seja, como o preço a ser pago pela existência de um mercado acionário capaz de refletir mudanças da perspectiva de lucratividade das firmas.

Se não se desejasse flutuação nenhuma, de nenhum tipo, o sucesso dos *market makers* na consecução de estabilidade total de preços dependeria do montante de recursos a eles disponíveis para lastrear suas operações e absorver todos os excedentes de oferta e de demanda. No limite, se um *market maker* tivesse controle sobre um montante de recursos igual ao valor do estoque total de um determinado ativo, ele teria controle total sobre seu preço. O custo de organização de um mercado assim, contudo, seria proibitivo para a maioria dos ativos. Com efeito, o montante de recursos de que um *market maker* precisa para operar com eficiência depende das expectativas daqueles que dele participam. Sob condições normais, eles operam marginalmente, porque espera-se que sejam capazes de moldar as opiniões a seu favor. É claro que, *ceteris paribus*, pode-se imaginar que esse poder é maior quando o público percebe o *market maker* como sendo forte o bastante para influenciar de maneira decisiva o desenrolar dos fatos. Mais uma vez, esse poder será maior à medida que aumente o montante de recursos sob seu controle. A maioria dos mercados de ativos conta com *market makers* dotados de recursos gerados por agentes privados. Isso quer dizer que os recursos são limitados, e podem surgir pressões que eles serão incapazes de conter. Em outras palavras, as expectativas quanto ao futuro de um determinado ativo podem deteriorar a tal ponto que o *market maker* seja incapaz de conter a pressão, e os prêmios de liquidez podem ficar tão baixos a ponto de torná-los incapazes de sustentar os preços. Os *crashes* do mercado de ações ilustram essa possibilidade. Em alguns casos, contudo, a presença de *market makers* altamente poderosos é concebível. É o caso, por exemplo, do banco central quando opera como *market maker*, como se dá no caso de depósitos à vista. A razão de troca entre esse tipo de obrigação privada (admitindo bancos do setor privado) e a moeda (meio circulante) é mantida estável em 1:1 nas economias monetárias modernas. Isso se dá principalmente por causa da existência de um credor de último recurso, um banco central, que opera como comprador residual de passivos bancários, se necessário, impedindo que os titulares de depósitos bancários os vendam em troca de meio circulante mediante desconto caso se venha a sentir algum tipo de excedente de oferta de depósitos à vista. O papel dos bancos centrais (ou instituições equivalentes) na qualidade de *market makers* tornou obsoletas as corridas aos bancos.

Quando os bancos centrais agem como *market makers*, impedindo qualquer grau de flutuação dos preços de ativos em termos de meio circulante, estão, na verdade, indicando que esses ativos, ainda que de emissão privada, são substitutos perfeitos do meio circulante e devem, assim, ser considerados como componentes do estoque de moeda da economia. Segundo essa concepção, qualquer coisa totalmente garantida pelas autoridades monetárias, assegurando plena conversibilidade e razões de troca constantes, torna-se parte do estoque de moeda da economia.

Com base nessa discussão, percebemos imediatamente que a liquidez é questão de grau. Há ativos totalmente líquidos — o estoque de moeda —, mas os ativos restantes também têm algum grau de liquidez, dependendo das características de seus mercados secundários (de segunda mão). Para tornar esse atributo analiticamente útil, contudo, iremos, em vez de trabalhar com uma escala contínua de liquidez, recorrer a uma classificação tríplice de ativos segundo seu grau de liquidez, como sugere Hicks (1967, p. 36). O primeiro grupo é o de ativos plenamente líquidos, abrangendo o meio circulante e seus substitutos perfeitos. O segundo é composto dos ativos líquidos para os quais haja mercados de secundários, mas onde os *market makers* não possam ou não queiram sustentar preços fixos dos ativos. Assim, os possuidores desses ativos acreditam que poderão vender seus estoques de ativos se necessário, mas não estão certos do preço que efetivamente obterão por eles. Finalmente, há os ativos ilíquidos, aqueles para os quais não existem mercados organizados e que, portanto, não podem ser mantidos como reservas de valor, dada a incerteza que cerca suas possibilidades de revenda. Um agrupamento estilizado de ativos que nos será analiticamente útil adiante chama o primeiro grupo de "moeda", o segundo de "letras", e o terceiro de "bens de capital".

Uma observação final, antes de começarmos a manipular o modelo de taxa própria de juros, também diz respeito ao atributo da liquidez. Como observou Kaldor (1980), o prêmio de liquidez definido por Keynes é uma variável problemática, porque, se pensarmos em como deve ser medida, notamos que o valor de referência para sua escala é um máximo, e não zero, como seria necessário. Não dispomos de um ponto de partida para criar uma escala de mensuração. A solução de Kaldor para esse dilema é relativamente simples: Keynes definiu o prêmio máximo de liquidez como sendo aquele atribuído à moeda por causa de suas propriedades de conversibilidade. Todos os demais ativos compartilham dessa propriedade, mas em escala decrescente. Temos, portanto, uma escala negativa de liquidez que pode ser transformada em uma escala positiva, se considerarmos que a liquidez máxima é simplesmente o equivalente ao risco mínimo (tal como denominado por Kaldor, que não se deve confundir com o risco probabilístico usado nos modelos neoclássicos). Se criarmos, então, uma nova variável, r, cujo valor seja dado pela fórmula de conversão

$$r = -l$$

poderemos definir uma nova medida, a do risco, cujo ponto de partida é 0 e corresponde ao risco da moeda. Os ativos remanescentes terão, assim, um atributo de risco estabelecido em relação ao risco zero da moeda. As taxas próprias de juros passam então a ser

$$a + q - c - r$$

Essa fórmula permite comparação e escolha entre ativos que oferecem algum tipo de renda $(q - c)$, ganhos de capital (a) ou apenas a segurança e a flexibilidade conferidas pela liquidez (l). Os valores desses atributos dependerão, é claro, do estado das expectativas de longo prazo. Normalmente, contudo, é de se esperar que a renda seja o principal atrativo dos bens de capital, uma vez que, sendo altamente ilíquidos, não se espera que sejam mantidos para revenda. Alguns bens podem ser mantidos para revenda, mais provavelmente matérias-primas padronizadas, bens agrícolas, ou petróleo, mas também ouro, prata e outros metais preciosos, e

Escolha de Ativos e Acumulação de Riqueza | 121

assim por diante. Esses bens somente podem ser mantidos pelas expectativas de ganhos de capital, embora alguns, como o ouro, exibam considerável prêmio de liquidez. A moeda, por sua vez, conta apenas com seu prêmio de liquidez para justificar sua demanda como reserva de valor (embora sob determinadas circunstâncias algumas formas de moeda possam render juros). Letras e outros ativos financeiros são mantidos tanto pela renda que geram como pela possibilidade de ganhos de capital. Uma ideia crucial é a de que, no equilíbrio, esses atributos devem se contrabalançar. Como a moeda, por exemplo, tem apenas a liquidez a seu favor, em condições de equilíbrio o rendimento monetário que se espera obter de outros bens deve ser igual à sua iliquidez marginal em relação à moeda, para equalizar as vantagens marginais.

RESULTADOS DO MODELO DE TAXAS PRÓPRIAS DE JUROS

Podemos, agora, operar o modelo e ver como nos permite retratar a escolha de ativos e suas implicações para o processo de acumulação de capital. A premissa básica é a de que um dado estado de expectativas de longo prazo é definido por um conjunto de valores das variáveis esperadas EP, Q, C e $r.CP$ (ou seja, o valor da margem de risco projetada pelos agentes). Se partirmos de um estado de expectativas recém-formado, é óbvio que não haverá motivo para que essas expectativas definam uma situação em que as taxas próprias de juros de todos os ativos calculadas aos preços correntes no momento da abertura dos mercados sejam uniformes. Se não forem uniformes, os agentes perceberão novas oportunidades de rendimento associadas a diferentes composições de carteiras em relação às suas carteiras existentes, formadas com base em um estado de expectativas agora superado.

Admitamos, como Keynes, que haja competição perfeita nos mercados de ativos, sem qualquer tipo de segmentação.[7] Isso quer dizer que os agentes que

---

7 Essa premissa é frequentemente alvo de críticas. Ver Harcourt (1983). Ainda assim, nesse nível de abstração, a crítica pode estar incorreta, uma vez que o modelo básico pode ser alterado para permitir acesso limitado de alguns agentes a alguns mercados, de maneira assemelhada ao argumento de Sylos-Labini em favor da possibilidade de alterar os preços de produção de Sraffa, também construídos para a competição perfeita, de maneira a permitir barreiras contra a entrada. Deve-se notar, ainda, a última nota de rodapé de Harcourt no artigo mencionado.

estejam insatisfeitos com suas atuais carteiras frente aos novos rendimentos esperados estarão livres para ajustá-las de maneira a maximizar seus rendimentos esperados totais. Ativos com rendimentos esperados menores, medidos aos preços correntes, serão vendidos, e o oposto se dará com os ativos com rendimentos esperados maiores. O modelo procura descobrir o que acontece com os preços dos ativos nessa situação e quais as consequências de longo prazo desses movimentos.

O primeiro passo se resolve admitindo-se que os estoques dos diversos ativos sejam dados. Nesse caso, se o novo estado de expectativas implicar rendimentos totais diferentes (taxas próprias de juros diferentes) dos preços correntes dos ativos, a demanda por cada ativo será diferente de sua oferta. Naturalmente, todos os ativos estão sob posse de algum agente que tentará trocar os de menor rendimento pelos de maior rendimento. Surgirão excedentes de oferta dos ativos de baixo rendimento, reduzindo seus preços correntes, e o oposto se dará com os ativos de alto rendimento. Os preços se moverão até que a vantagem relativa de um ativo em relação a qualquer outro desapareça. Em termos da fórmula da taxa própria de juros, para os ativos com melhores perspectivas de rendimento, os preços correntes (o denominador de todos os elementos) aumentarão até que a e $q - c$ reduzam a tal ponto que os ganhos adicionais esperados desapareçam. É claro que o contrário se dá com os ativos de baixo rendimento: os seus preços cairão de modo que os valores de a e $q - c$ aumentarão.

Se os estoques dos diferentes ativos são constantes, uma alteração dos preços à vista ou correntes relativos será o único mecanismo de equilíbrio entre ofertas e demandas. Mas se por ventura se acreditar que o estado de expectativas seja duradouro, os novos preços causarão alterações da disponibilidade dos ativos, adequando-os à demanda do público.[8]

Em nossa discussão, especificamos dois preços para cada ativo: o preço corrente, ou à vista (aquele que tem de ser pago no presente pela aquisição imediata de um ativo) e o preço esperado (aquele que se espera que seja cobrado em uma data futura, quando estiver encerrado o prazo de manutenção e o agente esteja novamente livre para reajustar suas estratégias de acumulação). Se houver mercados a termo para um determinado ativo, é de se esperar que esses preços esperados coincidam com os preços a termo, ou seja, os preços que seriam contratados no presente momento em troca de entrega e pagamento na data futura especifi-

---

8 Uma apresentação gráfica clara e didática desse modelo é dada em Davidson (1978a, Cap. 4).

Escolha de Ativos e Acumulação de Riqueza | 123

cada. Ademais, também seria de se esperar que, no caso de bens reprodutíveis, como os bens de capital, por exemplo, esses preços a termo coincidam com seus preços de fluxo de oferta. Isso se dá porque, se os preços a termo fossem menores do que os de fluxo de oferta, não haveria produção (e, portanto, não haveria fluxo de oferta). Por outro lado, se os preços a termo fossem maiores do que os de fluxo de oferta, valeria a pena encomendar agora produção adicional desses itens para vendê-los imediatamente a preços de mercado, extraindo lucro da diferença de preços do mesmo bem. Essa operação de arbitragem seria repetida até que a diferença desaparecesse e refletiria apenas a noção de que, sob condições competitivas, um mesmo bem não pode apresentar dois preços no mesmo local e na mesma data.

Essa discussão significa que podemos considerar os preços à vista como preços de demanda, uma vez que indicam o quanto os compradores de ativos acreditam que um ativo vale no momento atual, e os preços esperados (ou a termo) como preços de fluxo de oferta, medindo aquele que seria o custo de produção adicional de tais ativos. Uma divergência entre os dois, ou seja, entre os preços de demanda e de oferta, indica sua escassez relativa, como observou Sraffa (1932). Se os preços à vista estão mais altos do que os a termo, tem-se uma situação em que os compradores estão dispostos a pagar agora mais do que o ativo custa para ser reproduzido, uma vez que isso implicaria aguardar até que estivessem disponíveis novas unidades. Como Keynes (1932) demonstrou com seu modelo de paridade de taxa de juros, essa divergência se fará sentir se houver vantagens imediatas na posse imediata do ativo, em vez de aguardar até a data futura em que estejam disponíveis nos novos itens.

Para o produtor de ativos escassos, a divergência entre os preços de demanda e os de oferta é um sinal de que é lucrativo aumentar sua disponibilidade, uma vez que existe um contingente de compradores insatisfeitos dispostos a pagar por esses ativos mais do que eles custam. Uma maior quantidade desses ativos será produzida e disponibilizada, e, assim, mais riqueza será gerada.

Quando os preços à vista são mais altos do que os a termo, portanto, existe um estímulo à produção de novas unidades do ativo em questão. Keynes se referiu a isso como *backwardation*, uma situação em que há um "prêmio" pela posse imediata de um ativo, representado pelos ganhos que se espera auferir da sua posse imediata, em vez da espera até uma data futura. Essa divergência entre os preços de demanda e de oferta do ativo representará um incentivo à produção de unidades adicionais. Se os ativos em questão forem, por exemplo, bens de capital, ocorrerá nova produção, e o investimento agregado será ascendente. O contrário ocorrerá com ativos que ofereçam menores rendimentos esperados. Seus preços à vista cairão, e se ficarem abaixo de seus preços a termo, ou de fluxo de oferta, surgirá algum desincentivo à sua produção, seguida de uma contração de sua disponibilidade. Keynes se referiu a isso como *contango*.

É importante observar que, ao contrário da crença generalizada de que a macroeconomia keynesiana nada tinha a dizer sobre os preços relativos,[9] o modelo como um todo se baseia em uma teoria de preços relativos dos ativos.[10] Ele mostra que as decisões de compra de tipos específicos de ativos não são independentes das demais escolhas disponíveis, permitindo estudar o comportamento do investimento agregado como resultado das escolhas de agentes privados que comparam as diversas formas disponíveis de acumulação de riqueza. Mas o modelo também nos permite ver que a moeda também representa uma alternativa de armazenagem de riqueza especialmente eficiente frente às incertezas do futuro, dado seu prêmio de liquidez. Quando as expectativas são otimistas e a incerteza é baixa, o atributo de liquidez não é tão importante quanto a possibilidade de ganhos monetários. A taxa própria de juros da moeda, então, aos preços à vista correntes, torna-se menor do que as taxas próprias dos ativos dos quais se esperam ganhos em a ou $q - c$, como os bens de capital. As pessoas tentarão abrir mão da moeda para obter bens de investimento, os preços à vista destes aumentarão, e haverá um estímulo à nova produção. De maneira inversa, se a incerteza for elevada, o prêmio de liquidez da moeda será, provavelmente, mais alto do que os rendimentos monetários oferecidos por outros ativos, como os bens de

---

9 Uma crença mantida até mesmo por teóricos heterodoxos, como os neoricardianos, que desejam combinar o princípio de demanda efetiva de Keynes (encarado como a afirmação de que é a renda agregada, e não as taxas de juro, que equilibra os plenos de poupança e de investimento) com o modelo independentemente derivado por Sraffa de preços relativos. Como alguns dos bens da economia de Sraffa são ativos, é difícil ver como duas contribuições podem, de fato, ser combinadas. Sobre a ideia de que os preços relativos são importantes na análise de Keynes, ver Minsky (1982, p. 79 e 94) e Kregel (1984). O próprio Keynes fez explicitamente essa proposta. Ver CWJMK, vol. XIV, p. 102-3).

10 Em um artigo brilhante, mas relativamente desconhecido, Townshend, com efeito, demonstrou que Keynes pode ser interpretado como tendo proposto uma teoria geral de preços relativos adequada à análise de todos os bens e baseada nas noções de incerteza e liquidez. Infelizmente, mesmo entre os pós-keynesianos, essas ideias ainda não foram desenvolvidas. Ver Townshend (1937).

investimento. As pessoas procurarão manter carteiras líquidas, deprimindo os preços dos bens de capital e levando a uma contração do setor produtivo de bens de capital.

O modelo de taxas próprias de juros está, assim, no centro da macroeconomia keynesiana e pós-keynesiana, porque é o modelo geral do qual serão derivadas as teorias mais específicas da preferência pela liquidez e da eficiência marginal do capital. Com efeito, elas são apenas aplicações do modelo básico de escolha de ativos e não podem ser estudadas isoladamente de forma adequada. O papel das expectativas e da incerteza é enfatizado e se define uma visão particular da dinâmica capitalista.

Nos dois próximos capítulos, a preferência pela liquidez e a eficiência marginal do capital serão ambas discutidas contra esse pano de fundo, o que significa que não serão estudadas em referência isolada aos mercados, mas, pelo contrário, em termos da maneira como um determinado estado de expectativas se desdobra em cada submercado específico. Devem ser encaradas como uma exploração mais detida da operação do modelo de taxas próprias de juros, e não como alternativas a ele.

EM SUMA

Propusemos neste capítulo que o ponto de partida e o fundamento da macroeconomia keynesiana e pós-keynesiana é o modelo de taxas próprias de juros apresentado por Keynes no Capítulo 17 da *Teoria Geral*. Esse modelo é combinado com algumas "intuições" anteriores de Keynes — especialmente as desenvolvidas na discussão da teoria da paridade da taxa de juro que faz no *Tract* — e de outros autores, notadamente Sraffa em sua crítica a Hayek de 1932.

A ideia fundamental é a de que a divergência entre os rendimentos esperados de diferentes fontes em um determinado período se reflete na maneira como os agentes avaliam a atratividade da posse de tal fonte no presente em relação à sua possibilidade em uma data vindoura. Assim, a relação entre os preços à vista e a termo mede a atratividade de um ativo e reflete as preferências do mercado pelas diferentes formas de acumulação de riqueza.

Além disso, a mesma divergência indica para produtores o grau de escassez relativa de um determinado ativo e, assim, a lucratividade da produção de novas unidades, expandindo ou contraindo os estoques de ativos, inclusive bens de capital.

Finalmente, se sugere que, como os pós-keynesianos propõem que as variações do investimento são as principais forças de movimentação das economias monetárias modernas, e as variações do investimento decorrem da solução do modelo, devemos encarar essa abordagem à acumulação de capital como o núcleo teórico da macroeconomia pós-keynesiana, demonstrando que a preferência pela liquidez e a eficiência marginal do capital são aplicações específicas dessa abordagem geral, e não inovações propriamente ditas. A operação do modelo de taxas próprias de juros especifica o sentido em que a moeda não é neutra entre o curto e o longo períodos segundo a noção keynesiana de economia monetária, ou empresarial.

CAPÍTULO 6

PREFERÊNCIA PELA LIQUIDEZ E MOEDA

Tem-se entendido tradicionalmente que a preferência pela liquidez se refere à demanda por moeda em sentido estrito, algo em contraste direto com a abordagem quantitativa ortodoxa. Na maioria dos casos, não se refere a nada além de uma especificação alternativa da função de demanda de moeda em que as taxas de juros são especificadas entre as variáveis independentes, da mesma maneira que a renda. Essa interpretação recebeu o apoio de Hicks em seu artigo de 1937, *Mr. Keynes e os Clássicos*, por exemplo, e tornou-se rapidamente o senso comum sobre o assunto.

Não resta dúvida de que a *Teoria Geral* autoriza essa interpretação, uma vez que a preferência pela liquidez está definida no Capítulo 15 diretamente em termos de motivos para a retenção de moeda. Por outro lado, há bastantes elementos naquelas discussões e na estrutura do livro para permitir o desenvolvimento de um sentido mais rico, alinhado com a perspectiva apresentada até aquele ponto. Para confirmar a legitimidade dessa abordagem mais ampla, é necessário observar, primeiro, que a preferência pela liquidez, ainda que compreendida em seu sentido mais estreito, não é uma teoria da demanda por moeda, mas da determinação das taxas de juros, declarando: "Desse modo, sendo a taxa de juros, a qualquer momento, a recompensa pela renúncia à liquidez, é uma medida da disposição daqueles que possuem moeda de abrir mão de seu controle sobre ela" (KEYNES, 1964, p. 167).

A estrutura de agregação proposta na maior parte da *Teoria Geral* reconhece dois ativos: "moeda" e "letras".[1] O primeiro abrange ativos de curtíssimo prazo, para os quais os ganhos de capital são irrelevantes, e o segundo abrange todos os tipos de ativos de mais longa duração (às vezes até mesmo bens de capital). Nesse contexto, só existe uma escolha para quem possa aceitar abrir mão de sua liquidez, ou seja, a "letra" que paga "a" taxa de juros. Invertendo o argumento, dependendo do nível "da" taxa de juros, o público desejará, *ceteris paribus*, manter uma determinada quantidade de moeda de tal modo que a preferência pela liquidez se torna uma alternativa à teoria quantitativa da moeda, com sua ênfase exclusiva sobre a renda como fator de causa da demanda por moeda. Quando nos lembramos, como fez Hicks, de que Keynes também considerava a renda um determinante da demanda por moeda (por meio do motivo transacional para se manter moeda) e, ainda, de que as versões mais sofisticadas da teoria quantitativa da moeda, como a de Wicksell ou a de Marshall, também admitem alguma influência das taxas de juros sobre a demanda por moeda, não surpreende que as críticas feitas por Keynes aos clássicos percam grande parte de sua força quando concebidas apenas como especificação alternativa da demanda por moeda.

No Capítulo 17 da *Teoria Geral*, como vimos, Keynes oferece um arcabouço para lidar com uma estrutura de ativos mais diversificada, onde uma determinada quantidade de cada ativo é demandada de acordo com sua taxa própria de juros calculada como o preço vigente (à vista) do ativo. Nesse arcabouço, podemos generalizar a construção acima para propor que a preferência pela liquidez é, na verdade, uma teoria dos preços dos ativos (e rendimentos) de acordo com a qual ativos com diferentes prêmios de liquidez precisam oferecer diferentes rendimentos monetários para compensar sua iliquidez relativa em comparação com um ativo de referência. Kahn (1972, p. 80) atraiu a atenção para esse significado mais geral da preferência pela liquidez por meio de um modelo com dois ativos. Mais recentemente, Minsky (1982, p. 93-94) e Kregel (1982) renovaram a crítica

---

1 O fato de que a "moeda" na *Teoria Geral* é um agregado que pode abranger mais elementos do que seu significado estrito fica claro na nota de rodapé 1 de Keynes (1964, p. 167), onde se sugere que a moeda inclua até letras de três meses. Sobre a agregação na *Teoria Geral*, ver, também, Leijonhufvud, 1968.

Preferência pela Liquidez e Moeda | 129

contra a interpretação estreita da preferência pela liquidez em termos apenas de demanda por moeda, propondo-a como uma teoria da precificação (ou apreçamento) de ativos.

Diferenças de grau de liquidez dos vários ativos levarão a diferenças entre os retornos monetários esperados de cada tipo de ativo e determinarão seus preços correntes.[2] Nesse sentido, uma exposição geral da teoria da preferência pela liquidez seria encontrada no modelo de taxas próprias de juros do Capítulo 17 da *Teoria Geral*, e não na listagem dos motivos para se manter a moeda apresentada no Capítulo 15. A declaração de Keynes a respeito da taxa de juros que citamos antes, por exemplo, pode ser colocada em termos de taxas próprias de juros da maneira adiante. Sejam os subíndices b e m letras e moeda, respectivamente. Então, no equilíbrio:

$$a_b + q_b - c_b - r_b = a_m + q_m - c_m - r_m \qquad (6.1)$$

Admitimos por convenção que $a_m = q_m = c_m = 0$. Com efeito, rm também deveria ser nulo, mas o manteremos apenas para explicitar o significado que damos à preferência pela liquidez. Assim, (6.1) se torna

$$a_b + q_b - c_b - r_b = - r_m \qquad (6.2)$$

ou

$$a_b + q_b - c_b = r_b - r_m \qquad (6.3)$$

Ou seja, o rendimento monetário que uma letra oferece aos detentores de riqueza no equilíbrio é igual ao seu excedente de risco, se comparado à moeda, o que corresponde exatamente ao significado "da" taxa de juros dado por Keynes. Se recordarmos que a taxa específica de juros é equivalente à eficiência marginal de um determinado ativo, definida para as mesmas condições,[3] podemos ver que a afirmativa keynesiana tradicional de que, no equilíbrio, a eficiência marginal

---

2 O estudo clássico de Robinson (1979) sobre a taxa de juros estende os conceitos de Keynes para um modelo da estrutura das taxas de juros e não "da" taxa de juros.

3 O próprio Keynes deixa claro o fato de que as taxas específicas de juros e as eficiências marginais são conceitos equivalentes em seu artigo para a coletânea de artigos em homenagem a Fisher, reproduzido em CWJMK, vol. XIV, p. 101-108. Ademais, "Encaro a taxa de juros como a eficiência marginal (ou produtividade) da moeda medida em termos de si mesma" (p. 92).

do capital tem de ser igual à taxa de juros é outra variante da mesma condição. Se tomarmos o subíndice k para designar capital, teremos:

$$a_k + q_k - c_k - r_k = a_b + q_b - c_b - r_b \qquad (6.4)$$

O que, reorganizado, se torna

$$(a_k + q_k - c_k) - (a_b + q_b - c_b) = r_k - r_b \qquad (6.4)$$

Ou seja, o excedente do rendimento esperado da moeda dado pelos bens de capital em relação às letras é igual ao excedente de risco dos bens de capital se comparado às letras. O mesmo se poderia dizer comparando diretamente os bens de capital e a moeda e obtendo uma "determinação pela preferência pela liquidez da eficiência marginal do capital", o que quer dizer que os bens de capital serão demandados se a perspectiva de lucros for suficiente para superar as incertezas que cercam sua compra, ou seja, sua iliquidez, ou, ainda, os riscos de perda de riqueza que representam caso as expectativas dos proprietários de riqueza se frustrem, obrigando-os a tentar vender o ativo.

Nesse sentido, recorrendo a uma estrutura mais desagregada de ativos, podemos ver que a preferência pela liquidez é, na verdade, uma teoria mais geral do que uma mera especificação alternativa da função de demanda por moeda. É "a" teoria keynesiana do rendimento dos ativos e, assim como demonstrou o capítulo anterior, dos preços dos ativos. A liquidez, como vimos, é questão de grau e compete a muitos ativos diferentes. A validade do modelo não é ameaçada por testes empíricos aplicados a "mercados monetários" exiguamente definidos. Por outro lado, a teoria da preferência pela liquidez enfatiza o papel singular da moeda nas economias monetárias. Como veremos no Capítulo 11, a perspectiva de que diferentes ativos satisfaçam preferências pela liquidez em diferentes medidas sob diferentes circunstâncias será muito importante para o desenvolvimento de uma teoria pós-keynesiana de regimes inflacionários, quando a moeda perde grande parte de seus atributos. Embora o modelo de taxas próprias de juros seja genérico o bastante para lidar com todo o espectro de ativos de uma economia, a moeda e os bens de capital podem ser destacados para uma análise mais detida, porque são, sem dúvida, de especial importância para o arranjo, já que identificam os dois extremos da escala de liquidez, que, em ultima análise, determina a necessi-

Preferência pela Liquidez e Moeda | 131

dade de que os ativos gerem rendimentos monetários compensadores.[4] Por isso, nós os destacaremos para exame detalhado e explícito neste capítulo e no seguinte. É preciso ter em mente, contudo, que, numa abordagem pós-keynesiana, a demanda por moeda enquanto ativo e a demanda por bens de investimento compartilham uma natureza comum não apenas entre si, mas também com outros ativos. Todos são formas de riqueza e serão demandados de acordo com a remuneração que oferecerem pelos riscos que representam.

MOEDA

Vimos no Capítulo 3 que o ponto de partida da análise monetária pós-keynesiana é a noção de moeda de conta, a unidade de denominação dos compromissos contratuais. O papel da moeda como meio circulante, e ainda mais seu papel como reserva de valor, estão intimamente relacionados com seu poder de honrar obrigações contratuais. Cada operação em uma economia monetária pode ser encarada como o estabelecimento de um contrato entre duas partes.[5] Até as operações à vista, como a venda de um bem no mercado de balcão, envolvem um contrato por meio do qual uma parte se compromete com a entrega imediata de um bem e a outra se compromete com o pagamento imediato por ele. O fato de não ser firmado um instrumento físico não altera a natureza da operação, que é a livre aceitação de obrigações mútuas. Se uma parte infringir o compromisso (por exemplo, deixando de pagar pelo bem comprado), a outra fará jus a buscar o auxílio do Estado para fazer valer a obrigação aceita. O mesmo se dá, é claro, com os contratos a termo.

Os contratos a termo costumam envolver a assinatura formal de documentos que especificam as obrigações que cada parte aceita. Isso se dá ou porque as operações são mais complexas, ou porque a diferença entre a data de assinatura e a sua liquidação faz com que não se possa confiar na memória para garantir o cumprimento, mesmo

---

4 No próximo capítulo, discutiremos a demanda por bens de capital, demonstrando que essa abordagem geral não contradiz as noções de incerteza que cercam horizontes de tempo distantes, ou noções como a do comportamento convencional, ou dos "espíritos animais", que parecem minimizar o papel que os cálculos podem exercer na escolha de ativos.

5 Para uma definição de contratos à vista e a termo, ver Davidson (1978a).

132 | Keynes e os Pós-Keynesianos

deixando de lado o risco moral.[6] Seja como for, os contratos a termo por escrito e os contratos à vista tácitos são cumpridos nos termos de algo definido na Lei dos Contratos. Isso reconhece uma dimensão intrinsecamente institucional da teoria monetária, já que, ao mencionar contratos e ofertas, introduzimos o direito ou o costume, por meio do qual são aplicáveis: ou seja, introduzimos o Estado da comunidade. Ademais, é uma característica singular dos contratos monetários o fato de que é o Estado, ou a comunidade, que não só obriga o cumprimento, mas também decide o que determina o cumprimento, nos termos da lei ou dos costumes, de um contrato firmado em termos da moeda de conta. (CWJMK, vol. V, p. 4)[7]

O meio de cumprimento das obrigações contratuais é o meio circulante, algo que representa, assim, a moeda de conta e deriva sua "monetariedade" dessa representação. Assim, o meio circulante é o meio genericamente aceito de pagamento. A moeda é aquilo que representa esse papel nos termos do que estipulam os contratos, ou seja, das obrigações estabelecidas em termos de moeda de conta. Se houver substitutos perfeitos para o meio circulante (por exemplo, porque algum *market maker* garante taxas de troca fixas entre algum ativo, como os depósitos à vista em bancos comerciais, e o meio circulante), esses substitutos também apresentarão a propriedade de fazer cumprir as obrigações e serão moeda.[8, 9]

Ser a moeda de conta de contratos a termo significa que, pelo menos no que se refere às operações e ao período abrangidos pelo contrato, o "valor" da unidade em questão é estável. Quanto maior a proporção entre as atividades regidas pelo contrato e a economia como um todo, e quanto mais longo o prazo de vigência dos contratos, mais estável será o "valor real" da moeda de conta. Assim, a presença de um arcabouço amplo de contratos monetários a termo é um alicerce da

---

6 Contratos a termo tácitos podem ser rompidos com maior facilidade, mas isso não quer dizer que não possam ser importantes em algumas situações específicas, como os contratos tácitos de Okun relativos à promoção no emprego. Ver Okun (1980).

7 A importância do Estado na determinação daquilo que deve servir como meio circulante encontra-se enfatizada não só no *Tratado*, mas, também, no *Tract on Monetary Reform*. Ver, também, Davidson (1978a)

8 A importância da existência de sistemas de compensação e de serviços de credor de último recurso para o sistema bancário encontra-se discutida na última seção deste capítulo.

9 O conceito keynesiano de moeda, portanto, encontra-se bem definido teoricamente de acordo com suas funções explícitas, em vez da "improvisação" característica encontrada, por exemplo, na abordagem de Milton Friedman à definição de moeda.

Preferência pela Liquidez e Moeda | **133**

estabilidade do poder aquisitivo da moeda. Por outro lado, para aceitar a definição de direitos e obrigações em uma determinada moeda de conta, as partes precisam confiar que seu valor em termos de bens reais relevantes para cada uma delas permanecerá estável. A moeda é a linguagem que une os agentes de uma economia monetária. Os contratos são sua gramática. Para operar eficientemente enquanto linguagem, a moeda precisa se comportar de maneira estável (embora não necessariamente estática). Com efeito, se desenvolve um círculo virtuoso: quanto mais estável se espera que seja o valor da moeda, mais provável será que os agentes firmem obrigações contratuais denominadas em moeda.[10] Se esse círculo virtuoso se formar, as expectativas quanto ao valor futuro da moeda serão inelásticas, e os choques poderão ser absorvidos sem ameaçar a estabilidade da economia como um todo.[11]

Se a função da moeda de conta tem o respaldo de um sistema desenvolvido de contratos que a projete para o futuro, o objeto que representa cumprimento da obrigação contratual não somente será aceito como meio de liquidação de obrigações correntes, mas também será objeto de confiança como meio de cumprimento de compromissos futuros. Em outras palavras, o meio de pagamento se torna uma reserva de valor altamente eficiente, algo que pode ser aceito a qualquer tempo para fazer cumprir obrigações a termo e futuras à vista. É essa propriedade que faz da moeda um ativo em uma economia monetária, ou seja, uma economia baseada em um sistema de contratos a termo.[12] Como escreveu Davidson:

> *A existência de mercados a termo, contratos a serem cumpridos e pagamentos em moeda é a essência de uma economia monetária por ser básica para o conceito de liquidez. A liquidez em um estado temporal, dado o salário monetário e o nível de preços resultante, é a pedra fundamental da revolução keynesiana* (1978b, p. 61).

---

10 Sobre a necessidade de possibilitar a construção de um sistema de contratos, ver Davidson (1982, p. 146-147).

11 As expectativas são inelásticas se, em caso de mudança corrente, reagirem menos do que proporcionalmente ao porte da mudança. A inelasticidade das expectativas é um requisito de estabilidade importante em alguns modelos. Ver Hicks (1946).

12 Ver Wells (183, p. 524). Ver, ainda, Robinson em CWJMK, vol. XIII, p. 646-647.

DEMANDA POR MOEDA

A teoria monetária pós-keynesiana é um desdobramento da visão de Keynes a respeito da moeda e em especial da sua intuição central dada pela percepção da moeda como algo mais do que apenas um meio conveniente de ligar entradas e saídas de recursos, como se dá na antiga teoria monetária marshalliana.[13] Apenas como mecanismo expositivo, desenvolveremos essa "intuição" em termos de demanda e oferta de moeda. Como ficará claro adiante, contudo, uma característica distintiva das abordagens pós-keynesianas à moeda é a percepção de que esta pode ser criada em decorrência da operação da própria economia, tornado em grande medida irrelevante um contraste claro entre a demanda por moeda e a oferta desta.

As origens da teoria monetária pós-keynesiana se encontram no *Tratado sobre a Moeda*, por meio da distinção que Keynes propôs entre dois circuitos de circulação monetária: a circulação industrial e a circulação financeira. A circulação industrial se refere ao montante de moeda necessário para sustentar o giro de bens e serviços da economia. Corresponde, em termos gerais, ao papel da moeda considerado pela teoria quantitativa, debruçando-se sobre a necessidade de meio circulante para permitir a realização de transações em bens e serviços. O montante de moeda necessário para a realização dessas funções, naturalmente, depende da retenção média de saldos de moeda por parte do público, ou seja, da velocidade da moeda. No *Tratado*, Keynes abordou a demanda por saldos ativos de moeda, classificando-a em dois grupos: o das famílias (que Keynes chamou de "depósitos de renda") e o das empresas (a que se referiu como "depósitos empresariais A"). No primeiro caso, consideram-se os hábitos e instituições que regem a realização de pagamentos pelas famílias, tendo a ver com vendas de serviços produtivos e gastos em bens de consumo. No segundo, nos referimos à circulação da moeda na compra de fatores de produção e na venda de bens e serviços acabados.

A inovação em relação à teoria quantitativa da moeda encontra-se no conceito de circulação financeira. As abordagens ortodoxas à moeda não podiam ignorar o fato empírico da acumulação, ou retenção de saldos inativos. Mas, como disse Keynes alguns anos mais tarde (CWJMK, vol. XIV, p. 115), essa acumulação

---

13 A teoria quantitativa marshalliana e seus desdobramentos, inclusive os de Keynes em seus escritos monetários precoces, encontra-se discutida em Kahn (1984).

Preferência pela Liquidez e Moeda | 135

somente podia ser encarada como uma escolha irracional no contexto de uma economia cooperativa do tipo de que trata a economia clássica. A moeda era encarada apenas como uma forma temporária de riqueza, inferior a todas as demais por ser "estéril", exceto por breves intervalos nos quais os ganhos de colocações financeiras poderiam ser insuficientes para cobrir os custos das transações financeiras. A moeda era, assim, uma "conveniência", e não um ativo. O desenvolvimento do conceito de circulação financeira, por seu lado, permitiu a Keynes desenvolver algumas ideias realmente inovadoras no que se refere à natureza da moeda e de uma economia monetária.

A circulação financeira tratava do montante de moeda utilizado em operações com ativos. Abrangia tanto os saldos ativos usados para comprar e vender ativos ("depósitos empresariais B") quanto os saldos inativos mantidos na expectativa de alterações futuras das taxas de juros. Aqueles que esperavam que as taxas de juros aumentassem no futuro relevante (e, portanto, que o preço dos títulos caísse) prefeririam manter a moeda para evitar perdas futuras de capital. Por outro lado, aqueles que esperavam que as taxas de juro caíssem no futuro comprariam títulos, em vez de manter moeda para desfrutar dos ganhos de capital. Os membros do primeiro grupo foram chamados de "baixistas" ("ursos"), e os do segundo de "altistas" ("touros"). As taxas de juros correntes se moveriam de acordo com a predominância de um grupo ou do outro, até que a demanda por moeda e por títulos se equilibrasse com a disponibilidade dos dois tipos de ativo.

A característica mais evidente da circulação financeira era o fato de não estar relacionada com a circulação de bens e serviços. Muito embora houvesse canais de ligação entre elas, especialmente no que se refere à influência das taxas de juros sobre a compra de bens de capital reais,[14] as motivações por trás de operações financeiras pouco tinham a ver com atividades geradoras de renda, rompendo qualquer proporcionalidade entre o montante total de moeda em circulação e a renda agregada, a pedra fundamental da teoria quantitativa.[15] As sementes da mudança, contudo, estavam em um nível mais profundo, o reconhecimento de que manter moeda era uma alternativa a manter outros ativos, justamente aquilo que se tornaria o foco do conceito mais tardio de Keynes da economia monetária

---

14 Keynes foi incapaz de explorar esses canais no *Tratado* por causa de sua não distinção entre colocações financeiras e bens de capital. Ver Kregel (1988).

15 Ver CWJMK, vol. V, p. 222.

136 | Keynes e os Pós-Keynesianos

como aquela em que a moeda era não neutra, mesmo que no longo período. Os agentes agora comparavam os ganhos derivados de "ativos" financeiros e monetários. Não era acumulação, mas especulação. Em termos de teoria monetária, podemos dizer que a base da revolução keynesiana já estava esboçada no *Tratado sobre a Moeda*.

Na *Teoria Geral*, infelizmente, Keynes obscureceu essa dicotomia entre as circulações industrial e financeira em prol de uma abordagem mais abstrata em que um "público" indistinto demanda moeda por diversos "motivos". Muitos autores reclamam de ter Keynes "deixado os detalhes monetários em segundo plano", como disse ele no prefácio à *Teoria Geral* (KEYNES, 1964, p. VII). Com efeito, no *Tratado*, não só os conceitos de circulação industrial e financeira foram examinados muito mais detidamente do que na *Teoria Geral*, como também características importantes da abordagem se perderam ou ficaram ofuscadas no modelo mais abstrato de 1936: por exemplo, a distinção que ele fazia entre empresas e famílias, entre operações produtivas rotineiras e transações financeiras especulativas.

A circulação industrial se tornou o motivo transacional da *Teoria Geral*, o que significa que Keynes nunca chegou a eliminar totalmente o espaço para a validade da operação da teoria quantitativa. A partir do momento em que a moeda podia representar papéis além daquele de mera conveniência ligando duas transações de renda, a teoria quantitativa nunca seria nada além de uma representação parcial das funções da moeda. Mas tinha um campo de aplicação na função da moeda como meio de circulação.[16]

---

16 É importante ter em mente que a teoria quantitativa é incompleta, e não completamente incorreta, porque em situações nas quais os demais atributos da moeda desaparecem e ela deixa de ser um ativo, como se dá na hiperinflação, a teoria quantitativa, embora em versão modificada para que leve em conta alterações endógenas da velocidade induzidas pela própria inflação, torna-se um importante instrumento conceitual de análise. As frequentes alusões de Keynes à possibilidade de uma "fuga da moeda" em situações extremas sugerem que ele nunca abandonou suas perspectivas iniciais sobre as maneiras como opera uma hiperinflação. O que ele abandonou foi a ideia de que o regime hiperinflacionário seja, em qualquer sentido, uma estilização correta da operação normal de uma economia monetária. Essas intuições também são válidas para uma crítica de análises como as de Cagan (1956) ou Sargent (1981), que encaram a hiperinflação como experimentos de laboratório para a teoria quantitativa, uma vez que alterações do valor das variáveis reais são minúsculos frente às mudanças monetárias, permitindo "isolar" os mecanismos monetários dos reais. Em uma situação extrema, como essa, o mecanismo "real" fica tão prejudicado quanto o monetário, com efeitos de feedback entre um e outro que impedem qualquer noção de isolamento de variáveis.

Muitos desdobramentos foram derivados da noção de demanda transacional por moeda, a maioria deles vinda de outras escolas de pensamento, algo que não deve surpreender, uma vez que se trata, como sugerimos, de um ponto de confluência com outras escolas. Mais especificamente, é bastante promissora a ideia de estudar a "tecnologia das transações" para explorar os requisitos da moeda para a circulação de bens e serviços. A "tecnologia" se refere, basicamente, às assincronias envolvidas na operação de uma economia composta de diversas atividades de produção e distribuição consumidoras de tempo. Existem assincronias técnicas associadas a diferenças entre os ciclos de produção de cada bem ou serviço que impedem que todos os pagamentos sejam efetuados simultaneamente.[17] Há, ainda, assincronias que resultam, em especial, de diferenças de duração dos diversos tipos de contratos firmados na economia.

O estudo da tecnologia das transações nos permite tratar essas assincronias como dados ou variáveis, dependendo do contexto para o qual se faz a análise. O progresso em modos de pagamento, mudanças da estrutura produtiva, mudanças institucionais (por exemplo, aquelas induzidas pela inflação ou por inovações financeiras) podem ser objeto de estudo e ter seus efeitos rastreados de acordo com essa abordagem.

A circulação financeira foi abordada na *Teoria Geral* por meio de dois "motivos" para se manter a moeda: o motivo precaução e o motivo especulação. O motivo precaução recebeu tratamento surpreendentemente simplório na *Teoria Geral*. Com efeito, pode-se dizer que é em relação à demanda precaução por moeda que se deveria assentar predominantemente a visão de Keynes da moeda como ativo. Quando Keynes sugeriu que a moeda era uma defesa contra a incerteza que prevaleceria quando "simplesmente desconhecemos" o que pode estar adiante, e que a "moeda apazígua nossa inquietude", referia-se, obviamente, à sensação de segurança que a moeda confere ao seu possuidor frente às dificuldades imprevisíveis do futuro. E é justamente esse o motivo precaução: "Resguardar contra contingências que exijam gastos súbitos e oportunidades imprevistas de compra vantajosa, além de manter-se um ativo cujo valor é fixo em termos monetários" (KEYNES, 1964, p. 196).

---

17 A simultaneidade de pagamentos nos modelos de equilíbrio geral é obtida porque eles lidam com bens existentes ou com promessas de bens no futuro. A produção ou foi concluída antes do início da transação, ou somente terá início uma vez concluída a transação.

O motivo precaução, ao contrário da demanda transacional e, como veremos, da demanda por moeda, parece depender menos das expectativas propriamente ditas e mais do estado de confiança nessas expectativas. Tem a ver com o grau de ignorância acerca do futuro, servindo a moeda como defesa contra os perigos que, por vezes, não podemos sequer imaginar antecipadamente. A moeda representa a possibilidade de reformar rapidamente as estratégias se e quando surgirem informações que finalmente permitam a formação de expectativas mais seguras ou mais definidas.

A dificuldade de ser função do estado de confiança tem a ver com a natureza em si do estado de confiança, algo fugidio e impossível de converter sequer em uma variável teoricamente significante, muito menos em algo empiricamente mensurável. Sendo impossível de vincular a alguma variável de mercado, como a renda ou as taxas de juros, a demanda precaução por moeda torna-se tão intratável quanto o próprio estado de confiança. A sugestão *en passant* de Keynes foi a de fundi-la com a demanda transacional, tratando ambas como funções da renda.

Essa escolha foi muito infeliz porque permitiu que os elementos mais revolucionários da teoria monetária de Keynes fossem absorvidos pela afirmativa mais tradicional da teoria monetária, que é a de que a moeda é demandada de forma proporcional à renda corrente. Os deslocamentos imprevisíveis da preferência pela liquidez que têm origem nas alterações do grau de incerteza percebido pelos agentes são subestimados, permitindo a postulação de funções de demanda por moeda fundamentalmente estáveis e comparáveis à teoria quantitativa, igualmente estável e fundada nas instituições.

Um dos seguidores mais próximos de Keynes, R. F. Kahn, foi também um dos mais vigorosos críticos do tratamento que Keynes deu à demanda precaução por moeda. Em um artigo clássico de 1954, Kahn explorou em detalhes a operação dessa demanda (KAHN, 1972, Cap. 4). Sua principal afirmação era a de que a demanda precaução por moeda era gêmea da demanda especulativa, e não da demanda transacional. A demanda especulativa por moeda surgiria quando um agente esperasse que a taxa de juros se movesse em uma determinada direção no futuro (como no caso dos "baixistas"). Por outro lado, o motivo precaução poderia ser identificado quando os agentes esperassem que as taxas de juros (e, portanto, o valor em capital de ativos não monetários) se alterassem, mas sem

Preferência pela Liquidez e Moeda | **139**

saber em que direção, ou não confiassem nessa expectativa para determinar a direção a ser adotada. Nesse caso, segundo Kahn, os agentes manterão reservas de moeda dependendo de serem mais avessos ao risco de renda ou ao risco de capital. O risco de renda se refere a possíveis perdas de renda se o agente mantiver sua carteira principalmente sob a forma de moeda, que não paga juros. O risco de capital afeta ativos de mais longa duração cujos valores de mercado são dependentes dos níveis das taxas de juros. Agentes avessos ao risco de capital tendem a manter parte da riqueza sob forma monetária, mesmo que sejam "altistas", ou seja, ainda que esperem que as taxas de juros caiam e os preços dos títulos aumentem.[18]

Finalmente, na *Teoria Geral*, Keynes identificou um terceiro motivo para demandar moeda, que chamou de motivo-especulação. Diga-se de passagem, esse motivo já fora longamente examinado no *Tratado sobre a Moeda*, quando Keynes demonstrou como eram determinadas as taxas de juros (e os preços dos ativos). Esse motivo também se refere à circulação financeira, uma vez que lida com o papel da moeda na rolagem de títulos.

O motivo-especulação se baseia na ideia de normalidade, discutida no Capítulo 2. Rejeitando a noção neoclássica de taxa natural de juros, enraizada em fatores reais como as preferências temporais e a produtividade, como centro gravitacional objetivo em torno do qual se movem as taxas de juros do mercado, Keynes sugeriu, em vez disso, que cada agente que opera com ativos tem uma avaliação subjetiva de uma taxa de juros "normal" que espera que prevaleça depois de levadas em conta todas as flutuações de curto prazo. Essa taxa normal de juros serve como âncora de suas expectativas e da escolha de estratégias de acumulação, porque indica os movimentos futuros prováveis das taxas de juros do mercado. Em outras palavras, o agente julga a sustentabilidade da taxa de juros corrente e a direção em que provavelmente se moverá por meio da divergência entre essa taxa corrente e a que considera normal.

---

18 A discussão de Kahn sobre o motivo-precaução e os tipos de aversão ao risco são uma alternativa à reinterpretação feita por Tobin em 1958 da preferência pela liquidez, em que a ideia de risco probabilístico é introduzida para se obter o resultado de que os agentes tenderão a diversificar suas carteiras. Os dois trabalhos chegam ao resultado de que pelo menos alguns agentes manterão moeda e títulos em suas carteiras. Tobin o obtém, contudo, sacrificando a noção keynesiana de incerteza. Kahn, por seu lado, embora reconheça, como reconhece Tobin, que a demanda especulativa por moeda não é uma representação adequada das funções da moeda como ativo, prefere resolver o problema dentro dos conceitos oferecidos pelo próprio Keynes.

A ideia de normalidade é essencialmente subjetiva. Depende de como o agente julga a própria experiência e de como interpreta as condições correntes no que se refere à medida em que possa ter ocorrido qualquer mudança fundamental capaz de alterar os valores normais. Assim, diferentes pessoas avaliarão de diferentes maneiras a trajetória futura provável das taxas de juros, de acordo com a própria ideia de normalidade. Para Keynes, não existe razão pela qual os valores normais individualmente estabelecidos devam coincidir. Pelo contrário, a divergência de expectativas é responsável, como veremos, pela estabilidade que pode caracterizar esses mercados.

A escolha entre moeda e títulos é descrita nos mesmos termos estabelecidos no *Tratado*, que apresentamos anteriormente. A taxa de juros de mercado age como fator de equilíbrio entre demanda e oferta de moeda e de títulos. Aumentos da taxa de juros corrente transformarão "altistas" em "baixistas", e vice-versa, transformando os excedentes de demanda por moeda e título até que os agentes estejam dispostos a manter exatamente as quantidades disponíveis dos dois ativos. A divergência das expectativas é condição para a estabilidade, porque, se todos os agentes tivessem as mesmas expectativas, todos tentariam comprar ou vender, dependendo de serem baixistas ou altistas, e o preço dos títulos variaria entre zero e infinito.

Em suma, a demanda especulativa por moeda é a demanda dos "baixistas", daqueles cuja expectativa quanto à taxa de juros é de que aumente. Os movimentos da taxa de juros de mercado transformam "altistas" em "baixistas", ou o contrário, até que a demanda por títulos esteja equilibrada com a oferta deles.

Em debates com os críticos da *Teoria Geral* após a sua publicação, Keynes introduziu um quarto motivo para demandar moeda, a que chamou de motivo finanças. Estava a meio caminho entre a demanda por saldos ativos, tais como a demanda transacional por moeda, e a demanda por saldos inativos, como a demanda precaucional e a demanda especulativa. O motivo finanças estava relacionado com gastos não rotineiros, como investimentos, para os quais os agentes julgavam necessária alguma preparação. Admitia-se que, ao planejar algum gasto discricionário, os agentes tentariam acumular antecipadamente um certo volume de reservas líquidas para obter melhores condições de crédito, ou para garantir alguma autonomia de decisão, ou por qualquer outro motivo. Durante o período de manutenção desses saldos, eles poderiam ser encarados como saldos inativos,

Preferência pela Liquidez e Moeda | 141

como aqueles mantidos por motivo precaução ou pelo motivo especulação, subtraindo recursos da circulação ativa a menos que os bancos acomodassem essas demandas adicionais. Não obstante, sua natureza também guardava semelhanças com a do motivo transacional e, portanto, com os saldos ativos, uma vez que eram mantidos com vistas à realização de um gasto específico em uma data definida. Como se dá com a demanda transacional, a moeda, aqui, é uma "conveniência", um meio de fazer a ponte entre dois atos de recebimento e desembolso. Uma vez gasta, reabasteceria a circulação ativa, permitindo que outro agente a retivesse pelo motivo-finanças.

Por causa de sua dupla natureza, Keynes chamava o motivo finanças de "pedra angular" de sua teoria monetária, uma ligação entre dois componentes descritos de maneiras altamente contrastantes. Seja como for, um sistema monetário eficiente deveria ser capaz de satisfazer a demanda por moeda devida ao motivo finanças, tanto quanto a demanda por motivos transacionais, precaução ou especulação. Os recursos para satisfação do motivo finanças, contudo, por serem saldos inativos periodicamente transformados novamente em saldos ativos (no momento do desembolso), constituíam um fundo rotativo no sentido de que, tendo sido postos em circulação por meio do gasto do antigo possuidor, podiam ser novamente mantidos como saldos inativos por outro agente com planos de gastos discricionários. O motivo finanças tem a ver com a demanda por moeda, e é no sentido citado que os recursos são liberados para nova utilização, uma vez gastos. Infelizmente, o motivo finanças recebeu de muitos estudiosos uma interpretação completamente diferente, ligada à liquidez do balanço patrimonial dos investidores, dos bancos ou de quem quer que seja. Esses são outros problemas, a serem abordados em outro lugar. O motivo finanças diz respeito à circulação de moeda, e não a estratégias de financiamento.[19]

OFERTA DE MOEDA

Uma questão central no debate recente sobre o comportamento da oferta de moeda tem sido se ela é determinada de forma exógena ou endógena. Em grande

---

19 Ver CWJMK, vol. XIV, p. 208-209. Para algumas interpretações, ver Davidson (1982, p. 124-125); Chick (1983a, p. 198-200).

142 | Keynes e os Pós-Keynesianos

medida, a oposição entre os economistas keynesianos e os monetaristas tem girado em torno da questão da eficácia relativa das políticas monetárias, comparando medidas de controle de reservas com tentativas de regular as taxas de juros.

Até alguns keynesianos fora do *mainstream* sentiram a necessidade de se identificar como endogenistas ou exogenistas, geralmente a primeira opção, entendendo que a validade da ortodoxia se fundamentaria na escolha feita a respeito de como se cria a moeda. Kaldor (1982), por exemplo, acusa Keynes de se submeter à ortodoxia por causa da sua teoria da preferência pela liquidez e sua consideração de uma oferta de moeda exogenamente determinada na *Teoria Geral*. Moore (1988), além disso, afirma que as premissas de Keynes quanto às propriedades da moeda somente são válidas para sistemas mais primitivos de moeda mercadoria, e não para as economias modernas, supostamente de moeda crédito.

No trecho adiante, sugerimos que essas perspectivas estão em grande medida incorretas. Primeiro porque, independentemente da importância da questão para a avaliação da eficácia relativa de instrumentos alternativos de controle monetário, não há, na verdade, uma linha teórica fundamental que separe os "verticalistas" dos "horizontalistas" em termos de teoria monetária essencial. A oposição entre a teoria da preferência pela liquidez e as diversas versões da teoria quantitativa da moeda (inclusive modelos de fundos disponíveis para empréstimo) se refere à maneira como a moeda afeta as decisões de produção e de investimento, independentemente de como ela surja. É possível ser endogenista e, ao mesmo tempo, altamente ortodoxo em questões teóricas fundamentais, como provam Wicksell e Schumpeter. Se quisermos manter a dicotomia, trata-se muito mais de questão de demanda por moeda do que de sua oferta.

Em um sentido importante, contudo, pode-se dizer que Keynes apresentou uma abordagem original à determinação da oferta de moeda, embora certamente não o tenha feito na *Teoria Geral*. O que Keynes propõe, contudo, não é um sistema monetário de acomodação automática, nem um sistema inteiramente rígido. O ponto central da abordagem de Keynes é a consideração de que a moeda é criada, em parte, por agentes privados, os bancos, e de que o comportamento desses agentes precisa ser compreendido com as mesmas motivações básicas de qualquer outro agente. Mais especificamente, é preciso considerar que os bancos tenham sua própria escala de preferência pela liquidez. É por meio das escolhas

Preferência pela Liquidez e Moeda | 143

de carteira feitas pelos bancos que abordaremos a questão de ser a moeda endógena ou exógena.[20]

Devemos deixar claro, desde o início, que um sistema monetário inteiramente endógeno, ou perfeitamente acomodante, parece ser contraditório em relação à própria ideia de economia monetária. Com efeito, Keynes argumentou, em respaldo à premissa de que a moeda se caracteriza por baixas elasticidades de produção e substituição:

O atributo de "liquidez" não é, de forma alguma, independente da presença dessas duas características. Porque é improvável que um ativo cuja oferta possa ser facilmente elevada ou o desejo pelo qual possa ser facilmente transformado por uma mudança de preço relativo possua o atributo de "liquidez" para os proprietários de riqueza. A moeda em si perde rapidamente o atributo de "liquidez" quando se espera que sua oferta futura sofra alterações abruptas. (1964, p. 241n)

Se a disponibilidade de moeda pode estar sujeita a "alterações abruptas", seu valor futuro se torna por demais incerto para que os agentes aceitem obrigações contratuais em tal unidade. Se a duração dos contratos se abreviar, as expectativas quanto ao valor futuro da moeda podem se tornar elásticas, desestabilizando o sistema como um todo. É claro que isso não quer dizer que a oferta de moeda deva permanecer fixa, ou mesmo que somente possa aumentar de acordo com uma regra predeterminada. O que Keynes parece sugerir, contudo, é a necessidade de que haja no sistema monetário fontes identificáveis de disciplina para sustentar a confiança na manutenção de seu valor real.

A dificuldade, contudo, é que em uma economia monetária moderna, a maior parte daquilo que constitui a moeda é criada por agentes privados. Os pós-keynesianos consideram a moeda como o conjunto de ativos formado pelo meio circulante e seus substitutos perfeitos, ou seja, aqueles para os quais haja um mercado secundário e um *market maker* capaz de garantir a conversibilidade imediata em meio circulante a uma taxa de troca fixa, ou quase fixa. É esse requisito que permite que algumas dívidas privadas, como os depósitos à vista em bancos comerciais, se tornem moeda:

---

20 Argumentos semelhantes são apresentados por Chick (1983a, p. 236), Kregel (1984-1985) E Chick (1979, p. 19-20).

Keynes e os Pós-Keynesianos

A moeda bancária é, claro, mera evidência de um contrato privado de dívida, mas descoberta da eficiência da "compensação", ou seja, a percepção de que algumas formas de dívida privada podem ser usadas na liquidação da multiplicidade de contratos privados que se sobrepõem, aumenta imensamente a eficiência do sistema monetário. São necessárias três condições para que tal dívida privada opere como meio de troca: (1) a dívida privada deve ser denominada em termos da unidade monetária; (2) precisa ser desenvolvida uma instituição de compensação para essas dívidas privadas; e (3) garantias de que dívidas não liquidadas sejam conversíveis a uma paridade conhecida no meio circulante legalmente aplicável. (DAVIDSON, 1978a, p. 151-152)

De acordo com Keynes, é preciso ter em conta dois elementos no processo de criação de moeda: a criação de reservas pelas autoridades monetárias e a criação de depósitos pelos bancos.[21] A criação de reservas depende da política de investimento do banco central. Ainda que haja canais mais ou menos compulsórios para forçar a criação de reservas, tais como, em certos casos, a operação do balcão de descontos, o banco central tem à sua disposição outros instrumentos — o mercado aberto — considerados altamente eficazes. Como escreveu Keynes, "Esse método (...) me parece ser o ideal... Permite ao *Banco da Inglaterra* manter controle absoluto sobre a criação de crédito pelos bancos membros" (CWJMK, vol. VI, p. 207).

Para qualquer dada política das autoridades monetárias, a criação efetiva de moeda dependerá do comportamento dos bancos. As escolhas de carteira feitas pelos bancos são orientadas pela necessidade de combinar lucratividade e liquidez. Dependendo das condições em que as possibilidades de ativos existentes oferecem esses dois atributos, os bancos escolherão uma política de investimento que, em última instância, determinará a oferta de moeda. Isso se dá porque os bancos criam moeda quando criam depósitos usados para comprar ativos do público, como ocorre, por exemplo, quando é concedido um empréstimo. Os bancos podem dirigir seus recursos para a circulação financeira (quanto compram letras e obrigações do governo, por exemplo) ou para a circulação industrial (quando financiam o capital de giro das firmas).[22] Dependendo das escolhas que

---

21 O fato de que as reservas podem constituir uma limitação à expansão dos depósitos na opinião de Keynes se vê em CWJMK, vol. V, p. 3, e vol. VI, p. 201.

22 Sobre o papel dos bancos no financiamento do capital de giro, ver CWJMK, vol. XIII, p. 84-86, e vol. XII, Cap. 3.

Preferência pela Liquidez e Moeda | 145

os bancos façam, não só pode a oferta de moeda variar, como também a relação entre a quantidade disponível de moeda e sua demanda agregada podem ser diferentes, uma vez que os recursos dirigidos à circulação financeira não afetam diretamente a demanda por bens e serviços, como já vimos. Assim, o efeito final de uma política das autoridades sobre a oferta de moeda depende de decisões privadas a respeito do que fazer com as reservas que um banco central decida criar. É um fator de endogeneidade, embora seja difícil de conceber que leve a uma curva horizontal de oferta de moeda.

Quando Keynes escreveu o *Tratado*, as escolhas disponíveis para os bancos se referiam basicamente aos investimentos que podiam fazer. Os bancos modernos têm à disposição escolhas mais variadas e complexas, já que também podem procurar ativamente por recursos naquilo que se chama gestão de passivos. O essencial, contudo, permanece: a oferta de moeda e, em especial, a sua disponibilidade para a circulação industrial dependem das escolhas de carteira dos bancos, ou seja, de sua preferência pela liquidez.

De certa forma, essa abordagem sugere que a própria dicotomia entre oferta e demanda de moeda é muito tênue. O mesmo fator fundamental está em operação dos dois lados do mercado: a preferência pela liquidez. A abordagem nos permite superar outra dificuldade que foi indicada por Chick (1983a, p. 18). Keynes baseou seu princípio de demanda efetiva no efeito deflacionário do deslocamento da demanda por ativos em direção à moeda irreprodutível. O público, contudo, não mantém consigo "pedaços" físicos de moeda, mas, sim, depósitos bancários. Isso, por si só, não precisa ser deflacionário, uma vez que os bancos podem, eles mesmos, emprestar novamente os recursos com eles depositados, ativando as demandas de outros agentes. Keynes, com efeito, não só reconheceu essa possibilidade como também a enfatizou ao formular suas propostas da *clearing union* ao fim da Segunda Guerra Mundial. Chamando a ideia de "princípio bancário", Keynes a apresentou assim:

> *Nenhum depositante com um banco local é prejudicado, porque os saldos, que mantém ociosos, são usados para financiar os negócios de outrem. Assim como o desenvolvimento de sistemas bancários nacionais serviu para compensar uma pressão deflacionária que poderia ter impedido o desenvolvimento da indústria moderna, transportando a analogia para o campo internacional podem esperar compensar a pressão contracionista que poderia transformar em desordem social e frustração as boas esperanças de nosso mundo moderno.* (CWJMK, vol. XXV, p. 75)

146 | Keynes e os Pós-Keynesianos

Nesse sentido, não é o setor das famílias que pode, em última instância, gerar falhas de demanda efetiva, mas as empresas, que podem preferir ativos líquidos aos bens de capital físicos, e os bancos, que podem optar por dirigir recursos financeiros para a circulação financeira, em vez das necessidades da indústria. Nas palavras de Minsky, "a preferência essencial pela liquidez em uma economia capitalista é a dos banqueiros e empresários" (1982, p. 74). O princípio bancário não basta para excluir a possibilidade de demanda efetiva deficiente.

A necessidade de liquidez muda, é claro, com as fases do ciclo econômico. A percepção de riscos e as demandas por segurança mudam, e não só para os bancos. Famílias e firmas também se tornam mais "altistas" na curva ascendente (e "baixistas" na descendente), permitindo que os bancos que lhes emitam depósitos aceitem maiores graus de iliquidez. Nesse sentido, além disso, também podemos enxergar um elemento de endogeneidade na criação de moeda.[23]

As perspectivas verticalista e horizontalista parecem não perceber a maioria desses pontos por causa da simplificação excessiva da maneira como operam tanto a autoridade monetária quanto os bancos. Mais especificamente, a visão horizontalista — o endogenismo extremo — não só deixa de conceber adequadamente o comportamento dos bancos, como também ignora a existência de circulação financeira no sentido proposto anteriormente. Só se vê criação de moeda sob a forma de crédito para a compra de bens, como se o financiamento do capital de giro não fosse apenas a principal função dos bancos, como também, na verdade, a única função que eles têm. Kaldor (1982) considera explicitamente apenas a demanda por crédito como forma de criação de moeda (p. 22). Uma teoria monetária pós-keynesiana que mantenha suas raízes no pensamento monetário keynesiano, por sua vez, percebe que os bancos não só são dotados da própria escala de prêmio de liquidez como também se encontram na encruzilhada entre as circulações industrial e financeira. A política monetária é capaz de afetar a demanda agregada ao alterar a atratividade relativa para os bancos de aplicações em um ou outro circuito; não é o público em geral que importa, mas as escolhas de carteira do banco.

Ao restringir sua discussão à circulação industrial, os endogenistas extremos só podem contar uma história parcialmente correta. É verdade que pode ser inútil

---

23 Keynes apresenta a ideia de que mudanças cíclicas afetam ao mesmo tempo a necessidade de liquidez dos bancos e do público em geral em CWJMK, vol. XIII, p. 86-87, e Robinson, 1979, p. 20 e 62.

o banco central criar reservas se os bancos não puderem encontrar tomadores, mas é somente com a circulação industrial que a demanda por moeda se torna independente da oferta. A criação de moeda na circulação financeira afeta tanto a oferta como a demanda, porque altera as taxas de juros e, assim, a atratividade relativa das diferentes colocações. Na segunda forma de intervenção, não há motivo para resumir que o banco central seja impotente para afetar o montante de moeda em circulação.[24] Ademais, por meio de seu efeito sobre as taxas de juros e, portanto, sobre os investimentos produtivos, as mudanças monetárias podem alcançar, também, a circulação industrial.

Antes de encerrar o assunto, devemos acrescentar que, segundo esta abordagem, a moeda não representa o mesmo conceito que o crédito ou a "liquidez" como os entende o *Relatório Radcliffe*. Nesta abordagem, a moeda é o fundamento da liquidez de todos os demais ativos, que precisam ser convertidos em moeda para representar direito contra outras formas de riqueza. Pelo mesmo motivo, os bancos não são como as outras instituições financeiras, pelo menos quanto ao fato de que estas não dispõem de sistemas de compensação e acesso a credores de último recurso. É importante enfatizar esses pontos, porque eles têm a ver com a possibilidade de criação endógena de liquidez por meio de inovações financeiras. Como apontou Minsky, as inovações financeiras efetivamente reduzem a liquidez, em vez de a ampliar (1982, Cap. 7) e se deve considerar, para os fins desta discussão, que não criem problemas que não aqueles representados por outras decisões tomadas por agentes que trocam liquidez por lucros.

EM SUMA

Demonstramos, neste capítulo, que, ao contrário do que se costuma presumir, a preferência pela liquidez não é apenas uma teoria da demanda por moeda, mas um modelo de determinação dos rendimentos e dos preços dos ativos. A assertiva fundamental do modelo é a de que um ativo, para ser comprado, deve oferecer perspectiva de rendimento monetário suficiente para cobrir sua iliquidez relativa frente ao ativo de referência.

---

24 Esses dois métodos são chamados, respectivamente, de "financiamento gerador de renda" e "mudança de carteira" por Davidson, 1978a.

Ainda assim, justifica-se dar atenção especial à moeda e aos bens de capital porque representam os pontos extremos de uma escala de liquidez de um ativo que, em tese, não precisa oferecer rendimentos monetários, porque apresenta liquidez máxima ao mais ilíquido dos ativos, cuja demanda somente é viável se forem esperados elevados rendimentos.

No restante do capítulo, discutimos a natureza da moeda e os motivos para sua demanda, e demonstramos que a criação de moeda pelos bancos pode ser entendida como resultado dos mesmos determinantes responsáveis pela demanda por moeda do público em geral.

CAPÍTULO 7

TAXAS PRÓPRIAS DE JUROS E INVESTIMENTO

Demonstramos no capítulo anterior que a teoria pós-keynesiana da demanda por moeda é um caso específico do modelo geral de escolha de ativos que Keynes apresentou no Capítulo 17 da *Teoria Geral*. Também é o caso da teoria do investimento com base na eficiência marginal do capital. De fato, a eficiência marginal e a taxa própria de juros são conceitos equivalentes, e o próprio Keynes os utilizava intercambiavelmente em muitos contextos, uma vez que ambos medem os rendimentos esperados do uso ou da posse de um ativo, ressalvadas as incertezas envolvidas nesse tipo de operação.

O argumento central, devemos recordar, é o de que qualquer ativo é um direito sobre uma renda futura. Precisa ser convertido em bens no futuro, seja para gozo, seja para maior acumulação. Alguns ativos são convertidos em renda ao serem vendidos, outros o são quando consumidos na criação de renda. Isso se mede pela taxa de depreciação mais qualquer forma de renda de escassez que possa gerar. A hipótese é a de que o valor monetário dos rendimentos esperados

150 | Keynes e os Pós-Keynesianos

de um ativo durante um determinado prazo de manutenção deve ser tal que compense os riscos que este ativo incorpora por ser uma forma específica de acumulação de riqueza, em vez da forma de riqueza genérica (e, portanto, mais segura) representada pela moeda em si. Foi essa a hipótese referente às "letras" no capítulo anterior e será essa a dos "bens de investimento" neste capítulo, embora não por meio de qualquer prêmio de liquidez como reserva de valor, mas como ativo gerador de renda. No equilíbrio, aqui entendido como referência a uma situação em que os proprietários de riquezas estejam satisfeitos com suas carteiras — dadas suas expectativas de rendimentos dos diversos ativos —, os retornos de todos os ativos ajustados em relação às suas incertezas específicas ficam equalizados.[1]

Isso não significa negar que, em uma análise menos abstrata, peculiaridades importantes não possam ser identificadas por meio do exame de ativos de uma natureza específica. Realizamos esse tipo de exame no Capítulo 6 em relação à moeda, e agora faremos esse exame em relação aos bens de investimento, mas é preciso ter em mente a abordagem geral da qual decorre a discussão a seguir.

A DECISÃO DE INVESTIMENTO

A apresentação que Keynes faz da teoria do investimento foi criticada por amigos e oponentes. Alguns apontaram possíveis erros de tratamento das relações de estoque/fluxo na definição do conceito de eficiência marginal do capital (que prefeririam encarar como eficiência marginal do investimento). Outros destacaram possíveis contradições entre as propostas do Capítulo 11 da *Teoria Geral*, onde Keynes oferece uma regra definitiva de cálculo dos rendimentos esperados, e o Capítulo 12, onde ele defende a importância da noção dos "espíritos

---

1 Nesse nível de generalização, a declaração é válida tanto para modelos mais convencionais de comparação da eficiência marginal do capital com a taxa monetária de juros como para modelos shackleanos em que a escolha de ativos se obtém de mapas de indiferença dos apostadores. Ver Shackle (1952).

animais", sob o argumento de que o cálculo não é possível quando prevalece a incerteza quanto ao futuro.[2]

Na discussão adiante, assume-se a posição de que as intuições fundamentais para uma teoria pós-keynesiana do investimento são aquelas oferecidas no Capítulo 12 da *Teoria Geral*. O papel do conceito de eficiência marginal é o de oferecer uma medida teórica dos rendimentos, no mesmo sentido que as taxas próprias de juros, permitindo expor com rigor formal o argumento a ser desenvolvido.[3]

---

2 Um terceiro motivo de discórdia tem sido a noção de que a curva de retornos do investimento tem inclinação negativa, algo que para alguns, especialmente os neoricardianos, cheira à teoria da produtividade marginal dos investimentos. Mas essa identificação não encontra respaldo nas evidências do próprio Keynes, mas em um recurso a outras teorias — neoclássicas — dos retornos decrescentes. Ver Garegnani (1978-1979). Mas o argumento tem um problema, porque, nas tradições neoclássicas, os retornos decrescentes decorrem do declínio da produtividade marginal do capital, quando aumenta a intensidade do capital. A teoria de Keynes, por outro lado, não se refere a uma maior quantidade de capital imposta a uma dada quantidade de trabalho. Sua noção de retornos decrescentes é compatível com a manutenção de relações constantes capital-trabalho (uma vez que se presume que o emprego também aumente quando são feitos investimentos) e com argumentos de base empírica, como os empregados por Sylos-Labini (1966), segundo os quais, a partir de um determinado ponto, os retornos decrescentes tendem a surgir na indústria por causa do emprego de máquinas mais antigas ou menos eficientes, trabalhadores menos qualificados, e assim por diante, algo que nada tem a ver com o conceito neoclássico de retornos decrescentes. Por isso, essa crítica não será considerada aqui. Também ignoraremos argumentos como os de Deleplace (1988), segundo os quais, se Keynes tivesse considerado os efeitos de uma decisão de investimento, teria levado em consideração maiores mudanças das taxas próprias de juros, induzindo novas decisões, e assim por diante. Esse argumento claramente se baseia em uma confusão entre variáveis *ex-post* e *ex-ante* como sendo inválidas em respaldo a um modelo de tomada de decisões tal como propusemos ser o modelo das taxas próprias. Uma crítica mais importante foi levantada por Asimakopulos (1971), para quem o próprio Keynes era culpado de alguma confusão entre elementos *ex-ante* e *ex-post* em seu modelo, na medida em que considerou preços crescentes de fluxo de oferta de ativos reprodutíveis no conjunto de dados considerado por cada possuidor de riqueza, informações que estariam inacessíveis para cada indivíduo a não ser *ex-post*.

3 Kregel sugeriu um importante papel para o conceito da eficiência marginal do capital no desenvolvimento das ideias do próprio Keynes sobre a precificação de ativos. No *Tratado sobre a Moeda*, dívidas e bens de capital eram agrupados, e o preço dos ativos não monetários era determinado como a recíproca direta da taxa de juros do mercado. Esse procedimento sofreu críticas agudas nas discussões do Cambridge Circus e em especial por parte de Kahn. Na *Teoria Geral*, por causa disso, Keynes distinguiu entre uma teoria da preferência pela liquidez, em sentido estrito, para determinar o preço das dívidas, e uma eficiência marginal do capital para determinar os preços dos ativos.

Keynes e os Pós-Keynesianos

Muito embora Keynes tenha aceitado a teoria da produtividade marginal dos salários,[4] negou a mesma validade a uma teoria da produtividade marginal do lucro ou dos juros. Com efeito, argumentou que os ativos de capital recebiam uma renda de escassez, não um pagamento por serviços. Essa escassez, que poderia ser superada caso se realizasse um volume suficientemente grande de investimento, se mantinha por motivos enraizados não na infraestrutura produtiva da economia, mas na própria estrutura institucional de uma economia monetária, que subordinava a decisão de investimento a um processo de escolha de ativos:

> *É muito preferível dizer que o capital tem um rendimento, no decorrer de sua vida, superior ao custo original a dizer que é produtivo. Porque o único motivo pelo qual um ativo oferece perspectiva de render, durante sua vida, serviços cujo valor agregado é superior ao preço original de oferta é o fato de ser escasso; e se mantém escasso por causa da competição com a taxa de juros sobre a moeda. Se o capital se tornar menos escasso, o rendimento excedente diminuirá sem que ele se torne menos produtivo — pelo menos no sentido físico.* (KEYNES, 1964, p. 213)[5]

Alguns autores enxergam nessa citação alguma aproximação com uma teoria do valor-trabalho e com Marx. Não é o único ponto da *Teoria Geral* onde Keynes faz comentários amigáveis sobre uma teoria do valor-trabalho (ver, por exemplo, o capítulo sobre a escolha de unidades), mas será um erro tomar isso por proximidade com Marx. A ideia de que os ganhos dos proprietários de bens de capital se devem à escassez mais se aproxima do conceito marshalliano de quase-renda do que da teoria marxista da exploração, uma teoria que Keynes, diga-se de passagem, sempre tratou com desdém. Por outro lado, uma abordagem ao valor que somente se debruce sobre a mensuração, como a teoria do valor do trabalho comandado, de Smith, é muito próxima do que Keynes tinha em mente (ver, novamente, sua discussão sobre a escolha de unidades no Capítulo 4 da *Teoria Geral*, talvez o mais próximo que se possa chegar da versão smithiana da teoria do valor-trabalho) do que um modelo de exploração como o de Marx.

---

4 No "primeiro postulado" da teoria clássica do emprego, Capítulo 2 da *Teoria Geral*. Essa aceitação foi posteriormente contestada por Dunlop e Tarshis, para quem Keynes concedeu hesitantemente que os rendimentos poderiam ser constantes na faixa relevante, privando o primeiro postulado de validade. Com rendimentos constantes surgiu o oligopólio, transformando o modelo em um modelo de *markup*. Retomaremos este ponto no Capítulo 10.

5 Minsky (1975) afirmou que o ciclo de negócios é, na verdade, a maneira pela qual o sistema capitalista reconstitui a escassez relativa de capital no que se refere a outros tipos de ativos e fatores de produção.

Taxas Próprias de Juros e Investimento | **153**

Seja como for, se a produtividade marginal não era uma base adequada para uma teoria dos ganhos do capital, o era ainda menos para uma teoria do investimento. Como vimos, não são os rendimentos físicos que contam, mas os monetários, algo que envolve incertezas de mercado que aumentam com o prazo do investimento realizado. Em um mundo de incertezas, não se pode presumir que o futuro será igual ao passado, e, portanto, os rendimentos correntes não podem ser simplesmente projetados no futuro como base para a tomada de decisões de investimento. É o futuro que precisa ser trazido ao presente, não o contrário:

O erro de se encarar a eficiência marginal do capital principalmente em termos do rendimento corrente dos equipamentos de capital, o que somente seria correto no estado estático, onde não há futuro mutável que influencie o presente, tem resultado na ruptura do elo teórico entre o hoje e o amanhã. (KEYNES, 1964, p. 145)

A decisão de compra de bens de capital não inclui apenas itens de longa duração, como máquinas ou a construção de fábricas. A linha divisória que importa é traçada primeiro com a separação entre os ativos que sejam bens produtíveis e promessas de pagamento, ativos financeiros (inclusive a moeda). Em um exame mais detido, é preciso distinguir entre diferentes categorias de bens de acordo com sua durabilidade, valor, grau de liquidez, e assim por diante.

Keynes levava em consideração três tipos de bens de capital: fixo, circulante e líquido. Todos são agrupados como bens de capital porque compartilham de uma característica importante: são produtíveis, o que quer dizer que, havendo um estímulo ao aumento da sua disponibilidade, decorrerá um aumento da taxa de produção de bens de capital, o que, por sua vez, deverá levar a uma expansão do emprego, dando origem a efeitos secundários como o multiplicador de consumo, que examinaremos mais tarde.

CAPITAL FIXO

Definem-se bens de capital fixo como itens de longa duração (ou seja, cuja sobrevivência exceda um período de produção).[6] Isso quer dizer que eles precisam ser comprados tendo em vista um horizonte de tempo mais longo do que o do futuro

---

6 As dificuldades criadas pela durabilidade do capital fixo foram discutidas em Shackle (1970, p. 78).

154 | Keynes e os Pós-Keynesianos

imediato. Seu preço inicial de oferta costuma ser elevado (o que somente o torna recuperável pelo investidor depois de um período de tempo prolongado), e eles às vezes somente podem ser comprados em conjuntos de unidades integradas, o que eleva o montante que é necessário gastar para sua obtenção. Em outras palavras, problemas de indivisibilidade são características frequentes de investimentos em capital fixo. Finalmente, esses itens tendem a ser mais especializados (embora alguns tipos de equipamento possam ser objeto de demanda mais generalizada) em alguma função e também diferenciados quanto a sua idade em decorrência do progresso técnico continuado. Com isso, costumam ser altamente ilíquidos, o que significa que, se as expectativas do investidor se frustrarem, as perdas de capital após tentativas de revender esses itens podem ser muito elevadas.

Dadas todas essas características, a decisão de investir em bens de capital fixo é, em princípio, a mais arriscada estratégia de acumulação disponível para os agentes econômicos. Como esses bens não podem ser mantidos como reservas de valor (dada sua iliquidez), sua eventual compra precisa ser induzida por expectativas muito otimistas quanto às suas quase-rendas futuras, de maneira a superar todas as desvantagens que apresentam.[7]

Dado o horizonte de tempo envolvido nessa decisão, a indução ao investimento em bens de capital é o estado das expectativas de longo prazo. Essas expectativas são muito complexas, porque são em grande parte (mas não totalmente) autônomas em relação aos fatos correntes. Por outro lado, como vimos no Capítulo 2, não estão de qualquer maneira relacionadas com a noção de valores de equilíbrio no longo período, que são uma noção adequada a um observador

---

7 Seria possível argumentar, segundo as teorias modernas do oligopólio, que a lucratividade esperada pode não mais ser uma indução importante ao investimento, pelo menos no que tange aos oligopólios de economias maduras. O argumento é o de que as megaempresas estão interessadas em manter suas participações existentes no mercado, e não na maximização dos lucros. Os investimentos serão, então, realizados de forma defensiva, independentemente de qual seja a lucratividade esperada. Este argumento pode ser sensato, mas para condições muito restritivas, como a maturidade no sentido empregado por Steindl (1976), quando a inovação é praticamente eliminada, os competidores são todos fortes demais para serem deslocados por qualquer estratégia competitiva, e os mercados crescem a uma taxa vegetativa. No longo prazo, contudo, como reconheceu o próprio Steindl, não se podem descartar os efeitos do progresso técnico, e a maturidade pode se tornar uma restrição menos importante. Ao decidir sobre novos mercados e novos produtos, não seria de se esperar tal tipo de estratégia passiva e defensiva postulada para a maturidade. Os modelos de crescimento da firma de Penrose seriam mais relevantes do que o modelo de estagnação de Steindl. Para um exame detido dessas ideias dentro de um arcabouço pós-keynesiano, ver Feijó (1991, Cap. 2 e 3).

Taxas Próprias de Juros e Investimento | 155

externo da economia, não a um participante interno. Para determinar os valores de equilíbrio no longo período, é preciso conhecer todos os elementos (ou pelo menos os mais relevantes) que influenciam o resultado e supor que se mantenham constantes enquanto operam algum processo de convergência em um dado curso de tempo. Para o investidor, incerteza significa exatamente o oposto: nem todas as variáveis relevantes são conhecidas, e ainda que algumas o sejam, nada garante que permaneçam constantes.[8]

Para discutir as expectativas de longo prazo, é preciso ter em conta dois elementos: como se faz o cálculo das recompensas futuras sob condições de incerteza, e como se constrói a confiança nesses cálculos. Recordemos, do Capítulo 4, como se formam as expectativas. O tomador de decisão parte de um determinado conjunto de dados conhecidos obtido de diferentes fontes, como diagramas técnicos, pesquisas de mercado, restrições institucionais etc. O investidor em potencial pode, então, saber desde o início o que os métodos de produção em consideração são capazes de atingir (afinal, trata-se de um problema de engenharia), se há restrições culturais ou outras ao uso do bem resultante (como, digamos, a produção de bebidas alcoólicas em países islâmicos), se há restrições à entrada no mercado (como cartéis), ou se há restrições institucionais (regulamentos de segurança, restrições de zoneamento ou padrões de qualidade, por exemplo). Todos esses fatores são obtidos daquilo que, como Keynes, podemos tomar como conhecimento direto a partir do qual começar a construir as declarações de probabilidade que servirão de respaldo a sua decisão de investimento.[9]

Obviamente, esses dados não bastam para orientar com certeza os investidores. Por si sós, não bastam sequer para levar a qualquer conclusão, muito

---

8 Por exemplo, o principal fator de incerteza para um investidor provavelmente está relacionado com a natureza dos mercados com que irá deparar uma vez concluído o investimento. Não se pode saber antecipadamente como serão os mercados no futuro. Ainda que alguma pesquisa de mercado seja feita em termos das inclinações dos clientes, trata-se apenas de informação sobre inclinações correntes. Nada impede que a clientela mude de ideia antes que o investimento seja recuperado.

9 Em um esboço de 1934 da *Teoria Geral*, Keynes elencou algumas possíveis influências sobre as expectativas de longo prazo: em que se basearão essas expectativas? Em estimativas prospectivas de quatro fatores: (i) a escassez ou abundância do tipo de ativo em questão, ou seja, a oferta de ativos capazes de prestar serviço semelhante ou equivalente; (ii) o vigor da demanda por seu produto em relação à demanda por outras coisas; (iii) o estado da demanda efetiva durante a vida útil do ativo, tomada em conjunto com o formato da função de oferta do produto do ativo; e (iv) mudanças da unidade salarial durante a vida útil dos ativos (CW-JMK, vol. XIII, p. 451).

156 | Keynes e os Pós-Keynesianos

menos a conclusões certeiras. As informações sobre a eficiência corrente dos métodos de produção pouco nos dizem quanto às possibilidades de inovações futuras em processos, e ainda menos a respeito de possíveis inovações em produtos capazes de eliminar todo o mercado.[10] Os clientes podem mudar de ideia. Os tamanhos dos mercados podem mudar graças a eventos de maior peso (por exemplo, alterações da política econômica). As regras concorrenciais podem ser alteradas. Quanto a tudo isso e muitos outros fatores de geração de incertezas, o tomador de decisões não dispõe de qualquer informação segura. São essas as premissas ausentes de que ele necessita, contudo, para chegar a uma decisão. Ele precisará complementar aquilo que sabe com aquilo que imagina, com o que Shackle chamou de "produtos da imaginação" para construir cenários em termos dos quais se possa tomar uma decisão.[11]

O problema então muda de forma. O tomador de decisões sabe que está formando expectativas com base em fundamentos incertos e que provavelmente será incapaz de calcular o grau de incerteza dessas expectativas, uma vez que percebe que, além dos dados que imaginou para preencher as lacunas, muitos outros valores seriam possíveis, mesmo que não os tenha podido imaginar. Em outras palavras, o investidor pode estar ciente de que seu poder de construção de consequências possíveis antes de tomar a decisão é limitado e que acontecimentos inteiramente imprevistos (e até inconcebíveis) podem invalidar totalmente todas suas conjecturas.[12]

---

10 As trajetórias futuras da tecnologia não são completamente imprevisíveis, uma vez que é possível identificar trajetórias tecnológicas ao longo das quais um conceito original se desenvolve em inovações cada vez mais adequadas. Ver Rosenberg (1982). Seja como for, a incerteza não é eliminada, uma vez que nem todos os desenvolvimentos podem ser mapeados antecipadamente (exceto, talvez, nos estágios finais de uma determinada trajetória em setores em decadência) e, o que é mais importante, nada impede que uma trajetória completamente nova se desenvolva inesperadamente, redirecionando a trajetória de todo um setor.

11 É de todo irrelevante para esta discussão se o tomador de decisões chega a um dado valor definido, como no caso da eficiência marginal do capital, ou a uma faixa de possibilidades, como no modelo da surpresa potencial de Shackle. O objetivo é postular que o investidor possa comparar e classificar as alternativas.

12 Usando a terminologia de Shackle, devemos nos ocupar tanto de eventos contra-esperados (aqueles previamente identificados, mas cuja plausibilidade julgamos baixa) como de eventos inesperados (de efeitos mais destrutivos, porque sua possibilidade foi demonstrada, muito embora a teoria adotada pelo tomador de decisões não pudesse conceber deles). Ver Shackle (1952).

Assim, a decisão de agir com base em expectativas conscientes e imperfeitamente informadas dependerá do grau de confiança que o agente tem nelas. Em outras palavras, na significância do peso atribuído às evidências a partir das quais se formaram as expectativas. É aqui que entram em cena os "espíritos animais". Levar os espíritos animais em consideração não é, em si, contraditório com os cálculos. Tem a ver com a linha de ação que será adotada com base nesses cálculos. Sua relevância jaz em possibilitar a um agente agir mesmo que o peso das evidências de que dispõe seja pequeno. Se tiver confiança na própria capacidade de identificar consequências e influências relevantes no futuro, ele agirá mesmo que a base de conhecimento objetivo em que se sustenta a decisão seja frágil.

Com isso, devemos esperar que dois agentes com uma só base de conhecimento objetivo formem expectativas diferentes se recorrerem a diferentes "produtos da imaginação" para a complementar. Mas ainda que recorram às mesmas premissas ausentes, poderão agir de formas diferentes, dependendo do peso das evidências que sustentam suas previsões e do grau de confiança que tenham nos próprios poderes de previsão, ou seja, dependendo de seus "espíritos animais".

Tudo isso aponta para uma característica importante da teoria keynesiana do investimento: a funcionalidade da redução das incertezas para estimular a aceitação dos consideráveis riscos envolvidos. Quanto mais previsível o futuro, maior a base de conhecimento para se fazer previsões e mais segura se torna uma decisão de investimento, reduzindo a necessidade de um empreendedor quase sobrenatural que está implícito no argumento dos "espíritos animais".[13] Alternativamente, quanto mais leves as penalidades enfrentadas por um agente que tenha tomado as decisões erradas, mais provável se torna que mais agentes estejam dispostos a aceitar os riscos.

A redução das incertezas quanto ao futuro é um dos principais papéis de uma política econômica concebida em termos keynesianos. As políticas fiscais de longo prazo, por exemplo, devem ser construídas para remover incertezas quanto a flutuações cíclicas da economia. Isso sinalizaria a investidores em potencial que a demanda agregada estaria estabilizada (no pleno emprego), de tal sorte que pudessem usar essa informação em seus cálculos.[14]

---

13 Schumpeter também tinha essa ideia do empreendedor como alguém dotado de características de liderança muito especiais. Ver Schumpeter (1934, 1939).

14 E este o principal papel da política econômica segundo a abordagem de Keynes. Ver Capítulo 12, adiante.

Keynes e os Pós-Keynesianos

Uma segunda maneira de reduzir as incertezas foi adotada pela própria sociedade civil através do desenvolvimento de instituições que permitiram socializar os riscos. Os contratos a termo, como vimos, é a mais importante e disseminada dentre as instituições. A transformação da natureza de algumas decisões particularmente arriscadas, como as de investimento, é outra entre essas inovações institucionais.

Keynes mencionou a bolsa de valores como um dispositivo de redução da liquidez que afeta os bens de capital fixos. Estes, é claro, permanecem ilíquidos, mas a titularidade sobre eles pode ser negociável, permitindo a qualquer pessoa pensar que, em caso de necessidade, poderá livrar-se desses ativos por meio da venda das ações que possui. Ademais, as ações são divisíveis, enquanto o capital fixo não o é, o que permite operações de varejo que reduzem o valor dos compromissos que qualquer pessoa é obrigada a manter ao realizar investimentos de capital. Todos esses dispositivos permitem que a pessoa "comum" participe de estratégias de acumulação, que, do contrário, somente poderiam ser assumidas por empreendedores "reais", aqueles dotados de fortes "espíritos animais".

Há um efeito dialético, contudo, a ser identificado nesses desdobramentos. Os arranjos institucionais e outros tipos de respaldo aumentam a segurança com que são feitas todas as transações especulativas, inclusive investimentos. Decorrem disso duas consequências. Primeiro, surge um incentivo generalizado a operações especulativas mais ousadas, uma vez que ainda mais agentes avessos ao risco agora sentirão que os colchões institucionais de segurança são grandes o bastante para justificar iniciativas aventureiras.[15] Transações mais arriscadas ou frágeis tornam-se aceitáveis quando existe alguma instituição na retaguarda que limite as perdas. Em segundo lugar, e de forma correlata, começam a participar do mercado pessoas menos informadas ou menos capazes, que são mais voláteis em suas expectativas e atitudes, uma vez que nem sempre entendem os modos do mercado. Essas pessoas podem ser manipuladas e exibem o chamado "comportamento de manada", que amplifica enormemente qualquer desequilíbrio que surja.[16]

---

15 É esta a base ara o famoso aforismo de Minsky, "a estabilidade é desastibilizadora", que Lerner (1978), contudo, identificou como marxista, e não keynesiano.

16 O investimento é sempre volátil (ver CWJMK, vol. XII, p. 354-355), mas o comportamento de manada pode agravar essa volatilidade. Para uma descrição histórica muito interessante do comportamento de manada nos mercados financeiros, ver Kindleberger (1978).

Taxas Próprias de Juros e Investimento | **159**

O resultado paradoxal é o de que as instituições concebidas para aumentar a estabilidade da economia acabam por aumentar sua volatilidade. Isso não é fruto de falha de concepção. É, isto sim, consequência da vida sob condições de incerteza. Não há benção que venha sem maldição, nem receita garantida de eficiência. As mesmas práticas e instituições que servem para promover o crescimento também amplificam as crises. O objetivo não é evitar a contradição, mas conceber instituições que, ao fim e ao cabo, permitam que os empreendimentos prevaleçam sobre os cassinos e permaneçam sempre alertas quanto a acontecimentos inesperados.

A introdução de instituições como a bolsa de valores, que dá liquidez a investimentos ilíquidos e permite a participação no mercado de pessoas que não estão informadas ou preparadas para o compreender, dá origem a um fenômeno muito interessante que Keynes chamou de "comportamento convencional". Uma convenção é uma crença compartilhada que se sustenta essencialmente por si mesma, ou seja, sobrevive principalmente porque as pessoas nela veem em sua sobrevivência um sinal de sua adequação. Frente a um futuro incerto, os agentes podem crer que uma estratégia eficiente é supor que o futuro repetirá o passado e o presente. O fato de outras pessoas agirem com base nessa crença é encarado como confirmação de que a convenção é razoável, uma vez que outras pessoas talvez disponham de informações que as levem a adotar tal comportamento. O comportamento convencional é uma maneira de agir na ausência de melhores bases para julgamento. Pode ser mais ou menos sólida, dependendo de se assentar sobre antigos costumes, leis ou outras instituições. Outras convenções são mais frágeis, baseadas apenas na observação corrente. Seja como for, agem como um importante fator de continuidade, desde que os agentes não tenham motivos para supor que a "normalidade" do passado será interrompida e que novas estratégias serão necessárias.

No Capítulo 12 da *Teoria Geral*, Keynes aplicou a noção de convenção ao comportamento dos investidores — pessoas que avaliam o futuro como mera continuação do passado. A convenção, contudo, não substitui o estado de expectativa de longo prazo como determinante de investimentos em capital fixo. A menos que estejam ancoradas em alguma característica fundamental da sociedade, as convenções, ou, pelo menos, as crenças convencionais quanto ao comportamento da economia, tendem a ser de curta duração, dada a experiência empírica dos agentes com a mudança. Uma crença convencional é útil para o estudo, por exemplo, do comportamento dos preços das ações, ou seja, ativos

160 | Keynes e os Pós-Keynesianos

líquidos comprados para serem revendidos a qualquer momento que se deseje, a preços que podem ser convencionalmente presumidos como projeção dos preços correntes. Os bens de capital fixo, por seu lado, não são comprados para revenda no curto prazo. São comprados para serem mantidos por um período prolongado em relação ao qual nenhuma crença convencional pode ser razoavelmente sustentada e que nenhum investidor sensato teria. Assim, o comportamento convencional não é uma teoria das expectativas de longo prazo. É, se tanto, um modo de formação de expectativas de curto prazo que se pode tornar uma indução de investimentos financeiros, como a compra de ações.

Até aqui, discutimos a indução ao investimento. As condições correntes, em tese, têm pouca influência sobre esse tipo de raciocínio, exceto quanto à base efetiva de conhecimento sobre a qual se toma a decisão e, talvez, a influência que os eventos correntes podem ter sobre o estado da confiança.[17] O mais importante canal pelo qual o presente pode influenciar a decisão de investimento, contudo, é o financiamento de investimentos.[18]

Quando falamos de finanças, podemos pensar em dois elementos: o papel da taxa de juros e a questão da disponibilidade de fundos. A disponibilidade de fundos tem dois aspectos. Por um lado, se refere à disposição das instituições financeiras a fornecer os meios necessários para implementar um dado plano de investimento. Segundo Keynes, os bancos não costumam atender a todos os demandantes de fundos, seja porque não querem reduzir indefinidamente a liquidez de seus ativos, seja porque o demandante pode não se qualificar para a obtenção de empréstimos (KAHN, 1972, p. 146). Surge, então, uma "margem de tomadores insatisfeitos" para quem os empréstimos são racionados. Mas a disponibilidade não se refere apenas ao volume, mas, também, às condições mediantes as quais são oferecidos os fundos. No Capítulo 9 discutiremos o problema dos modos de financiamento de gastos, em especial a distinção entre "financiamento" e *funding*, que tem um papel importante na teoria pós-keynesiana do investimento.

---

17 Isso exclui a aceitabilidade teórica de funções de investimento do tipo acelerador no que se refere ao capital fixo. Ver Robinson (1979, p. 132). Davidson também é altamente crítico do uso das taxas de lucro em funções de investimento. Ver Davidson (1978a, p. 57-58, 134). Pode, contudo, haver situações em que o uso de modelos aceleradores se justifiquem. Ver Feijó, 1991; Carvalho e Oliveira (1991).

18 Keynes manteve por toda a vida a opinião de que o investimento exigia expectativas favoráveis e bancos eficientes. Ver, por exemplo, CWJMK, vol. VI, p. 133, entre muitos outros exemplos.

Taxas Próprias de Juros e Investimento | **161**

Em um nível mais geral de discussão, o papel de destaque entre as variáveis financeiras deve ser atribuído à taxa de juro. Sua influência se faz sentir primeiro como elemento crucial da avaliação do preço de demanda do ativo. O preço de demanda de um ativo é o valor presente de seus rendimentos esperados. Para obtê-lo, é preciso descontar os recebimentos futuros para torná-los temporalmente equivalentes e comparáveis. Representa o valor que um comprador em potencial estará disposto a pagar por um ativo, o montante de moeda, agora que o comprador considera equivalente ao fluxo de renda prometido pelo ativo ao longo do tempo. Para obter o preço de demanda DP, descontam-se os recebimentos Q à taxa de desconto apropriada d:

$$DP = \sum Qt / (1 + d)^t$$

A taxa de desconto se obtém da taxa de juros de mercado sobre algum ativo livre de risco (como uma letra ou um título do Tesouro, dependendo do prazo de manutenção), ajustada para o risco específico representado pelo ativo em questão, se comparado ao ativo livre de risco.

A influência da taxa de juros, que independe de ser ou não o investidor financiado por fontes externas, aumenta à medida que aumenta o período de manutenção e diminui a tolerância atribuída a incertezas específicas do ativo considerado. A combinação dessas condições mostra que não são muitos os tipos de investimentos altamente sensíveis aos movimentos da taxa de juros. Os bens de capital de longa duração preencheriam o primeiro requisito, mas provavelmente não o segundo, porque quanto mais longo o prazo de manutenção, maiores as incertezas que sentem os agentes e, portanto, maior o peso de fatores específicos de incerteza quanto à taxa de juros livre de risco. O inverso também se aplica. Prazos curtos de manutenção, por sua vez, reduzem o peso de incertezas específicas dos ativos, mas reduzem a importância do denominador da fórmula, como se dá com baixos valores de t.

Em suma, apesar de sua validade teoricamente generalizada, a real influência dos movimentos da taxa de juros sobre o valor (preços de demanda) dos ativos pode apenas ser relevante para bens de capital que simultaneamente apresentem longa duração e mercados mais ou menos definidos. Para Keynes, investimentos em serviços públicos ou imóveis residenciais tinham essa natureza e representavam o canal pelo qual alterações das taxas de juros afetavam o ritmo de inves-

162 | Keynes e os Pós-Keynesianos

timento. Como esses investimentos foram estatizados em um grande número de países, é de se esperar que sua influência seja menor hoje do que na década de 1930.[19]

Se admitirmos que a taxa de juros represente as reais condições dos empréstimos, a influência poderá permanecer forte, pelo menos na medida em que os investidores estejam ativamente em busca de fundos externos. O custo financeiro pode ser importante, mas não constitui o único canal por meio do qual as condições de crédito podem afetar a disponibilidade de recursos e, portanto, de investimento. Se as condições de crédito incluírem garantias reais oferecidas pelos tomadores em relação aos empréstimos obtidos, as mudanças dos juros podem representar um papel mais importante na decisão de investir, por meio das reavaliações que causam nos preços de ativos de reserva.[20] Uma elevação das taxas de juros deprime o valor dos ativos usados como garantia real, o que pode reduzir a oferta de empréstimos se o tomador não dispuser de mais ativos. Alguns autores pós-keynesianos, como Minsky, consideram este um importante canal para a política monetária restritiva, apesar do risco que causa de colapso do valor dos ativos e de uma deflação por endividamento.

Seja como for, é de se esperar que, *ceteris paribus*, as condições de crédito piorem quando a demanda por crédito de qualquer tomador aumente. Isso se dá porque, com o aumento do endividamento, aumentam também os riscos tanto do credor quanto do tomador. O "risco do tomador" é dado pela probabilidade de insolvência em caso de uma frustração de expectativas que gere incapacidade de honrar suas obrigações contratuais. O "risco do credor" aumenta porque a maior concentração de recursos em qualquer determinado tomador reforça os elos de solidariedade entre os dois, fazendo com que o destino do credor passe a depender daquele do tomador. Essas noções de risco do credor e do tomador que Keynes (1964, p. 144-145) sugeriu são fundamentos do princípio do risco crescente de Kalecki (1971, p. 106), o que sugeriria, então, uma curva de oferta de crédito com inclinação positiva para qualquer agente.[21]

---

19 As razões para a especial sensibilidade do investimento em serviços públicos se comparada à insensibilidade do investimento no setor industrial são discutidas em CWJMK, vol. XIII, p. 234, 364. Ver, também, Kahn (1984, p. 148) e Shackle (1970, p. 96).

20 Esse efeito foi observado por Keynes. Ver Keynes (1964, p. 172-173).

21 O que não implica necessariamente em inclinação positiva da curva de oferta de mercado do crédito.

A apresentação de Minsky sobre o princípio do risco crescente nos permite fornecer uma representação gráfica da determinação dos investimentos que não depende dos retornos decrescentes da produção de bens de capital que incomodou tantos pós-keynesianos. Tomemos a representação gráfica do processo de investimento feita por Davidson. Na Figura 7.1, S representa o estoque ofertado de ativos; s representa o fluxo de novos ativos produzidos; D é a demanda de estoque; e d é a demanda de fluxo de reposição de bens de capital consumidos como proporção fixa do estoque desejado de bens de capital. No caso apresentado, temos o preço à vista (dado pela interseção entre a demanda corrente por estoques e os estoques disponíveis) acima do preço a termo, ou seja, o preço que equilibra demanda e oferta quando é possível produzir novos itens. O caráter definitivo do resultado se dá graças à premissa dos retornos decrescentes da produção do ativo, uma vez que a inclinação negativa da curva de demanda pode ser explicada por outras razões que não a produtividade decrescente. Já vimos que diferentes combinações de fatores de produção idênticos são a maneira neoclássica de obter retornos decrescentes, mas não a única delas, e nem se trata de serem empiricamente mais prováveis. Mas ainda que imaginemos retornos perfeitamente constantes da produção do ativo (uma curva s horizontal), o arranjo ainda pode fechar se empregar o princípio do risco financeiro crescente.

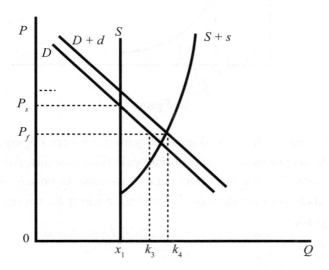

Figura 7.1

Minsky apresenta o princípio como mostra a Figura 7.2. Admitindo que um investidor possa comprar uma quantidade indefinidamente grande de unidades do ativo ao preço de oferta corrente e que os possa usar sem medo de saturar o próprio mercado, tanto a curva de preço de demanda (*DP*) como a de preço de oferta (*SP*) serão horizontais. Não seria possível atingir o equilíbrio, e o investimento tenderia para o infinito. Mas consideremos o princípio do risco crescente. Ele apenas diz que uma demanda crescente por fundos externos deprime o valor do ativo pela avaliação do possuidor e, por outro lado, somente pode ser satisfeito se o possuidor estiver disposto a pagar pelas condições de crédito cada vez piores impostas pelos fornecedores de fundos. A curva *DP*, então, se modifica para *DP'*, e a *SP*, para *SP'*, partindo do ponto em que é preciso recorrer a fontes externas de financiamento. Eventualmente se atinge o equilíbrio no ponto *A*.

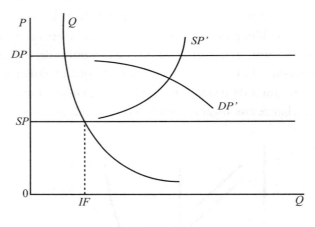

Figura 7.2

Combinando as duas abordagens, chegamos à Figura 7.3, onde os retornos decrescentes da produção são substituídos pelo risco crescente. Atinge-se o equilíbrio no ponto A, onde um limite para o investimento no ativo específico em questão é dado por considerações financeiras, e não pelos fatores de produtividade marginal.[22]

---

[22] A informação adicional é dada pela figura:
Investimento bruto = 0k4 – 0k1
Demanda de reposição = 0k4 – 0k3
Investimento líquido = (0k4 – 0k1) – (0k4 – 0k3) = 0k3 – 0k1
Tomada de empréstimo = 0k4 – 0k2

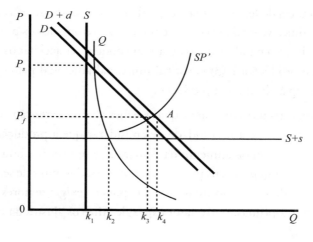

Figura 7.3

CAPITAL DE GIRO E CAPITAL LÍQUIDO

Os bens de capital fixo não são a única possibilidade de investimento, embora sejam a mais importante no sentido de que, por serem em grande medida autônomos em relação aos acontecimentos correntes, são os principais responsáveis, segundo Keynes e os pós-keynesianos, pelas flutuações de uma economia monetária.

Mas ainda há dois tipos de bens de capital a considerar. O primeiro é os dos produtos em processamento e daqueles mantidos em estoque para garantir a continuidade dos processos produtivos. São bens de curta duração, normalmente divisíveis, e alguns até trazem algum prêmio positivo de liquidez. Constituem o capital de giro, a parte da produção que ainda não está disponível para o uso final, seja por causa de atrasos técnicos do processo produtivo, seja por causa da necessidade de se manter reservas técnicas de algumas matérias-primas para evitar interrupções ou falhas daquele processo. A natureza do capital de giro é definida por seu papel técnico no processo produtivo e é, em parte, função de sua duração. É mantido proporcionalmente ao volume de produção que se realiza e, portanto, depende do estado das expectativas de curto prazo.

166 | Keynes e os Pós-Keynesianos

A importância de ter em conta o capital de giro decorre de três características: (1) ele determina a velocidade com que podem ser retomados os processos produtivos depois de uma paralisação, ou com que podem ser acelerados; (2) amplifica flutuações de produção; e (3) constitui um canal adicional pelo qual a política monetária é capaz de afetar a produção.

A primeira característica, para a qual Keynes chama a atenção em seu *Tratado sobre a Moeda*, deve-se à necessidade de considerar que a produção leva tempo. Qualquer recuperação ou aumento da demanda sempre enfrentará uma resposta tardia da oferta porque os bens precisam ser processados antes de serem acabados. Ademais, taxas de produção mais elevadas podem exigir maiores estoques técnicos de matérias-primas, outro fator capaz de adiar os ajustes da oferta e alterações da demanda.

A segunda característica se refere ao fato de que qualquer alteração da produção exige uma alteração proporcional do capital de giro. Assim, qualquer variação da produção induz um novo investimento, causando um efeito maior do que o original sobre a economia. Com efeito, podemos considerar que o investimento em capital de giro opera segundo o modelo do acelerador. Neste caso, se um investimento em capital fixo, por exemplo, fizer aumentar a produção, por meio do efeito multiplicador, o aumento resultante da produção realimentará o investimento, agora no capital de giro, criando novas repercussões sobre a renda e o emprego. Hicks (1954) chamou mecanismos desse tipo de "supermultiplicadores". A combinação do multiplicador com o acelerador em decorrência de um investimento autônomo em capital de giro também faz lembrar a "onda secundária" de Schumpeter (1939).

Finalmente, investimentos em capital de giro também precisam ser financiados. Dada a natureza de curto prazo dos bens envolvidos, eles também costumam ser financiados com crédito bancário de curto prazo. Essa característica abre caminho para uma segunda forma de influência dos instrumentos de política monetária sobre o processo de investimento. Ao discutir investimentos em capital fixo, nos referíamos, naturalmente, à taxa de juros de longo prazo. No caso do capital de giro, de curta duração, é a taxa de juros de curto prazo que interessa.

O capital líquido também se constitui de estoques de matérias-primas e bens acabados. Mas, ao contrário do capital de giro, não mantém qualquer relação técnica com a produção. Em vez disso, é mantido por razões puramente especulativas. Quem mantém capital líquido especula que os preços do item em questão aumentarão. Os que liquidam estoques apostam que baixarão.

O capital líquido era (e continua a ser, para alguns autores) o principal foco dos modelos de ciclo de negócio. No *Tratado sobre a Moeda*, Keynes tentou dispensar esse conceito, enfatizando a importância do capital fixo e de giro. Em tempos de preços altamente instáveis, contudo, o capital líquido pode se tornar um importante destino de recursos passíveis de investimento se as expectativas do agente quanto à diferença entre o preço de um bem em uma dada data futuro e seu preço à vista forem elevadas o bastante para induzir os especuladores ao pagamento de seus custos de carregamento.

EM SUMA

Neste capítulo, estendemos o modelo das taxas específicas de juros para examinar detidamente a decisão de investir, ou seja, a compra de ativos localizados no extremo oposto ao da moeda na escala de liquidez.

O investimento, ao contrário das aplicações financeiras, se refere à compra de bens de capital. Costumamos pensar em bens de capital fixo ao discutir o investimento, mas Keynes considerava no mesmo grupo duas outras categorias de demandas: o capital de giro e o capital líquido. Embora elas envolvam bens de naturezas altamente heterogêneas, têm em comum as repercussões sobre o emprego implícitas em uma decisão de os produzir.

O capital fixo se refere a itens de longa duração, dispendiosos, indivisíveis e ilíquidos que não podem servir como reservas de valor porque não existem para eles mercados secundários relevantes. A demanda por eles, assim, depende da existência de expectativas otimistas o bastante para induzir os agentes a enfrentar todas as incertezas que há em tal comprometimento. A compra de bens de capital fixo depende do estado das expectativas de longo prazo, que são muito complexas, combinando informações correntes, conjecturas e o julgamento do peso atribuído às evidências sobre as quais a expectativa se sustenta. A importância desse tipo de julgamento justifica a atenção que é preciso dar a fatores intratáveis, como o estado da confiança e os "espíritos animais".

O capital de giro, por seu lado, é importante principalmente por seus efeitos amplificadores sobre a produção e a renda. É uma forma induzida de investimento, não uma causa de flutuações. O capital líquido pode ser autônomo e, assim, causa de mudanças econômicas. Mas supõe-se que esteja conectado a movimentações relativamente pequenas e pouco duradouras da produção.

Este capítulo, juntamente com os Capítulos 5 e 6, descreveu as fontes dos impulsos dinâmicos em uma economia monetária. Diferentes estados de expectativas de longo prazo desencadeiam adaptações das carteiras que têm impacto sobre a demanda por moeda, por bens de capital e por outros ativos. As tentativas dos agentes de ajustar suas posses ao novo estado de expectativas induzem mudanças das taxas de produção de ativos reprodutíveis que terão as próprias repercussões sobre a renda e o emprego. Para descrever essas repercussões, precisamos identificar os mecanismos de propagação das economias monetárias. O mais importante deles é o multiplicador. Assim, depois de discutir as causas dos choques econômicos, representadas por modificações do estado de expectativas de longo prazo por meio do exame da demanda por moeda e por bens de capital como aplicações de uma teoria geral da escolha de ativos e da acumulação, agora nos voltamos para a discussão dos mecanismos de propagação, com o exame da propensão a consumir.

CAPÍTULO 8

A PROPENSÃO A CONSUMIR E O MULTIPLICADOR

As mudanças das visões sobre o futuro têm impacto direto sobre as estratégias de acumulação de riqueza escolhidas pelos agentes. Essas estratégias, por sua vez, determinam a trajetória temporal da economia enquanto prevalecer tal estado de expectativas específico. As tentativas dos produtores de ativos de capital de atender às demandas dos possuidores de riqueza alterarão os níveis correntes de renda e emprego, dependendo de se o estado corrente das expectativas favorecer ou não, e em que medida, as demandas por ativos reprodutíveis em relação às demandas por ativos não reprodutíveis.

170 | Keynes e os Pós-Keynesianos

Segundo Keynes, uma vez que o impacto do novo estado de expectativas sobre a estrutura das demandas por ativos seja conhecido e o nível de emprego primário tenha sido determinado (ou seja, o nível de emprego nos setores que produzem os ativos para os quais são canalizadas as demandas adicionais dos possuidores de riquezas), se dará, em uma economia monetária, uma série de repercussões peculiares a esse tipo de economia, se comparada às economias cooperativas. A mais importante dessas repercussões tem a ver com a indução ao aumento dos gastos de consumo enraizada no aumento do emprego primário. Esse tipo de fenômeno é chamado de multiplicador e, como Alvin Hansen (1953) observou há muito tempo, é o mecanismo que opera em uma economia monetária como alternativa aos mecanismos da lei de Say, que operam em economias cooperativas.

A análise que Keynes faz do papel do consumo e do multiplicador é importante para ilustrar a hierarquia que caracteriza uma economia monetária porque mostra que as decisões de consumo das famílias são, com efeito, restringidas pelas decisões de investimento das empresas. Em uma economia monetária, as decisões de gasto das famílias, a menos que financiadas com crédito, dependem da renda auferida pelos proprietários dos fatores de produção, em especial o trabalho. A compra dos serviços desses fatores é decidida pelas empresas de acordo com suas expectativas de curto e longo prazo. Assim, o consumo não é uma alternativa ao investimento, mas um complemento seu, porque é a decisão das empresas de aumentar a produção de bens de investimento que levará a um aumento da renda auferida pelas famílias, sustentando, assim, seus maiores gastos de consumo.[1]

Embora a análise da propensão a consumir e do multiplicador não seja o ponto de partida de uma análise da dinâmica de uma economia monetária, é um elemento muito importante para a compreensão de seus mecanismos de propagação e, como tal, é muito diferente do que seria de se esperar em economias cooperativas. É esse o motivo para o local de destaque dado ao multiplicador nas análises keynesiana e pós-keynesiana, uma vez que reforça o argumento em

---

1 Ainda que os gastos de consumo sejam financiados a crédito, em última análise, o montante de crédito disponível para a maioria dos consumidores é função da renda corrente auferida com a venda dos serviços de fatores.

A ABORDAGEM PRÉ-KEYNESIANA DO CONSUMO

Em uma economia cooperativa, o consumo e o investimento são usos alternativos do produto corrente. Na verdade, sua natureza é idêntica, uma vez que o investimento nada mais é que a provisão para consumo futuro, de modo que a diferença entre consumo e poupança (que é o mesmo que investimento) está apenas na data para a qual se planeja o ato de consumir.[2] Assim como consumo e poupança são alternativas do ponto de vista do indivíduo, consumo e investimento o são do ponto de vista macroeconômico ou, melhor dizendo, agregado.[3]

A famosa versão ricardiana da lei de Say (Princípios) declara que não se pode conceber de saturação geral da demanda, porque somente se produz porque há demandas insatisfeitas: "Ninguém produz, a não ser com o objetivo de consumir ou vender, e ninguém vende, a não ser com intenção de comprar alguma outra mercadoria que poderá ser de utilidade imediata ou contribuir para a produção futura" (RICARDO, 1971, p. 291).

Se eventualmente se atingisse um ponto de saturação, não se realizaria produção adicional, porque, em última instância, em uma economia cooperativa, a produção é conduzida por famílias produtoras interessadas na própria satisfação. Um excedente generalizado não poderia ocorrer, porque, se todas as demandas estivessem satisfeitas, a produção adicional simplesmente não aconteceria.

Na elaboração neoclássica da lei de Say, por meio da análise da maximização da satisfação dos consumidores, algumas condições mais precisas foram acres-

---

2 A economia neoclássica é uma abstração da economia do milho, onde um mesmo produto pode ser usado como bem de consumo ou bem de investimento. É aquilo que Minsky corretamente chama de "paradigma da feira da aldeia" (MINSKY, 1986).

3 Essa equivalência entre as decisões micro e macro de consumir e poupar e/ou investir será o alvo de ataque dos pós-keynesianos contra o mecanismo clássico. Ver Chick (1983a). O ponto será abordado adiante.

172 | Keynes e os Pós-Keynesianos

centadas para que ela pudesse ser usada como fundamento de um modelo dos mercados de capitais. Em primeiro lugar, se supôs que os indivíduos pudessem organizar suas preferências de maneira definida. Na verdade, isto era (e é) um requisito geral para o desenvolvimento das análises de preferências dos consumidores. Além disso, contudo, foi proposta uma forma *ad hoc* para a ordenação de preferências segundo a qual o consumo presente era preferível ao consumo futuro.[4]

Sob essas condições, os agentes individuais tentariam maximizar sua satisfação, "dada" sua renda (que já era determinada pelos mecanismos da lei de Say), por meio da escolha entre bens presentes e, também, entre consumo presente e futuro. Esse raciocínio, como já vimos, era válido tanto para o indivíduo quanto para a economia como um todo. O indivíduo tinha sua renda determinada pela venda de serviços dos fatores. A economia tinha sua renda determinada pela lei de Say.

A escolha entre consumo presente e consumo futuro era orientada pela taxa de troca entre eles, assim como se dá com qualquer outro par de bens. Efeitos de substituição agiriam para induzir os consumidores a concentrar seus gastos nos bens relativamente mais baratos. A taxa de troca entre consumo presente e consumo futuro é dada pela taxa real de juros, que mede o quanto de uma determinada cesta de bens tem de ser dado no presente para obter outra determinada (e presumivelmente maior) cesta de bens em uma data futura especificada. Quanto maior a recompensa futura, ou seja, quanto mais barata a cesta futura em relação à corrente, maior o montante efetivamente poupado. Seria então possível traçar uma escala de poupança que relacionasse o valor da poupança desejada com os diversos níveis possíveis da taxa de juros. Essa seria a curva de oferta de recursos

---

4 A natureza *ad hoc* dessa premissa fica clara, por exemplo, no desconforto com que Marshall a introduziu, recorrendo a uma observação supostamente empírica do comportamento humano e a traços presumidos da natureza humana (1924). Com efeito, as análises neoclássicas do consumidor, em geral, não especificam preferências. Afirmam tomar as preferências do consumidor como dadas, quaisquer que sejam, para demonstrar que agem de acordo com elas se pretendem ser racionais. A racionalidade se refere a meios, não a fins. Algo é bom quando um indivíduo acredita que seja bom. Nenhuma estrutura de preferências é mais racional do que qualquer outra. Essa neutralidade quanto às preferências se rompe, contudo, no caso das preferências intertemporais para obter curvas de oferta de poupança bem comportadas que postulem uma relação direta entre o montante poupado e a taxa de juros. Keynes, diga-se de passagem, embora não questione a possibilidade de que haja preferências assim, foi mais condizente com um pano de fundo neoclássico ao levantar que outas ordens de preferência também eram possíveis.

A Propensão a Consumir e o Multiplicador | **173**

para transformação e bens futuros. Dessa forma, não era apenas uma curva de poupança — era, também, uma escala de oferta de capital.

A obtenção de cestas futuras e maiores de bens, por outro lado, dependia, é claro, das reais possibilidades de transformação de bens correntes em bens futuros, ou seja, da tecnologia. Dependendo da produtividade do capital, as preferências dos poupadores poderiam ou não ser satisfeitas. A análise neoclássica presumia que a tecnologia apresentaria retornos decrescentes à intensidade dos fatores. Em outras palavras, quanto maior a quantidade de capital empregada por um determinado número de trabalhadores, menor seria sua produtividade (marginal). Era, assim, possível traçar outra escala relacionando a quantidade de capital a ser acrescentada à produção (investimento) ao retorno que renderia. Essa função de inclinação negativa era uma curva de demanda por capital.

Naturalmente, uma posição sustentável para essa economia seria atingida quando as preferências intertemporais pudessem ser conciliadas com as possibilidades técnicas ou, em termos mais técnicos, se a taxa de troca entre bens presentes e futuros desejada pelos poupadores fosse compatível com a produtividade daquela quantidade de poupança desejada. A taxa de juros então seria igual à produtividade marginal do capital, equilibrando demanda e oferta de capital. Isso regularia os usos da produção corrente, entre consumo e investimento (isto é, entre consumo presente e futuro), mas não seu volume, que era dado.

Aqui, vale enfatizar as principais características da abordagem pré-keynesiana. Primeiro, como fica claro, todas as variáveis relevantes são reais. Há preferências dos consumidores e possibilidades técnicas. A introdução de moeda e bancos nesse arranjo não altera sua dinâmica fundamental, como demonstrou Wicksell. Podem surgir desequilíbrios transitórios que não afetam a posição de equilíbrio. A moeda é, no máximo, neutra. Em segundo lugar, o surgimento de uma taxa "natural" de juro enraizada na economia "real", determinado por escolhas e possibilidades concretas. É, assim, uma âncora, a única a permitir a correta conciliação entre o que se deseja e o que é possível. Mexer com as taxas de juros do mercado somente pode levar a desordem e a perturbação. A terceira característica dessa análise é sua dependência da determinação exógena da produção total, normalmente obtida por meio de alguma aplicação da lei de Say. Resolver o problema de maximização de algum consumidor individual exige conhecimento de suas restrições, uma vez que se assume que as demandas sejam insaciáveis.

O modelo simplesmente transfere para o agregado a mesma restrição exogenamente dada do indivíduo. Em quarto lugar, embora isso raramente seja explicitado, há pesados requisitos informacionais envolvidos em possibilitar a solução de problemas de maximização intertemporal. Os consumidores obviamente não podem optar entre duas quantidades de moeda, porque a moeda não tem utilidade intrínseca. É preciso escolher entre duas cestas de bens definidas em datas definidas, e, para isso, é necessário dispor de informações completas, já que, do contrário, o problema não poderá ser solucionado e as curvas de demanda por bens futuros (a curva de oferta de poupança) não poderão ser derivadas. Esse arranjo é incompatível com a existência de incerteza, no sentido pós-keynesiano, que, como demonstraremos, inverterá toda a cadeia de determinação. E também, é claro, é incompatível com a existência da moeda como máquina de transporte de liquidez no tempo que permita aos consumidores ainda que tenham preferências intertemporais definidas a qualquer dado momento, evitar comprometimento com cestas futuras de bens, postergando suas escolhas. Finalmente, consumidores e investidores são tratados simetricamente no modelo. Representam as duas lâminas da tesoura marshalliana do mercado de capitais, independentes uma da outra e igualmente poderosas para determinar os resultados de suas operações. Nesse mercado não há hierarquia.

GASTOS DE CONSUMO EM UMA ECONOMIA MONETÁRIA

Duas características predominantes do comportamento de consumo definem a abordagem alternativa pós-keynesiana à economia cooperativa. Por um lado, levar em consideração a incerteza altera os modos de decisão entre consumo e poupança no que se refere aos indivíduos. Por outro, as restrições orçamentárias sob as quais são tomadas essas decisões individuais são endógenas ao modelo macro das relações entre consumo e investimento, substituindo a lei de Say pelo princípio da demanda efetiva, segundo o qual, como escreveu Lerner, "cada indivíduo está restrito a poupar o montante que poupa pelo tamanho de sua renda; e o tamanho de sua renda é determinado pelos gastos de outras pessoas com os bens que ele produz" (1947, p. 621-622).

Considerar a incerteza no sentido dado por Keynes implica alterar a abordagem quanto às motivações por trás da decisão de consumo/investimento. Um

A Propensão a Consumir e o Multiplicador | 175

consumidor que esteja incerto a respeito de suas necessidades futuras, fontes futuras de renda ou oportunidades futuras poderá decidir reservar parte de sua renda para suavizar a trajetória do consumo ao longo do tempo. Poupar é criar um colchão de segurança frente a um futuro incerto, induzido pela precaução, e não por preferências intertemporais. A poupança induzida pela precaução assume principalmente a forma de ativos líquidos, reservas de valor que podem ser facilmente convertidas em meio de pagamento. Consumidores buscam por "máquinas de transporte de liquidez no tempo" seguras, para usar a expressão de Davidson (1982, p. 29). Para persuadi-los a manter riqueza ao longo do tempo sob formas menos líquidas, é preciso oferecer algum tipo de remuneração pelos riscos que vêm com a manutenção de ativos menos líquidos: é essa a teoria da preferência pela liquidez da taxa de juros. Os consumidores são persuadidos a manter sua poupança sob formas que não a moeda quando essas outras formas lhes pagam o bastante para compensar o sentimento *ex-ante* de insegurança frente a um futuro incerto.

É preciso observar que afirmar que a precaução contra eventos imprevisíveis é uma razão, ou, talvez, a principal razão para poupar, mas não contradiz a ideia de que a poupança também pode ser feita para gozar de oportunidades percebidas ou esperadas de enriquecimento. Quando se espera que aplicações sejam lucrativas e o estado da confiança nessas expectativas é fortemente favorável, um consumidor pode decidir poupar para comprar esses ativos. Assim, mudanças das taxas de juros podem, sob tais condições, induzir algum aumento do desejo de poupar.

Na *Teoria Geral*, Keynes não afirma que a poupança é insensível a mudanças das taxas de juros, embora enfatize que a sensibilidade não deve ser intensa. A principal crítica contra o postulado de uma relação definida entre poupança e taxas de juros é que o sinal dessa relação não pode ser estabelecido *a priori* com base em algum mecanismo de maximização que presuma que a poupança é decidida em um contexto que exclui a incerteza.[5] Para os pós-keynesianos, não se pode presumir que os agentes disponham das informações necessárias para solucionar o problema de maximização e permitir que os efeitos de substituição prevaleçam quando mudam as taxas de juros, da maneira explicitada na seção

---

5 Segundo Keynes, a relação entre consumo (e poupança) e taxa de juros era muito complexa. Qualquer tentativa de apresentá-la de forma simplificada falsificaria as forças que nela operam. Ver CWJMK, vol. XIII, p. 447, e vol. XIV, p. 248.

176 | Keynes e os Pós-Keynesianos

anterior. Os efeitos riqueza e os efeitos renda tendem então a prevalecer sobre os efeitos substituição.

A decisão de consumir (e poupar) depende, assim, dos mesmos tipos de fatores contidos na noção de estado de confiança. Este é subjetivo e, por isso, influenciado pelos elementos que Keynes elencou no Capítulo 9 da *Teoria Geral*, como "Precaução, Previsão, Cálculo, Melhoria, Independência, Empreendimento, Orgulho e Avareza" (1964, p. 108).

Como sugerimos, a decisão de consumir/poupar também pode depender de fatores objetivos quanto às expectativas quanto ao futuro e podem se formar de maneira mais definida. Como Keynes mencionou, mudanças das taxas de juros ou da política fiscal são, decerto, fatores que podemos conhecer com relativa facilidade. Um dos principais fatores objetivos é a renda corrente. A relação entre consumo e poupança, de um lado, e renda, do outro, é compreensível no contexto de uma economia monetária. A renda funciona como indutor à poupança (não como restrição ao consumo), porque, quando a renda é crescente e os padrões de vida estão melhorando, é necessário poupar mais como precaução para sustentar o padrão de vida recém-atingido frente a mudanças imprevisíveis. Temos, aqui, uma analogia óbvia com a ideia da capacidade ociosa planejada que Steindl propôs. Os oligopólios mantêm capacidade ociosa para satisfazer motivações originadas na precaução, e isso é, também, proporcional à capacidade total da firma. É por isso que os efeitos renda, que estão relacionados com fatores que podem ser identificados com relativa facilidade, prevalecem sobre os efeitos substituição, que dependem da clareza com que o consumidor é capaz de solucionar seus problemas de maximização da satisfação. É, também, um dos motivos pelos quais reações imediatas a mudanças da renda não são necessariamente as que se sustentarão no mais longo prazo: o ganhador de renda precisa julgar se a mudança é ou não permanente para poder alterar seu padrão de vida e, portanto, suas previsões do futuro. Uma forma da hipótese de renda permanente de Friedman, modificada para se adequar às premissas de uma economia de produção monetária, é, desta forma, compatível com a economia pós-keynesiana.[6]

---

6 "Quando há uma mudança imprevista das condições a propensão a consumir se afasta temporariamente de seu valor normal e há um lag antes que retorne a ele... Não que haja um lag na operação da teoria do multiplicador. O que ocorre é que os parâmetros com base nos quais a teoria do multiplicador opera se afastam temporariamente dos valores que teriam se tudo tivesse sido previsto" (CWJMK, vol. XII, p. 804).

A segunda característica central da abordagem pós-keynesiana à propensão a consumir é a endogeneização macroeconômica das restrições orçamentárias sobre as decisões dos consumidores. Como propusemos no Capítulo 3, uma economia monetária é um arranjo social hierárquico em que aqueles que acumularam ativos ou que são capazes de emitir obrigações para ter acesso a fundos discricionários têm influência decisiva sobre o desenvolvimento dos processos econômicos. De forma altamente estilizada, poderíamos descrever a dinâmica fundamental da determinação do emprego em uma economia monetária da seguinte maneira: as empresas decidem quanto investir em um determinado período; admitindo que os produtores de bens de capital sejam capazes de estimar adequadamente a demanda pelos itens recém-produzidos que virão das empresas, fatores de produção serão contratados para produzir os novos bens de capital; para os proprietários desses fatores, as restrições de renda ou orçamentárias são determinadas por essa nova escala de emprego; se supusermos um movimento de expansão, teremos uma demanda derivada por bens de consumo sustentada pelo mais alto nível de renda agora disponível para esses agentes; quando seus gastos adicionais de consumo são feitos, é a produção de bens de consumo que se expande, e para ela são necessários novos fatores de produção, relaxando as restrições de renda com base nas quais os proprietários desses fatores de produção recém-empregados decidem a respeito dos próprios gastos de consumo. O processo continua, com repercussões adicionais sobre os gastos de consumo, até se exaurir. Isso se dá porque, de acordo com a "lei psicológica fundamental" de Keynes, a propensão marginal a consumir é menor que um, o que quer dizer que nem todo o aumento da renda é gasto em consumo. Como vimos, tende a ser feita alguma poupança por precaução, deixando escapar parte da renda a cada rodada do processo de multiplicação.

O multiplicador, a inovação teórica que Keynes tanto enfatizou em seus debates sobre a *Teoria Geral*, é apenas o resultado da endogeneização das restrições orçamentárias. Cada consumidor toma suas decisões como se a própria renda fosse fixa (como de fato deveria ser). Mas há uma falácia de composição em se considerar, como faz a economia clássica, que as restrições orçamentárias também sejam fixas no agregado. A análise de Keynes sobre a propensão a consumir é a crítica dessa falácia.

Keynes e os Pós-Keynesianos

No nível micro, o que vemos é cada agente procurando tornar seu nível de poupança adequado à proporção desejada entre poupança e renda. Quando são feitos novos pagamentos, o agente se vê com uma renda mais elevada do que antes para a qual não foi previamente decidido o destino de consumo. É como ter uma propensão a poupar (provisoriamente) unitária (cf. CHICK, 1983a). O agente tentará atingir a posição desejada por meio da liquidação de parte do excesso de ativos acumulados e substituindo-os por bens de consumo. Isso se faz por meio da compra de bens de consumo e, assim, com a criação de nova renda adicional para outrem, que se verá na mesma posição que ocupava o consumidor anterior no começo de seu ciclo. O multiplicador se completa quando todos os consumidores estão em equilíbrio, ou seja, quando estão poupando apenas a proporção desejada de sua renda, tendo se livrado da poupança excedente por meio da compra de bens de consumo.

Naturalmente, a ação do multiplicador depende de muitos fatores, dos quais o mais importante talvez seja a percepção de ser o aumento de renda permanente ou não, permitindo ou não uma mudança dos padrões de vida. Mudanças percebidas como extraordinárias podem afetar o consumo em qualquer direção. Mudanças tidas como permanentes justificam mudanças dos padrões de vida. Novamente, é de se observar que essa interpretação não muito distante da de Keynes tem o poder de absorver intuições como o da renda permanente de Friedman ou os efeitos "catraca" de Duesenberry, sem precisar aceitar a parafernália de maximização que presume informação plena.

Algo que se deve esclarecer é que o processo multiplicador não é algo que obtenha, ao se concluir, um montante de poupança igual ao investimento feito. Os dois são iguais a todo o tempo, tanto no sentido financeiro como no material de serem produção indisponível, para usar a terminologia do *Tratado sobre a Moeda* (CWJMK, vol. XII, p. 582; LERNER, 1947 p. 630). O multiplicador é um processo de redistribuição da poupança entre os poupadores para atingir uma situação em que toda a poupança esteja sendo feita por quem deseja poupar. Desde que haja alguém poupando mais do que deseja, esse alguém terá a opção de gastar o excedente, dando mais um passo no processo de multiplicação.

EM SUMA

Discutimos neste capítulo o mais importante dos mecanismos de propagação que operam em uma economia monetária, o multiplicador do consumo. Keynes criticou a abordagem ortodoxa à decisão de consumo/poupança segundo a qual o montante de poupança se presumia função crescente das taxas de juros por causa de efeitos de substituição intertemporal. Keynes também rejeitou a lei de Say, que justificava tomar a tenda agregada como um dado exógeno. Keynes e os pós-keynesianos substituem as noções de maximização intertemporal e da lei de Say pelas ideias de incerteza e do orçamento endógeno.

Presume-se que operem processos de ajuste completamente diferentes em uma economia cooperativa e em uma economia monetária. Na primeira, o investimento e o consumo são usos alternativos da produção corrente. Isso pode representar adequadamente algum tipo de economia do trigo, em que este bem possa representar os papéis de bem de consumo e bem de investimento, mas é uma representação muito falha das economias monetárias modernas e complexas, com seus bens especializados. A produção de bens de investimento e de consumo envolve decisões que precisam ser tomadas antecipadamente: não são alocações alternativas da produção corrente. Assim, em uma economia monetária, as firmas produtoras de bens de capital decidem, agindo com base nas próprias expectativas de curto prazo, o que produzir para satisfazer o fluxo esperado de demandas de investimento, e isso desencadeia um mecanismo de multiplicação em que os fatores de produção empregados na produção de bens de capital gastam sua renda adicional, criando novas demandas e nova renda, e assim sucessivamente, até que a sequência esteja exaurida.

É preciso observar que quando o multiplicador termina de cumprir sua função, os agentes estarão em equilíbrio no sentido de que cada um estará poupando a proporção desejada de sua renda. É um equilíbrio real que, contudo, não representa equilíbrio pleno no sentido de que não sabemos se essa poupança corretamente distribuída também se mantém na estrutura mais adequada. Em outras palavras, só o que sabemos a esta altura é que os agentes poupam o quanto desejam; ainda não se sabe se possuem os ativos que desejam. O aspecto financeiro dessa operação é o assunto do próximo capítulo.

CAPÍTULO 9

POUPANÇA, FINANCIAMENTO E *FUNDING*: AS INSTITUIÇÕES FINANCEIRAS E A SUSTENTAÇÃO DO INVESTIMENTO

Como vimos no capítulo anterior, o multiplicador obtém uma situação de equilíbrio em que todos os consumidores acabam poupando a proporção desejada de sua renda aumentada. Se as expectativas de curto prazo dos produtores quanto às demandas futuras estiverem corretas, a produção de bens de consumo se adequará a essas demandas e os mercados de bens estarão em equilíbrio.

Mas não há motivo para que seja um equilíbrio pleno. Em nossa descrição do mecanismo que opera em uma economia monetária, o ato original de gasto que desencadeia o multiplicador foi viabilizado pela criação, pelos bancos e meios de pagamento. Foram criadas dívidas a serem mantidas pelos bancos. Por outro lado, os consumidores ficaram com nova riqueza em mãos: a poupança feita com a renda aumentada. Devemos, então, nos preocupar não só com o equilíbrio de fluxo nos mercados de bens, mas também com o equilíbrio de estoque nos mercados de ativos e dívidas, a respeito dos quais o multiplicador nada diz.

182 | Keynes e os Pós-Keynesianos

Uma proposição fundamental da economia keynesiana em qualquer de suas formas é que a decisão de poupança deve ser estudada separadamente da escolha quanto à forma em que a renda poupada deve ser armazenada.[1] Como já afirmamos, a decisão de poupar se refere a alguma espécie de preferência intertemporal, explicável seja pela existência de planos definidos de gasto futuro, seja — mais provavelmente — por movimentos de precaução frente a um futuro incerto. Tendo decidido o quanto poupar, o agente ainda precisa decidir como armazenar essa poupança. A segunda decisão é orientada pela medida em que o poupador prefere a segurança ao enriquecimento, ou seja, por sua preferência pela liquidez. O multiplicador (e a geração de poupança e sua distribuição entre os indivíduos) aborda a primeira pergunta, mas não toca na segunda.

Para ir além do mercado de bens, temos de considerar que poupar é demandar algum tipo de ativo. Essa demanda, como vimos, dependerá das preferências dos agentes quanto à rentabilidade e à liquidez, que se esperam variar em direções opostas. Além disso, temos de ter em mente que estão em andamento outras operações com ativos nas quais os bancos trocam moeda com as empresas por dívida por elas emitida que se torna ativos mantidos pelos bancos. As empresas, a partir dessa dívida, compram, por sua vez, outros tipos de ativos (por exemplo, bens de capital fixo). O multiplicador atingiria o equilíbrio pleno se fosse possível demonstrar que, nesse processo, não só a demanda dos consumidores por bens de consumo adicionais seria satisfeita, mas também a dos poupadores por ativos com determinadas características, pela criação de títulos por parte das firmas e dos bancos. Infelizmente, o multiplicador em si não pode oferecer quaisquer informações a essas transações. Um equilíbrio no mercado de bens pode coexistir com desequilíbrios profundos no mercado de ativos. Os tipos de ativos que os poupadores buscam podem ser incompatíveis com os tipos de ativos que os devedores desejam emitir. Um desequilíbrio de estoque pode sobreviver à obtenção do equilíbrio nos mercados de bens e perturbá-los posteriormente. O objetivo deste capítulo é discutir essas possibilidades e explicar suas implicações.

---

1 "As preferências temporais psicológicas de um indivíduo exigem dois conjuntos distintos de decisões para que sejam plenamente implantadas: o primeiro diz respeito ao aspecto da preferência temporal que chamei de propensão a consumir, que (...) determina para cada indivíduo o quanto de sua renda irá consumir e o quanto irá reservar sob alguma forma de controle sobre o consumo futuro. Mas, tendo sido tomada essa decisão, outra decisão aguarda, qual seja, sob que forma irá manter o controle sobre o consumo futuro que reservou, se com base em sua renda corrente ou a partir de poupança anterior" (KEYNES, 1964, p. 166).

POUPANÇA E FINANCIAMENTO

As relações entre poupança e financiamento podem ser a área em que surgiram mais erros de interpretação das ideias de Keynes desde a publicação da *Teoria Geral*. Mais especificamente, a proposição de que o investimento gera seu próprio financiamento foi interpretada de maneiras que vão do correto significado atribuído por Keynes a argumentos absurdos quanto à suposta irrelevância das relações financeiras e das formas de endividamento para as decisões de investir.

Para tentar esclarecer a confusão, partiremos do tratamento originalmente dado por Keynes na *Teoria Geral* e nos debates imediatamente após sua publicação, em especial sua discussão com Ohlin em 1938. Nessas obras, Keynes estabelece uma distinção teoricamente cristalina entre os conceitos de poupança, financiamento e *funding*. Essas distinções podem ser esmaecidas na prática pela diversidade de instituições e procedimentos financeiros da economia real, mas os fenômenos estilizados em cada conceito podem ser claramente percebidos.

Em uma economia monetária, os bens são comprados com moeda, independentemente de ser ela obtida por intermédio da venda de algum bem ou serviço ou pela emissão de dívida. Investir é comprar bens de investimento, e para se fazer tal aquisição, o que é necessário é a disponibilidade de moeda. Uma firma investidora pode ter acumulado moeda de lucros no passado ou pode ter recorrido a fontes externas de moeda, como o público em geral ou os bancos, por meio da emissão de dívida. Se recorrer ao público, a empresa estará absorvendo recursos líquidos que estavam sendo mantidos sob alguma outra forma, obrigando os emissores das obrigações substituídas na carteira do público e procurar por outras fontes de financiamento. Se recorrer aos bancos, novos depósitos serão criados sem qualquer *crowding out* (efeito deslocamento) das obrigações existentes. Os bancos, assim, podem financiar novas compras através da criação de moeda adicional. O recurso a lucros acumulados ou aos ativos mantidos pelo público em geral não gera poder de compra adicional, mas a substituição de uma obrigação por outra. Como Keynes enfaticamente colocou:

Isso significa que, em geral, os bancos ocupam a posição-chave na transição de uma escala de atividade inferior para outra superior. Se eles se recusarem a relaxar, a crescente congestão do mercado de empréstimos de curto prazo ou do mercado de novas emissões, conforme o caso, irá inibir a melhoria, não importa o quanto público deseje poupar de suas rendas futuras. (CWJMK, vol. XIV, p. 222)

A criação de moeda para sustentar qualquer gasto previsto é o que Keynes chama de financiamento (*finance*). Como enfatizam Keynes e os pós-keynesianos, isso nada mais é que uma operação contábil por meio da qual um banco compra um ativo (um direito contra a empresa tomadora) por meio da criação de um passivo contra si mesmo (os depósitos à vista que a empresa fará para realizar suas compras).[2] Não se envolve qualquer recurso real; mais especificamente, não ocorre poupança e nem tem ela qualquer papel nessa operação. O financiamento é a criação da quantidade de moeda necessária para possibilitar um determinado plano de gastos. É uma operação que precede temporalmente a compra efetiva ou até a produção efetiva dos bens de investimento que serão demandados. Podemos, para enfatizar, imaginar que os produtores de bens de investimento produzam sob encomenda, ou que observem a criação de crédito bancário para formar suas expectativas de curto prazo, de tal sorte que a produção efetiva somente comece depois que o financiamento tenha sido obtido. Se a produção não teve início, então a renda ainda não foi gerada e, portanto, a poupança — uma alocação da renda corrente — não pode existir.

O financiamento, portanto, é a criação de moeda pelas instituições que dispõem do poder necessário para tal: bancos ou autoridade monetária. A poupança, por outro lado, é a alocação da renda auferida que faz o público em geral. A diferença conceitual também é sublinhada por sua relação cronológica. O financiamento precede a produção, que gera a renda. Se o ato de investimento cria poupança no mesmo montante e o financiamento precede a poupança, o financiamento é condição para a geração de poupança, em vez da causalidade inversa que os economistas clássicos costumam presumir.[3] Em uma economia de milho, a inspiração para o paradigma da feira da aldeia, a causalidade inversa pode ser válida. É necessário poupar milho para investir em produção adicional de milho.

---

2 Maneiras alternativas de contar essa história que, de qualquer forma, são próximas desta podem ser encontradas em Davidson (1986) e Chick (1983b).

3 "Mas 'financiamento' nada tem a ver com poupança. Na etapa 'financeira' do processo, poupança líquida nenhuma ocorreu por parte de ninguém, da mesma forma que ainda não ocorreu investimento" (CWJMK, vol. XIV, p. 209. Ver, também, ibid. p. 217 e DAVIDSON, 1987b, p. 55). Para outra perspectiva, ver Terzi (1986-1987).

Poupança, Financiamento e Funding: As Instituições Financeiras... | 185

Em uma economia monetária, por seu lado, é a moeda que compra bens, inclusive os bens de investimento.

É preciso, contudo, ter cautela e notar que se a criação de moeda é condição efetiva para dar início ao processo de investimento, ela não é tudo que o sustenta. Como escreveu Keynes:

> *O empreendedor, ao decidir investir, precisa estar satisfeito em relação a dois pontos: primeiro, que possa obter financiamento de curto prazo em quantidade suficiente durante o período de produção do investimento; e, segundo, que possa eventualmente fazer o funding (reestruturação) de suas obrigações de curto prazo por meio de uma emissão de médio prazo sob condições satisfatórias.* (CWJMK, vol. XIV, p. 217)

Quando os bancos criam financiamento, estão aceitando tornar-se temporariamente ilíquidos.[4] Os bancos costumam emitir obrigações de curto prazo, como depósitos à vista, ou certificados de depósito a prazo. Seus ativos precisam ter duração correspondentemente breve para garantir a segurança de sua operação. Quando é concedido um empréstimo a uma empresa investidora, o banco assume uma oposição especulativa ao absorver um ativo (o empréstimo), que é, em última análise, garantido por um ativo ilíquido, o bem de investimento comprado pela empresa.[5]

Além disso, a própria empresa também assume uma posição especulativa de risco no processo, e pelos mesmos motivos. Está financiando a compra de ativos normalmente de longa duração por meio da emissão de obrigações de curto prazo, as únicas que os bancos podem aceitar. Assim, tanto os bancos como as empresas investidoras se veem em uma situação vulnerável em decorrência de suas operações. A situação ideal, é claro, seria aquela na qual a empresa pudesse encontrar possuidores permanentes de suas obrigações que lhe permitissem pagar o empréstimo bancário. Nesse caso, o banco teria a liquidez de seu balanço restaurada, e a firma teria ativos e passivos de prazos compatíveis. O processo de

---

4 Para que o investimento ocorra, alguém precisa se tornar ilíquido, pelo menos temporariamente. Ver CWJMK, vol. XIV, p. 281; e também Kaldor (1980) e Asimakopoulos (1983).

5 Na verdade, para reduzir o risco suportado pelo banco, pode se exigir do tomador alguma garantia real como margem de segurança contra o inadimplemento em relação aos termos do contrato de empréstimo.

186 | Keynes e os Pós-Keynesianos

transformação de obrigações de curto prazo em outras de longo prazo é chamado de *funding*. Para ser viável, uma operação de *funding* exige a presença de possuidores de riqueza que desejem repositórios permanentes de riqueza, em contraste com os bancos, que, ao criar financiamento, estão apenas em busca de compromissos de curta duração.

Os candidatos óbvios para o papel de sustentadores finais do investimento são as novas poupanças criadas pelo ato de investimento em si. Vimos no capítulo anterior que, em decorrência do investimento e da operação do multiplicador de consumo, chegamos a uma situação em que nova poupança é mantida (em exata equivalência com o novo investimento realizado) nas proporções desejadas por cada indivíduo. Trata-se de poupança voluntária acumulada para a qual são necessários veículos para ser armazenada. Se esses novos poupadores puderem ser persuadidos a manter sua riqueza adicional sob a forma de títulos sobre o novo investimento, usando seus depósitos inativos (que representam a poupança recém-feita) para comprar dívida de longo prazo da empresa investidora, bancos e empresas, juntamente com os poupadores, atingirão um equilíbrio de estoque em paralelo com o equilíbrio de fluxo obtido pelo multiplicador.

A maioria dos modelos neoclássicos dos mercados de capitais presume que a economia convergirá para esse equilíbrio, mas, como observou Davidson (1978a, Cap. 12), ele também está presente nos modelos Kaldor/Pasinetti de crescimento em estado estacionário. Uma abordagem pós-keynesiana, contudo, deveria enfatizar os obstáculos no caminho de tal solução, uma vez que ela ignora totalmente a preferência pela liquidez. Como já vimos, poupar, obviamente, é demandar ativos, mas não necessariamente (ou sequer provavelmente) os tipos de ativos que as empresas investidoras estão preparadas para criar. Se a poupança se faz, pelo menos em parte, por causa de incertezas quanto ao futuro, é muito improvável que os poupadores concordem em manter diretamente ativos que podem não ser muito líquidos. Não seria questão de quão alta é a propensão a poupar, mas de quão intensa é a preferência pela liquidez.[6] Quanto mais elevada a preferência por ativos líquidos, maiores terão de ser as taxas de juros oferecidas pelas firmas para persuadir os poupadores a absorver suas obrigações. Desde que haja qual-

---

6 Nesse sentido, a conclusão da operação do multiplicador não basta para se atingir o equilíbrio pleno, como sugeriu Asimakopoulos (1983). A questão não é o quanto o público está disposto a poupar, mas quanta riqueza está disposto a manter em formas menos do que plenamente líquidas. Ver CWJMK, vol. V, Cap. 10; Kahn (1984).

Poupança, Financiamento e Funding: As Instituições Financeiras... | **187**

quer grau positivo de preferência pela liquidez, qualquer firma endividada terá de aceitar alguma perda de capital para obter *funding* diretamente dos poupadores.

A alternativa real para reduzir essas perdas está não em persuadir os poupadores a poupar mais, mas em criar instituições que permitam que a poupança seja usada com *funding* ao mesmo tempo que permite aos poupadores manter sua liquidez. É esse o papel das instituições financeiras, que, ao agrupar riscos, são capazes de transformar ativos de mais curto prazo em outros de mais longo prazo.[7] Podem ser capazes de oferecer ativos líquidos aos poupadores e, ao mesmo tempo, fornecer fundos de mais longo prazo aos investidores. Quanto mais sofisticado e diversificado for o sistema financeiro em termos de tipos de instrumentos financeiros e duração de comprometimentos, mais eficiente será na intermediação de recursos entre poupadores e investidores.

Impossível exagerar a importância do ponto de que, para os pós-keynesianos, a questão não é o montante da poupança (que é sempre igual ao montante do investimento feito), mas sua distribuição (orientada pelo multiplicador) e sua forma (determinada pela preferência pela liquidez do público).[8] A solução eficiente é criar um conjunto de intermediários financeiros capazes de satisfazer os dois extremos do mercado de fundos sem aumentar as propensões a poupar (a menos, é claro, que estejamos falando de investimentos maiores do que a poupança no pleno emprego, uma situação que, de qualquer forma, presumimos ser rara).

É muito improvável que, mesmo nas economias mais desenvolvidas, exista um sistema financeiro perfeito, capaz de transformar toda a poupança em *funding* para projetos de investimento. O mais provável é que os agentes precisem adotar estratégias mistas, combinando operações de *funding* com algum grau de recurso repetitivo ao financiamento bancário. Como demonstrou Feijó (1990), podemos entender o modelo de Minsky de posturas financeiras exatamente como uma modificação da articulação original de Keynes dos conceitos de financiamento e *funding*.

---

7 "As instituições financeiras, quando funcionam corretamente, permitem que os empreendedores aumentem a taxa de instalação de capacidade ilíquida adicional e a consequente expansão da produção, ao mesmo tempo que cuidam dos desejos e necessidades de liquidez do setor privado com a criação de diversos ativos líquidos (máquinas do tempo) e a organização (*market making*) de mercados contínuos de compra e revenda dessas máquinas do tempo" (DAVIDSON, 1982a, p. 38). Ver, também, CWJMK, vol. V, Cap. 10; vol. XXI, Cap. 6.

8 Kregel enfatizou a conexão intrínseca entre o multiplicador e a liquidez. Ver Kregel (1984, 1985).

Com efeito, o ponto essencial do modelo de Minsky é que os agentes podem seguir estratégias mistas que combinam diferentes tipos de comprometimento envolvendo distintos riscos e graus de vulnerabilidade a alterações da operação dos mercados financeiros. O processo sequencial original de Keynes — em que se parte dos bancos ao criarem financiamento, segue para a realização de investimento, a criação de poupança equivalente, depois para a distribuição dessa poupança entre poupadores voluntários pelo distribuidor e, finalmente, a promoção do *funding* por intermediários financeiros — não precisa se dar exatamente nessa ordem.[9] A construção do argumento foi, contudo, eficiente ao destacar os elementos essenciais do problema, identificando a natureza específica de cada operação e os agentes que dela participam. O modelo de Minsky também é uma representação estilizada do processo financeiro, mas permitindo explicitamente o fato de que financiamento e *funding* podem não ser apenas alternativas, mas também agir como complementos.[10] A partir daí, Minsky pôde derivar um modelo de fragilidade financeira que permanece parte muito importante da macroeconomia pós-keynesiana.

ESCOLHAS FINANCEIRAS E FRAGILIDADE MACROECONÔMICA

O modelo de fragilidade financeira de Minsky se baseia na identificação de "posturas", ou escolhas em balanço que os investidores podem adotar para sustentar seus planos. A intuição essencial que o modelo oferece é a indicação das possíveis implicações das incompatibilidades entre os vencimentos dos ativos e dos passivos escolhidos pelos investidores para a estabilidade da economia como um todo. Assim, em vez da trajetória financeira keynesiana típica que liga o financiamento ao *funding*, a abordagem de Minsky reconhecerá explicitamente a improbabilidade de se obter *funding* em montante o suficiente para substituir o

---

9 Aliás, o próprio Keynes alertou que a sequência variaria de um caso para outro, dependendo, entre outras coisas, da natureza e das funções das instituições que efetivamente operam em cada caso. Ver CWJMK, vol. XIV, p. 208-211.

10 Como insistiram Chick (1983b) e Feijó (1991), o tratamento dispensado por Keynes ao conceito de *funding* foi muito perfunctório, limitando-se, na maior parte do tempo, à observação do contraste essencial entre financiamento e *funding*, dedicando muito mais atenção ao primeiro.

Poupança, Financiamento e Funding: As Instituições Financeiras... | 189

financiamento de curto prazo e, assim, para permitir que os agentes operem com balanços perfeitamente compatíveis.

Minsky parte da definição de três posturas financeiras elementares, ou seja, escolhas quanto aos meios de sustentação financeira de uma determinada decisão de investimento. A primeira postura, chamada de *hedge*, se refere a investidores que somente aceitem passivos com vencimentos equivalentes aos dos ativos adquiridos. Assim, um *hedger* somente investirá se já dispuser dos recursos necessários, ou se puderem ser encontrados empréstimos com o mesmo vencimento do ativo desejado. Em termos da linguagem de Keynes, um *hedger* não aceita o estágio de financiamento, apenas se interessa pelo investimento se o *funding* puder ser obtido antecipadamente. Ele recusa os riscos de não poder transformar obrigações de curto prazo em outras de longo prazo após a efetiva implantação de um plano de investimento. É uma posição altamente conservadora que fica defendida contra desdobramentos imprevisíveis nos mercados financeiros capazes de inviabilizar a conversão futura de financiamento em *funding*.

É claro que a obtenção antecipada de *funding* do investimento significa que o *hedger* é capaz de atrair poupança preexistente que esteja sendo mantida sob outra forma, ou de convencer algum agente a assumir em seu lugar os riscos de conversão. Um banco de investimento, por exemplo, pode fornecer *funding* a investidores, assumindo para si o risco de conversão da dívida (ou das ações) que absorveu na poupança que estará disponível adiante. Para a economia como um todo, o *funding* não pode ser aumentado antes de a poupança ter sido criada. A abordagem de Minsky, contudo, destaca o fato de que, para que um processo de investimento tenha início, pode ser o bastante que outro agente assuma os riscos financeiros.

Desta forma, se as expectativas do *hedger* quanto ao rendimento dos ativos comprados estiverem corretas, ele poderá atender o serviço de sua dívida com os proventos de sua carteira. Certo que está da disponibilidade de crédito de longo prazo no começo do período, tem certeza de que estará seguro, independentemente das mutações sofridas pelos mercados financeiros.

A segunda postura que Minsky identificou está mais próxima da visão que Keynes tinha do processo. Minsky a chama de "especulativa". Descreve uma situação em que o vencimento dos passivos do investidor é menor do que o de seus ativos. Nesse caso, a renda gerada pelos ativos não será suficiente para liquidar as dívidas contratadas nas datas avençadas, e será necessária alguma rolagem dessas dívidas. De certa forma, é o que se dá quando uma empresa obtém financiamento para a compra de um ativo na esperança de que, no futuro, seja capaz de rolar a dívida ou transformá-la em *funding*. É uma escolha especulativa, porque a empresa não sabe antecipadamente se os bancos estarão dispostos a renovar a dívida sob condições aceitáveis ou se o público estará disposto a comprar sua dívida ou suas ações para proporcionar *funding* às suas obrigações. Mudanças futuras adversas do estado dos mercados financeiros podem levar essas empresas à insolvência, mesmo que as expectativas sobre os retornos dos ativos se confirmem.

Finalmente, Minsky definiu como postura Ponzi o caso em que é necessário mais do que apenas rolar as dívidas correntes. No caso de uma postura especulativa, o investidor é capaz de pagar os custos do serviço da dívida, mas precisa rolar o principal. O valor da dívida permanece constante. Um investidor Ponzi não é capaz sequer de fazer o serviço da dívida, e, assim, precisa recorrer aos bancos para aumentar sua dívida, acrescentando juros não pagos ao seu principal. Para que esse tipo de agente mantenha sua solvência, é necessário que o rendimento esperado dos ativos seja o bastante para compensar a dívida crescente. É claro que essa posição é ainda mais arriscada do que a especulativa, uma vez que elevações inesperadamente elevadas das taxas de juros podem levar o investidor à insolvência.

Explicitar essas escolhas nos permite ver com mais clareza que, embora as incertezas financeiras que cercam uma decisão de investimento não possam ser eliminadas, podem ser deslocadas para outros agentes, ou socializadas. Os bancos de desenvolvimento costumam ser criados para permitir que surja uma maior quantidade de *hedger*s, viabilizando alguns investimentos que somente seriam implantados se os investidores estivessem tomados de "espíritos animais" excepcionalmente elevados.

O grau e a eficiência com que a socialização das incertezas é efetivamente tratada são uma questão institucional. O arranjo como um todo também deixa claro que as incertezas são deslocadas, mas não eliminadas. Nesse sentido, um sistema financeiro eficiente pode ser aquele em que se promove um grau máximo de socialização dos riscos financeiros, deixando para o empreendedor principalmente a incerteza decorrente do investimento em si.

Poupança, Financiamento e Funding: As Instituições Financeiras... | 191

Um investidor individual pode apresentar uma combinação das três posturas, adotando diferentes estratégias de financiamento para diferentes grupos de ativos em sua carteira. Para a economia como um todo, seja como for, a complexidade do processo de acumulação de capital fica clara, uma vez que ele provavelmente conterá os três tipos de escolhas ao mesmo tempo. A proporção de operações de *hedge*, especulativas e Ponzi determinará o grau de fragilidade macroeconômica de uma economia.[11] Quanto maior o peso dos investidores especulativos e Ponzi, mais vulnerável será a economia a alterações dos mercados financeiros. Pelo mesmo raciocínio, quanto maior o peso dos *hedgers*, mais segura será a economia, pelo menos no que se refere a problemas financeiros.

Minsky conclui seu argumento traçando a representação de um modelo de ciclo de negócios baseado em mudanças de fragilidade de uma economia. Partindo do ponto mais profundo de uma recessão, Minsky observa que um processo de recuperação costuma ser encabeçado por *hedgers*, uma vez que é improvável que os bancos forneçam crédito, a não ser a agentes altamente conservadores que sejam capazes de demonstrar sua solidez. Restringir o crédito aos *hedgers*, contudo, significa para os bancos abrir mão de oportunidades lucrativas, uma vez que os investidores especulativos não só são mais numerosos como também estão dispostos a pagar juros mais elevados (ou tomar empréstimos por prazos mais curtos). Assim, na escalada da economia, a proporção de investidores especulativos tende a aumentar. Durante o *boom* surgem os investidores Ponzi dispostos a aceitar quaisquer condições financeiras para permitir a implantação de seus investimentos altamente arriscados. A iliquidez crescente dos bancos, contudo, pode pôr fim ao processo de aumento do endividamento, ainda que o banco central não o faça. Se o crédito for restrito, novos planos poderão ser sufocados, e a demanda agregada poderá cair. De qualquer forma, um aumento das taxas de juros é mais do que provável, estrangulando alguns planos de investimento. Uma queda da demanda agregada (ou mesmo ela não crescer ao ritmo de antes) pode frustrar as expectativas de rendimento não só dos investidores especulativos e Ponzi, mas até mesmo dos *hedgers*. Se isso acontecer, surgirá uma crise, levando a uma onda de insolvências e, eventualmente, se tiver início um processo de deflação da dívida e o governo não tomar medidas ativas para estabilizar a

---

11 Ver Minsky (1982, p. 18).

economia, a uma depressão à qual somente os *hedger*s deverão sobreviver, reiniciando o processo.

A representação de Minsky do processo financeiro é, assim, um avanço sobre o retrato original de Keynes, que, de toda forma, não é com ela incompatível. Estão envolvidos os mesmos conceitos elementares e especialmente a distinção entre financiamento e *funding*, mas levando em consideração o desenvolvimento que essas relações sofreram desde os tempos de Keynes. Mais ainda, passa a ser possível explorar combinações permanentes ou duráveis (em vez de sequenciais) de operações de financiamento e *funding*, reconhecendo que os investimentos raramente são sustentados por financiamento puro ou *funding* puro, o que permite investigar as maneiras e os meios pelos quais podem ser combinados pelos investidores em estratégias financeiras definitivas.

EM SUMA

Este capítulo encerra nossa apresentação dos mecanismos de propagação que operam em uma economia monetária de produção, apresentando a outra face do multiplicador, o seu aspecto financeiro. Descrevemos, assim, um processo pelo qual a criação de moeda condiciona todos os comportamentos e em que as variáveis monetárias estão presentes em todos os pontos. Esta visão do problema do multiplicador e da própria noção de equilíbrio proposta por Keynes e pelos pós-keynesianos, deve ser contrastada com os modelos muito mais simplistas oferecidos pela síntese neoclássica, em que o equilíbrio de fluxo do mercado de bens parece ser o final da história em um mecanismo que preserva a dicotomia entre variáveis reais e monetárias contra a qual Keynes formulou seus mais fortes argumentos.

Na abordagem pós-keynesiana, a poupança não é pré-condição para o investimento; a criação de moeda é. Investir é comprar bens de investimento e, para comprar bens de qualquer espécie os agentes precisam de moeda. O montante de moeda a que um agente tem acesso não depende diretamente de sua renda; uma vez que pode ter acesso ao crédito, a criação de poder de compra pode ser pelos bancos. A poupança é criada quando se dá um ato de investimento. Assim, ela é criada simultaneamente com o investimento e o acompanha como uma sombra.

Poupança, Financiamento e Funding: As Instituições Financeiras... | 193

A sustentação financeira da acumulação, contudo, não é apenas a criação de moeda bancária. Quando uma firma toma um empréstimo de um banco para comprar um bem de investimento, tanto o banco como a empresa se tornam menos líquidos do que desejam. A firma financia a compra de um ativo de longa duração com empréstimos de curto prazo. O banco é, em última análise, dependente do sucesso da empresa no *funding* de sua dívida para ver quitado o empréstimo que concedeu. É, assim, necessário que a empresa seja capaz de colocar obrigações de longo prazo com o público, diretamente ou por meio de intermediários financeiros, para equilibrar a própria posição e a do banco. A demanda pelos novos ativos deve vir daqueles que poupam a partir do aumento de renda causado pelo investimento original. No agregado, há exatamente a quantidade de poupança suficiente para fazer o *funding* dos novos bens de investimento. A dificuldade jaz na preferência pela liquidez dos poupadores, que pode impedir que a poupança seja usada para o *funding* das dívidas da firma. Satisfazer tanto poupadores como firmas é o principal papel dos intermediários financeiros que emitirão ativos líquidos para o público e fornecerão *funding* para as empresas.

Financiamento e *funding*, por mais clara que seja a distinção teórica entre eles, na verdade não são de todo incompatíveis. Os agentes podem tentar fazer *funding* de parte de seus investimentos e sustentar o restante com dívida de mais curto prazo. A taxonomia de Minsky das posturas financeiras possibilita substituir uma abordagem sequencial mais mecânica pelo reconhecimento, pelos investidores, de estratégias mistas, dependendo de suas percepções e expectativas acerca do comportamento futuro dos mercados financeiros.

O arranjo todo, além de esclarecer as relações entre as noções de poupança, investimento e *funding*, nos permite perceber que a natureza essencialmente especulativa do investimento, ou seja, a troca de moeda agora por uma quantidade desconhecida de moeda no futuro, não desaparece independentemente dos tipos de relações institucionais estabelecidas entre os principais agentes do processo. Um sistema financeiro eficiente socializa a incerteza, reduz seu ônus sobre o empreendedor e a compartilha com os poupadores e as instituições financeiras: um ato de investimento implica na aceitação, por alguém, de iliquidez.

CAPÍTULO 10

EMPREGO, SALÁRIO E DISTRIBUIÇÃO DE RENDA

Os elementos apresentados até aqui foram combinados por Keynes em uma teoria da determinação do nível de emprego. A teoria do emprego pretendia sintetizar todos os processos que se dão em uma economia monetária em um arcabouço de curto período. Como vimos no Capítulo 2, o estudo concentrado nas posições no curto período se deveu à premissa de que os processos econômicos de curto prazo tenderiam, de fato, a posições de equilíbrio no curto período, uma vez que existia uma identidade razoável entre as determinantes teóricas da posição de equilíbrio no curto período e as influências reais que afetam as decisões dos agentes no curto prazo. Não se pretendia atribuir tal realismo ao estudo das posições no longo período. Pode valer a pena repetir uma citação que já foi apresentada no Capítulo 2:

Assim, supomos, de acordo com os fatos, que a qualquer dado momento os processos produtivos postos em movimento, sejam eles para produzir bens de consumo ou de investimento, sejam decididos em relação aos bens de capital então existentes. Mas não presumimos que os bens de capital se mantenham de qualquer forma constantes entre um período contábil e o seguinte.

Se encararmos dessa maneira o processo produtivo, estaremos, me parece, no mais próximo contato possível com os fatos e métodos do mundo empresarial tal como de fato existem; e, ao mesmo tempo, teremos transcendido a incômoda distinção entre o curto e o longo período. (CWJMK, vol. XXIX, p. 64)

O longo prazo, portanto, que é um conceito do tempo calendário, é uma sucessão de curtos prazos (cf., também, KALECKI, 1971, p. 165). Os processos históricos de longo prazo não seguem uma trajetória predeterminada em direção aos centros gravitacionais do longo período. Pelo contrário, resultam da recriação contínua de restrições e constrições dos atos dos agentes que decorrem das decisões e atos que eles mesmos tomaram e praticaram no passado. A qualquer dado momento, os empreendedores precisam tomar decisões frente às restrições representadas pela estrutura herdada de ativos e passivos, pelas instituições e práticas existentes, pela legislação e assim por diante. Alguns desses elementos podem ser alterados em decorrência das próprias decisões tomadas. Abrem-se novas possibilidades de curto período para as quais a economia pode tender. A sucessão de posições do curto prazo que gravita em torno dos equilíbrios de curto período (que, é bom recordar, se definem pelas compras desejadas de bens de consumo e bens de capital, que, por sua vez definem, assim, uma trajetória de acumulação de capital) caracteriza um processo de longo prazo.

Desta forma, a concentração nos equilíbrios de curto período não significa que Keynes ou seus seguidores tenham considerado os processos de longo prazo irrelevantes. Significa, isto sim, que os processos de longo prazo não têm realidade para além de suas manifestações no curto prazo e enquanto restrições (mas não determinações) duráveis sobre as trajetórias efetivas de desenvolvimento.[1] O

---

1 "Tudo o que ocorre em uma economia se dá em uma situação de curto período, e cada decisão tomada o é em uma situação de curto período, uma vez que um evento se dá, ou uma decisão é tomada, em um momento específico, e a qualquer momento o estoque de capital físico é o que é; mas o que ocorre tem, também, um aspecto de longo período. Mudanças no longo período se vão dando em situações de curto período. As alterações da produção, do emprego e dos preços, dadas com um determinado estoque de capital, são mudanças no curto período, enquanto as mudanças do estoque de capital, da força de trabalho e das técnicas de produção são mudanças de longo período (ROBINSON, 1969, p. 180).

foco sobre o emprego, por sua vez, se deve ao seu papel como índice da situação econômica como um todo e, sem dúvida, à inovação representada pela noção de desemprego de equilíbrio. Devemos ter em mente, seja como for, que o nível de emprego não está relacionado apenas com um nível de renda agregada, como também com um determinado nível de investimento e consumo, assim como está relacionado com um equilíbrio de estoque nos mercados de ativos. A teoria do emprego, portanto, é uma síntese da macroeconomia keynesiana e pós-keynesiana. Não se refere a características de equilíbrio parcial do mercado de trabalho. Na verdade, sintetiza e mede os resultados de todos os processos centrais que agem em uma economia monetária. Em outras palavras, a busca da análise do curto período é por uma caracterização adequada da situação em torno da qual a trajetória efetiva de curto prazo da economia deverá se definir. Keynes descreveu duas maneiras possíveis de descrição desses equilíbrios de curto período (1964, Cap. 4): apresentá-los em valores monetários ou em unidades de salário. O papel destas é demonstrar o comando efetivo da riqueza social que uma acumulação de formas específica de riqueza confere. Keynes mede esse poder da mesma maneira que Adam Smith: por meio da capacidade de mobilização de trabalho, naquilo que ficou conhecida como a teoria do valor-trabalho, o comando sobre o trabalho e a medida "real" de valor em uma economia monetária. Smith propusera a ideia para análise de longo prazo. Keynes a estendeu também para a de curto prazo. É por isso que se atribui significado tão central ao estudo do emprego na economia keynesiana e pós-keynesiana.

No Capítulo 18 da *Teoria Geral*, Keynes nos deu uma descrição altamente estilizada e simplificada desses processos e da ordem causal em que se articulam. Usando uma linguagem adequada à modelagem formal, Keynes definiu três equações e três variáveis endógenas. A primeira equação era a escala de preferência pela liquidez, que, com uma dada oferta de moeda, determinaria "a" taxa de juros. Dada a taxa, partindo da escala de eficiência marginal do capital, poderíamos determinar o nível dos investimentos. Dados os investimentos, poderíamos, partindo da propensão a consumir, agregar o consumo e, portanto, a renda total, que, no curto período, implicaria um certo nível de emprego.

Uma apresentação alternativa poderia partir de determinados estoques dos ativos existentes e um dado estado das expectativas de longo prazo. Os preços dos ativos e a taxa de juros monetária seriam então determinados — a partir dos quais saberíamos a demanda por moeda — por outros ativos líquidos e por bens

198 | Keynes e os Pós-Keynesianos

de investimento. Identificada a demanda por bens de investimento, veríamos em uma escala de fluxo de oferta de bens de investimento o montante de nova produção que se daria. Dado o valor dos bens de investimento recém-produzidos, veríamos, da produção, o montante de consumo agregado, e a partir desse ponto, os dois arranjos nos dariam as mesmas informações.

Um equilíbrio de curto prazo seria atingido quando as expectativas de longo prazo dos produtores se revelassem corretas. Em outras palavras, se os produtores de bens de investimento e bens de consumo previssem corretamente a demanda por seus bens, a produção se daria nas quantidades necessárias e o nível de emprego atingido seria sustentável. No Capítulo 3 da *Teoria Geral*, Keynes apresentou a curva de demanda agregada como as expectativas dos produtores quanto às receitas que lhes caberiam aos diversos níveis de emprego. Uma curva de oferta agregada mostraria as receitas mínimas exigidas pelos empreendedores para serem induzidos a oferecer um dado nível de emprego. O nível de emprego para o qual a demanda e a oferta agregadas fossem iguais era o ponto de demanda efetiva e seria, caso corretas as expectativas, o equilíbrio de curto período do emprego na economia em questão.[2]

Uma característica importante da teoria keynesiana do emprego é que ela não se refere a um mercado de trabalho, mas ao mercado de bens. Segundo a visão de Keynes que os pós-keynesianos adotaram, nem o emprego nem o salário real eram determinados pela interação entre trabalhadores e capitalistas em um mercado de trabalho. O emprego, como vimos, é determinado pela expectativa dos produtores quanto ao nível de demanda que encontrarão no mercado. O salário real, por sua vez, também é considerado endógeno.

Na *Teoria Geral*, os salários reais são endogenamente determinados, dada a premissa de retornos decrescentes. Empresas maximizadoras de lucros pagarão

---

2 Não fica claro na *Teoria Geral* o que aconteceria se as expectativas de curto prazo se frustrassem. Hicks (1974) sugere um processo de ajuste quantitativo baseado em alterações do nível de estoques. Amadeo (1986) sugere que, dada a premissa de competição perfeita adotada por Keynes, os preços se alterariam para ajustar a demanda efetiva à oferta. O próprio Keynes descartou a questão, afirmando que "a teoria da demanda efetiva é substancialmente a mesma se admitirmos que as expectativas de curto período sempre se realizem" (CWJMK, vol. XIV, p. 181). Keynes também declarou que "o que importa é distinguir as forças que determinam a posição de equilíbrio da técnica de tentativa e erro por meio da qual o empresário descobre onde se encontra a posição" (p. 182). É do primeiro aspecto que Keynes se ocupa na *Teoria Geral*. Para uma discussão do comportamento do "mercado de trabalho", ver Davidson (1983). Uma crítica das propostas pós-keynesianas pode ser encontrada em Dutt e Amadeo (1990, p. 122-139).

salários reais iguais à produtividade marginal do trabalho no nível escolhido de emprego. Outras abordagens pós-keynesianas, baseadas predominantemente nas obras de Kalecki, presumem retornos constantes e precificação com base em *markup*. Nos dois casos, os trabalhadores podem negociar seus salários monetários, mas uma vez estabelecidos esses salários monetários, eles se tornam parte dos custos de produção, a serem deslocados para os preços, seja porque determinam os custos marginais, como nos modelos tradicionais, seja porque as empresas fazem *markup* dos custos correntes, inclusive os de trabalho, para determinar seus preços.

Os salários monetários costumam ser tomados como dados por causa de sua dependência de padrões complexos de negociação.[3] Se as leis técnicas de retornos forem conhecidas, ou os *markups* forem fixos, os salários monetários se tornarão a base sobre a qual se erguerá o sistema de preços. Os preços serão estabelecidos nos níveis que permitam que as firmas competitivas maximizem seus lucros ou que os oligopólios atinjam suas metas de retorno. Em suma, nesta teoria encontramos o valor do emprego (e dos salários reais) no mercado de bens, enquanto o nível de preços (dado o salário monetário) se toma do "mercado de trabalho". Essa característica não é apenas um exemplo da intercambiabilidade dos mercados como aquela típica dos modelos walrasianos, onde tudo depende de tudo o mais. Baseia-se nas cadeias causais que partem das decisões empresariais que definem uma economia monetária.

As teorias pós-keynesianas do preço de fato reconhecem que devemos pensar em dois níveis básicos de preços em uma economia monetária: os de bens de produção corrente, que são obtidos a partir da aplicação de um determinado *markup* sobre os custos de produção, e os dos ativos, que são determinados pelas expectativas de rendimentos futuros.[4] A relação entre os dois conjuntos de preços

---

3 Alguns pós-keynesianos pareceram pouco à vontade com a natureza exógena dos salários monetários, aderindo a alguma forma de curva de Philips ou, mais recentemente, a "modelos de conflito distributivo de equilíbrio" tais como definidos nas abordagens NAIRU. Para uma definição simplificada de um modelo NAIRU (Non-Accelerating Inflation Rate Unemployment, ou seja, taxa de desemprego que não acelera a inflação, em português), ver Soskice e Carlin (1989). Retomaremos este ponto no Capítulo 11.

4 Townshend, em um artigo que não conquistou a influência merecida, propôs os fundamentos de uma teoria keynesiana do valor, com base em noções de incerteza e liquidez, que unificaria os dois níveis de preços. Infelizmente, sua proposta ainda não recebeu a atenção merecida em um campo que tem sido negligenciado até mesmo por pesquisadores pós-keynesianos, tendo Shackle como praticamente única exceção. Ver Townshend (1937).

é de importância crucial para a determinação da renda e do emprego. Isso se dá porque há um setor em que as trajetórias dos dois níveis de preços se cruzam: o de bens de investimento. Como vimos no Capítulo 7, a produção de bens de investimento depende da relação entre seus preços de demanda e de oferta (que determinam seus preços à vista e a termo). A partir dessa relação, determinamos o nível de investimento e, assim, o consumo, a renda total e o emprego. Embora os preços correntes dos bens sejam fundamentalmente determinados pelos custos correntes e os preços dos ativos o sejam pelos rendimentos esperados, apenas algumas relações entre eles são compatíveis com algum nível desejado de emprego, tal como o pleno emprego, por exemplo.

DISTRIBUIÇÃO FUNCIONAL DE RENDA

O exame do comportamento dos salários nos leva a uma importante área de desenvolvimento do pensamento pós-keynesiano: a distribuição de renda. Aliás, este é um tema para o qual os pós-keynesianos vêm contribuindo pelo menos há tanto tempo quanto para a própria teoria da demanda efetiva. Por outro lado, também é um campo em que se sente profundo incômodo frente à incapacidade de integrar em um todo coerente os argumentos importantes erguidos por Keynes e seus seguidores.

Pensar em distribuição de renda é tão antigo quanto a própria economia política. Talvez apenas o debate acerca das virtudes do comércio exterior seja mais antigo, datando de tempos pré-científicos do desenvolvimento do pensamento econômico. A economia política nasceu da tentativa de identificar padrões de desenvolvimento, ou "leis do movimento" capazes de definir caminhos e meios para expandir a riqueza das nações. Segundo os economistas políticos clássicos como Smith, Ricardo ou Marx, uma economia capitalista se constituía de três classes sociais fundamentais: trabalhadores, industriais (que hoje chamaríamos de capitalistas ou empreendedores, dependendo de nossa filiação teórica a Marx ou outros autores, como Schumpeter ou Keynes) e proprietários de terras. Essas classes eram definidas por seus papéis ou funções no processo produtivo: trabalhadores eram aqueles que criavam um produto que, sob as condições modernas de produção, era superior às suas necessidades de subsistência, gerando um pro-

Emprego, Salário e Distribuição de Renda | 201

duto ou valor "excedente"; os capitalistas se apropriavam desse "excedente" para investi-lo na ampliação das instalações produtivas, assim aumentando a capacidade de criação de riqueza das nações; os proprietários de terras eram sobreviventes de tempos passados, tendo a função puramente negativa de destruir parte desse excedente por meio do consumo improdutivo. Nesse tipo de sociedade econômica, o aumento da riqueza das nações dependia, naturalmente, do perfil de distribuição funcional de renda: era preciso atribuir aos trabalhadores o necessário para sua sobrevivência; do excedente, quanto maior a parcela atribuída aos capitalistas, em vez de aos proprietários de terras, mais rapidamente se acumularia riqueza.

Este era, decerto, o núcleo da economia política clássica. Como escreveu Ricardo, talvez o maior dos economistas políticos clássicos,

> O produto da terra — tudo o que deriva de sua superfície pela aplicação combinada de trabalho, maquinário e capital — se divide entre as três classes da comunidade, quais sejam: o proprietário da terra, o proprietário do estoque ou capital necessário para seu cultivo e os trabalhadores por cuja indústria ela se cultiva... Determinar as leis que regem essa distribuição é o problema central da Economia Política. (RICARDO, 1971, p. 49)

A economia neoclássica mudou a pergunta a ser feita (características do equilíbrio estático, em vez das leis do movimento), assim como o arcabouço social em que se deveria considerar a distribuição (consumidores e vendedores individuais de serviços de fatores de produção específicos substituíram as classes sociais). Essa escola ainda se ocupa da divisão funcional de renda, mas esta agora se ocupa da prestação de serviços produtivos. A remuneração percebida pelos proprietários dos fatores de produção precisa conciliar a intensidade do uso de cada fator com sua disponibilidade física. Os preços dos serviços dos fatores desempenham a função de racionar recursos escassos entre seus usos alternativos e, desta forma, levar os agentes racionais a escolher os fins para os quais algumas combinações dos fatores existentes constituem os meios mais eficientes. Em outras palavras, a remuneração dos proprietários dos fatores de produção serve para orientar a alocação de recursos entre seus usos alternativos.

As dificuldades que afetam as teorias neoclássicas da distribuição de renda agora são bem conhecidas.[5] Esses modelos enfrentam grandes dificuldades para considerar capital e lucros. O capital não pode ser "escasso" em equilíbrio, uma vez que se constitui de mercadorias reprodutíveis. Não é um dado físico. O lucro, portanto, não pode existir no equilíbrio (ver SCHUMETER, 1934). Somente se pode conceber da teoria neoclássica da distribuição em economias capitalistas quando os capitalistas existem de forma apenas efêmera e os lucros não cessam de desaparecer.

Apesar de algumas diferenças importantes sob diversos aspectos, as teorias clássica e neoclássica da distribuição de renda compartilham algumas característi-cas que dificultam sua inserção em uma macroeconomia da economia mone-tária, no sentido que este livro dá a tal expressão. Mais especificamente, é de se observar que as duas abordagens são desenvolvidas para condições de equilíbrio no longo período (ver GAREGNANI, 1983). Já examinamos detidamente as limitações dessa noção sob o ponto de vista pós-keynesiano. Além disso, as duas escolas ignoram os mecanismos por meio dos quais um perfil de distribuição de renda se estabelece em uma economia monetária. São teorias "reais" da dis-tribuição de renda relacionando diretamente influências reais e resultados reais. Variáveis como salários monetários ou taxas de juros são ignoradas ou analisadas de maneiras que independem das forças monetárias.

A distribuição funcional não era uma preocupação central de Keynes na *Teoria Geral*. O debate em torno da determinação do salário real naquela obra se dá principalmente como crítica da noção de que seria uma força determinante por detrás das mudanças do emprego, e não como teoria positiva da distribuição de renda. A maioria dos comentários sobre o assunto é incidental, e Keynes ja-mais procurou integrar todas as suas propostas sobre salários, receitas dos empre-sários, taxas de juros, e assim por diante, nem m modelo coerente de distribuição funcional de renda.

Diversas razões podem ter contribuído para tal descaso. Primeiro, em grande medida, o exame dos perfis de distribuição era estratégico para abordagens que tomam a renda agregada como dado. A única maneira de uma determinada

---

5 As maiores dessas dificuldades foram discutidas naquilo que conhecemos como a Contro-vérsia de Cambridge. A apresentação mais respeitável dessa controvérsia pode ser encon-trada em Harcourt (1986). Versões mais abreviadas constam de Harcourt (1982), Parte 5, e Harcourt (1986), Parte 3. Ver, também, Kregel (1975).

Emprego, Salário e Distribuição de Renda | 203

classe melhorar sua situação era reduzir a participação de outra. O estudo do conflito, seus limites e suas implicações eram, naturalmente, o objeto central dessas abordagens, que localizavam na apropriação da renda por um certo grupo social a chave para o conhecimento das "leis do movimento". A partir da *Teoria Geral*, o conflito sobre as participações na renda foi ofuscado, porque ele somente tinha importância nas condições um tanto extremas do pleno emprego. Com renda agregada variável, um grupo social poderia aumentar seu acesso a bens e serviços sem necessariamente entrar em conflito com outros. A questão central, então, passou a ser como atingir o maior nível de renda possível de maneira a acomodar os diversos interesses sobre ele sem a necessidade de criação de conflitos. Assim, a formação de direitos funcionais sobre a renda passou a ser uma questão secundária que Keynes tratou isoladamente. Ele reservou a análise global para a determinação da renda agregada. Isso foi reforçado pela atenção surpreendentemente exígua que Keynes deu na *Teoria Geral* a questões como o *funding* de investimentos de longo prazo. Isso parece tê-lo levado a subestimar a importância da distribuição funcional ao abordar problemas financeiros, em especial a formação de preços e a decisão de retenção de lucros pelas empresas, algo que atraiu a atenção de Kalecki, entre outros.

Ainda assim, decerto se pode identificar na *Teoria Geral* e nos debates que se seguiram à sua publicação alguns elementos importantes para um modelo de distribuição funcional de renda. Em primeiro lugar, temos a teoria de Keynes sobre salários reais, já mencionada. Na *Teoria Geral*, ele não procura ir além da ortodoxia ao propor que os salários reais sejam determinados por empresas maximizadoras do lucro que operam sob rendimentos decrescentes na intensidade dos fatores. Nesse caso, os salários reais são determinados pela produtividade marginal do trabalho, o que quer dizer que são determinados tecnicamente, pelo menos para uma dada estrutura de produção (que se presume fixa para os fins do desenvolvimento de modelos agregados). Nos debates após a publicação da *Teoria Geral*, Keynes veio a aceitar a hipótese dos retornos constantes (produtividade marginal do trabalho constante), mas não elaborou suas implicações, a não ser em relação a políticas de expansão do emprego.

Keynes também dedicou muita atenção à determinação das taxas de juros ao desenvolver sua teoria da preferência pela liquidez, mas, novamente, as implicações dessa teoria para uma teoria da distribuição de renda não foram identificadas. Suas observações quando à remuneração do capital foram menos enfa-

204 | Keynes e os Pós-Keynesianos

tizadas. Nesse aspecto, Keynes parecia estar inclinado em direção a uma noção smithiana do valor excedente cabendo ao capital por causa de sua escassez. Essa noção, contudo, tem significado muito diferente, se comparada à visão neoclássica da escassez. O capital é escasso não por motivos naturais ou físicos, mas por causa de forças institucionais que agem para preservar sua raridade em comparação com o trabalho. Mais especificamente, o capital é escasso por causa das maneiras alternativas de acumulação de riqueza, que estabelecem um piso para o rendimento de ativos de capital, impedindo que se tornem abundantes como tecnicamente poderiam ser. Isso, diga-se de passagem, foi o fundamento no qual se basearam os famosos comentários de Keynes sobre a "eutanásia" dos rentistas.

Além dessas observações algo esparsas, Keynes também se ocupou de um arcabouço analítico diferente daquele usado por clássicos e neoclássicos. Sua teoria era uma teoria da economia monetária, na qual resultados importantes, como o perfil de distribuição de renda, não podiam ser definidos ignorando-se variáveis e mecanismos monetários. Com efeito, em uma versão prévia da *Teoria Geral*, Keynes definiu uma economia cooperativa como sendo aquela em que

> *os fatores [de produção] são contratados pelos empresários em troca de moeda, mas onde há um mecanismo de alguma espécie que garanta que o valor de troca das rendas monetárias dos fatores sejam sempre iguais no agregado à proporção da produção corrente que corresponderia à participação do fator numa economia cooperativa...* (CWJMK, vol. XXIX, p. 78)

Por outro lado, em uma economia monetária, "os empresários contratam os fatores em troca de moeda, mas sem mecanismo como o descrito acima", uma característica de economias neutras (p. 78). Segundo Keynes, "é óbvio... que a economia em que hoje vivemos é uma economia empresarial" (p. 78). Em tal economia, "o volume de produção que rende o valor máximo de produto além do custo real pode ser 'não lucrativo'" (p. 67). Isso pode se dar porque, nas economias monetárias, a demanda efetiva pode ser deficiente (p. 80-81, 86).

Já discutimos as implicações desses princípios para a teoria do emprego, mas até uma olhadela para a maneira como Keynes apresentou sua noção de economia monetária basta para também identificar as linhas ao longo das quais deveria prosseguir a discussão das determinantes do perfil de distribuição de renda.

Emprego, Salário e Distribuição de Renda | 205

O modo de funcionamento de uma economia monetária era definido por duas características principais: por um lado, compras e vendas são contratadas em termos de moeda, e não de bens. Compradores e vendedores firmam contratos monetários a termo com base em suas expectativas da evolução do poder de compra da moeda em termos de suas respectivas cestas de bens. Quando é chegada a hora, em vez de bens, os agentes recebem moeda, que podem gastar quando desejarem, nos bens que quiserem. Por outro lado, essas economias carecem de mecanismos de coordenação prévia de decisões. Não há meios pelos quais aqueles que virão a realizar gastos possam (ou devam) especificar a natureza e o momento de suas demandas para orientar com certeza os vendedores.

A partir dessas características, podemos derivar duas implicações principais. Primeiro, como apontou Davidson (1982, p. 68) em sua crítica ao *Princípio de Say*, de Clower, é a liquidez (e não a renda real) que restringe as compras. Em uma economia monetária, a moeda compra bens, mas ela pode ser ganha como renda ou obtida por meio da emissão de dívida. Em segundo lugar, o nível de renda (e de emprego) a ser gerado depende das expectativas das empresas a respeito do quanto poderão lucrar quando o período de produção estiver encerrado e as vendas tenham sido concluídas.

Um modelo de distribuição de renda aplicável a uma economia monetária precisa ser compatível com essas características. Tem de lidar com contratos monetários a termo, liquidez, transações financeiras, expectativas de lucros monetários e alterações dos preços e salários monetários. Mas nenhum dos modelos disponíveis de distribuição de renda que estejam de alguma maneira ligados a Keynes atende plenamente a esses requisitos.

ABORDAGENS PÓS-KEYNESIANAS ALTERNATIVAS À DISTRIBUIÇÃO DE RENDA

A maioria dos modelos Keynesianos modernos de distribuição de renda deriva seus fundamentos de duas principais fontes: (1) o trabalho de Kalecki sobre a determinação dos lucros[6] ao relacionar a estrutura da demanda agregada à dis-

---

6 O famoso aforismo de Kalecki, "Os capitalistas ganham o quanto gastam", já fora proposto por Keynes no *Tratado sobre a Moeda*, com a imagem da jarra da viúva. Kalecki, contudo, teve muito mais influência do Keynes neste ponto em especial. A metáfora da jarra da viúva parece ter deixado uma má impressão, até mesmo sobre os colaboradores mais próximos de Keynes. Ver CWJMK, vol. XIII, p. 339-342.

206 | Keynes e os Pós-Keynesianos

tribuição de renda; e (2) a extensão que Harrod fez da *Teoria Geral* a condições de crescimento no longo prazo, na qual a trajetória de equilíbrio da economia se relaciona à propensão a poupar.

Kaldor foi o pioneiro entre os autores de modelos pós-keynesianos (ou neo-keynesianos) que combinam essas características. Em termos muito sucintos, a proposta central desses modelos é a de que uma economia pode se ajustar a uma trajetória de crescimento em equilíbrio (externamente) dada por meio de alterações da distribuição de renda. Se uma determinada taxa de crescimento exige um montante de investimento superior à poupança no pleno emprego, a inflação redistribui a renda em favor do lucro. Presume-se que a propensão a poupar dos lucros seja maior do que a do salário, de modo que a redistribuição assegura que a trajetória de crescimento possa ser sustentada.[7]

Assim, se propunha que a solução para o problema do "fio da navalha" de Harrod estivesse nas alterações da distribuição. Gastos de investimento tinham prioridade sobre a renda. Como Kaldor presumia pleno emprego, isso significava que o consumo era determinado como um resíduo. Dada a premissa de que a maior parte do investimento (quase todo ele) se financiava com lucros, enquanto a maior parte do consumo (quase todo ele) se financiava com salários, a distribuição da renda de pleno emprego entre lucros e salários estava determinada.[8]

Se comparada ao modelo neokeynesiano de distribuição de Kaldor, a abordagem de Kalecki era menos definitiva quanto aos seus resultados. Kalecki propõe uma teoria do lucro em que apenas os gastos dos capitalistas possam ser independentes da renda corrente. Os trabalhadores nem poupam e nem desperdiçam, uma vez que seus gastos estão restritos pela renda salarial. Como os gastos dos capitalistas não são restringidos pelos lucros auferidos, a igualdade necessária — sob as condições especificadas por Kalecki — entre lucro agregado e valor agregado de investimento e consumo dos capitalistas o levou a propor que a causalidade flui destes para aqueles.[9]

---

7 Ver em Asimakopoulos (1980-1981) e Kregel (1971) discussões mais detalhadas do modelo kaldoriano de crescimento.

8 Embora não se trate da distribuição entre trabalhadores e capitalistas, Pasinetti ofereceu um modelo que desenvolve essa distinção. Ver Pasinetti (1962) e Kregel (1971). Contudo, a dependência de Kaldor de condições de pleno emprego e de Pasinetti do equilíbrio pleno de longo prazo também foram causa de mal-estar para muitos pós-keynesianos. Ver, por exemplo, Asimakopoulos (1988, p. 134 e 152-153).

9 Para uma economia fechada desprovida de governo.

Emprego, Salário e Distribuição de Renda | 207

A teoria de Kalecki é muito menos definitiva quanto à parcela dos lucros, ou seja, a relação entre lucros e renda total, que nas condições simplificadas da maioria dos modelos se traduz como entre lucros e salários. O modelo geralmente se encerra presumindo uma relação definida entre lucros e salários baseada em relações microeconômicas, como o grau de monopólio. Kalecki, contudo, nunca ofereceu uma teoria satisfatória do grau de monopólio. Em sua *Teoria da Dinâmica Econômica*, ele apresentou uma medida desse grau e algumas breves observações sobre o que poderia influenciar seu porte. Uma medida, contudo, não equivale a uma teoria.[10] Além disso, o grau de monopólio é uma restrição microeconômica que não pode ser transformada sem ambiguidade e um parâmetro macroeconômico.[11]

Em alguns de seus trabalhos, Kalecki introduziu um instrumento tomado emprestado de Rosa Luxemburgo e, mais remotamente, de Marx (KALECKI, 1971, Cap. 14). Ele admitia que todos os setores produtivos pudessem ser agrupados em três "departamentos": o departamento I produziria bens de investimento; o departamento II, bens de luxo para o consumo dos capitalistas; e o departamento III produziria bens para os assalariados. De acordo com Kalecki, se deveria entender que os departamentos incluíssem a produção de seus insumos, em perfeita integração vertical.[12] Nesse modelo, se a diferença entre os bens para assalariados e os bens de luxo for bem-definida, de tal sorte que os trabalhadores não possam consumir bens do departamento II, uma vez que os capitalistas decidam quanto investir e quanto consumir, o montante de emprego nos setores I e III estará determinado. O montante de emprego no departamento III, então, terá de ser suficiente para fornecer bens assalariados aos trabalhadores dos departamentos I e II, além dos seus próprios. Assim, para um dado salário, as participações agregadas estarão determinadas. As possibilidades de redistribuição de

---

10 Muitos pós-keynesianos divergiriam dessa proposta. Ver, por exemplo, Sawyer (1982); Reynolds (1983 e 1987); Skott (1988).

11 "O grau agregado de monopólio depende da composição setorial da produção. Os setores variam em termos do grau de monopólio e da resposta dos custos a variações da produção, e os pesos relativos de diferentes tipos de setores afetarão os quadro geral" (SAWYER, 1982, p. 94-95).

12 Os departamentos de Marx não eram verticalmente integrados. As premissas subjacentes ao tratamento dado por Kalecki foram criticadas por Keynes. Ver CWJMK, vol. XII, p. 837 e seguintes.

208 | Keynes e os Pós-Keynesianos

renda em tal economia são limitadas pelo porte (ou pela taxa de crescimento) do departamento III.[13]

A grande dificuldade do modelo jaz em sua necessidade de distinção clara entre bens assalariados e bens consumidos pelos capitalistas. Versões mais genéricas do modelo, como a do próprio Marx (1978), fiam-se apenas na diferença entre bens de consumo e de investimento. Nas economias capitalistas modernas, a produção em massa provavelmente falsifica a hipótese de Kalecki ao determinar novamente os resultados.[14]

Se as premissas de Kalecki não bastam para o fechamento de um modelo de distribuição de renda, é preciso reconhecer que o modelo de Kaldor somente consegue isso mediante a introdução de certas premissas heroicas. Primeiro, o modelo foi construído para condições de pleno emprego, permitindo tratar a renda como dado. As alterações do lucro agregado, assim, tornam-se alterações da participação do lucro. A segunda premissa é a de que o investimento é dado externamente. Mais uma vez, em um modelo de estado estático com uma função investimento do tipo acelerador no pleno emprego, não se pode investigar outros possíveis efeitos de retroalimentação sobre o investimento, ou investigar a possibilidade de variação dos padrões de demanda. A tecnologia é introduzida no modelo por meio de uma função de progresso técnico que dá a taxa de investimento de equilíbrio à qual a distribuição de renda precisa se ajustar.

Os modelos de Kaldor e de Kalecki são insuficientes para explicar a distribuição de renda em uma economia monetária. São basicamente modelos "reais" em que a demanda real determina as participações dos salários e lucros na renda. Kaldor introduz variações de preços, mas como um mecanismo *ad hoc* de ajuste que exige o pleno emprego como premissa. Kalecki não trata dos preços monetários e dispensa tratamento perfunctório às variáveis financeiras. Ele dmite que a oferta de financiamento seja infinitamente elástica para os capitalistas, mas completamente inelástica para os trabalhadores. Assim, uma vez adotado um

---

13 O que reforça o ponto levantado anteriormente, uma vez que a participação do lucro poderia ser encarada como a razão entre o valor do investimento e o consumo capitalista, de um lado, e a renda total do outro, ou, utilizando os "departamentos", a razão *(DI + DII)/(DI + DII + DIII)*, que obviamente depende da composição da produção agregada.

14 Por outro lado, em países em desenvolvimento, onde os mercados são menores e a renda é altamente concentrada por motivos históricos, os padrões de demanda são fortemente divergentes, e o modelo de Kalecki pode apresentar um melhor ajuste.

Emprego, Salário e Distribuição de Renda | **209**

plano de gastos pelos capitalistas, nada poderá impedir sua adoção e, portanto, a realização dos lucros.[15] Toda a discussão se dá em termos reais, de modo que não há espaço no modelo para variáveis monetárias ou financeiras.[16] Os dois modelos procuram, com efeito, determinar o comportamento dos lucros por meio da introdução de premissas fortemente arbitrárias para obter, também, o comportamento das participações na renda.[17]

Os questionamentos não são aliviados pelo recurso a outros modelos heterodoxos, como o modelo neoricardiano de preços de produção. A abordagem não trata de preços ou remunerações em termos monetários, mas da distribuição de excedentes de bens que uma economia é capaz de gerar, dada a tecnologia, acima da reprodução física. Na verdade, os modelos neoricardianos se debruçam sobre os efeitos da distribuição dos preços relativos e não sobre a distribuição propriamente dita. O modelo é aberto no que se refere às participações, desde que sejam respeitados alguns requisitos mínimos, como os salários reais serem suficientes para garantir a sobrevivência dos trabalhadores.

Em suma, os princípios que definem o funcionamento de uma economia monetária, ainda que obviamente relacionados à questão da distribuição de renda, ainda não estão adequadamente integrados sequer aos modelos pós-keynesianos.

---

15 Novamente, ver CWJMK, vol. XII, p. 838-839, para uma discussão do ponto com Kalecki.

16 Nas primeiras versões de seu modelo do ciclo de negócios, a taxa de juro estava presente, mas Kalecki a eliminou com base no argumento de que "a taxa de juros era função crescente da lucratividade bruta", uma variável já incluída no modelo (KALECKI, 1971, p. 7).

17 Alguns autores defendem a visão segundo a qual o modelo de distribuição de Kalecki é mais flexível do que parece. Asimakopoulos (1988) afirma que Kalecki admite que as pressões dos trabalhadores podem reduzir os *markups*, aumentando, assim, a participação dos trabalhadores na renda. Sawyer (1982) parece apresentar ponto de vista semelhante, sugerindo, como Asimakopoulos, que não só o *markup* pode ser reduzido, como, também, isso efetivamente aumentaria o emprego. É difícil entender como se poderia sustentar essa afirmativa, contudo, para além das observações um tanto vagas de Kalecki no sentido de que as firmas podem não superexplorar seu poder de mercado para evitar excitar as exigências dos trabalhadores. Sawyer afirma que, nas abordagens kaleckianas, "o trabalhador não é um agente econômico passivo, mas negocia os salários reais com as firmas" (1982, p. 11). Contudo, o que o autor estabelece é que os trabalhadores têm "metas" reais que precisam traduzir em metas monetárias, uma vez que são estas que são efetivamente negociadas (p. 105). Keynes insistia em que as negociações salariais eram realizadas em termos de moeda. Isso não quer dizer que os trabalhadores estejam sujeitos à ilusão monetária, mas que não são capazes de controlar os preços dos bens-salário, que, afinal, determinam o significado real dos salários monetários. Não fica claro o que, na declaração de que os trabalhadores têm metas salariais reais, poderia modificar este fato. Para uma crítica do argumento segundo o qual reduções forçadas do *markup* podem estimular o emprego, ver Skott (1988, p. 25).

Esses modelos podem ser usados para descrever, adotadas algumas premissas, um determinado perfil de distribuição, mas não nos permitem entender como se chegou a ele, nem como pode ser modificado. Isso porque não mostram como variáveis do mundo real, como salários e preços em termos monetários, são estabelecidas, ou como se obtém financiamento. Ainda dependemos muito de tratamentos que podem até ser incompatíveis com os fundamentos de uma economia monetária.

DISTRIBUIÇÃO EM UMA ECONOMIA MONETÁRIA

Pode-se dizer que o núcleo da *Teoria Geral* de Keynes seja a rejeição da visão ortodoxa segundo a qual uma economia de mercado descentralizada tenha uma só posição de equilíbrio determinada por fatores objetivos, como a tecnologia e a disponibilidade de matérias-primas e/ou da mão de obra. Uma economia monetária, por sua vez, pode se ver em uma infinidade de posições de "equilíbrio de desemprego", dependendo do estado das expectativas e da política adotada pelas autoridades. Como observou Keynes em um fragmento datado de novembro de 1932, não se trata apenas de uma diferença entre a variedade de possibilidades em aberto no curto período e a unicidade dos resultados no longo período. Disse ele que "não existe posição única de equilíbrio no longo período que seja igualmente válida independentemente da natureza da política adotada pela autoridade monetária" (CWJMK, vol. XXIX, p. 55).

O fato de Keynes não acreditar que a "indeterminação" se limitasse ao nível de renda, mas se estendesse, também, à distribuição de renda, pode ser verificado nas páginas introdutórias do Capítulo 24 da *Teoria Geral* (KEYNES, 1964, p. 372-374). O perfil da distribuição de renda não é apenas resultado da operação de mecanismos puramente econômicos. Resulta de um conflito definido, afinal, pelo poder. Essas relações de poder se refletem nas instituições e nas regras que limitam e organizam o conflito distributivo. Sendo parte de um processo social mais amplo, não há motivo para se supor que um só perfil de distribuição seja compatível com a operação de uma determinada economia.

Uma inovação importante encontrada nas obras de Keynes e a ser desenvolvida pelos pós-keynesianos é o desenvolvimento em paralelo com os modelos de

Emprego, Salário e Distribuição de Renda | 211

distribuição funcional da preocupação com a distribuição pessoal de renda. O foco clássico sobre a acumulação de capital dedicou atenção especial à participação dos lucros. Keynes e os pós-keynesianos, por seu lado, também se ocupam da sustentação de níveis adequados e justos de demanda efetiva. O foco sobre a demanda efetiva nos leva a considerar como diferentes grupos gastam suas rendas. O foco sobre a justiça exige que consideremos a possibilidade de dar acesso a bens de consumo em volumes adequados para a maior parcela possível da população.

No que se refere à demanda efetiva, partindo da premissa de que o investimento seja realizado pelas firmas, e não pelas famílias, não há motivo teórico para supor que o elemento quantitativamente mais importante da demanda agregada (ou seja, o consumo) possa ser diferenciado em termos de "classes sociais". Pelo contrário, a abordagem keynesiana à propensão a consumir é considerar que o que importa é o nível da distribuição de renda. Em outras palavras, o que importa não é se o agente é um "capitalista" ou um "trabalhador", mas se é membro de uma classe de alta renda ou qualquer outra. Com efeito, os modelos kaldorianos/kaleckianos de distribuição de renda propõem o uso de rótulos como "capitalistas" ou "trabalhadores" para distinguir entre os valores da propensão marginal ou media a consumir.[18] Esses modelos recorrem a uma associação intuitiva, mas nem sempre teoricamente sólida, entre a propriedade do capital e a "riqueza", assim como entre o trabalho e a pobreza. Essas relações são cada vez menos válidas nas sociedades modernas, em que o maior segmento se compõe da classe média. A associação entre as imagens do burguês rico e gordo com uma baixa propensão a consumir (por causa de suas elevadas rendas ou de seus hábitos austeros, dependendo da ideologia do observador) e do trabalhador pobre e esquálido que consome toda sua renda (novamente, por ser pobre ou por ser perdulário) vem da literatura do século XIX, e não necessariamente da sociologia moderna.

Se considerarmos que diferentes composições de oferta agregada podem ser compatíveis com diferentes perfis de distribuição de renda que dependem da

---

18 Como escreveu Sawyer (1982, p. 105), a "crença em que a propensão a poupar é maior em domicílios de alta renda do que nos de renda menor, e de que a participação da renda domiciliar derivada de renda não trabalhista aumenta com a renda...". O autor é certamente muito mais rigoroso do que se costuma imaginar, postulando uma proposta empírica testável para justificar o que é, com efeito, uma relação empírica.

participação de cada faixa de renda no perfil geral de distribuição, nota-se que não existe motivo, pelo menos do ponto de vista da demanda efetiva, para supor que haja um equilíbrio geral único nas economias monetárias.

A preocupação com a justiça leva os pós-keynesianos, como levou Keynes, ao estudo das formas pelas quais é possível alterar o acesso que os agentes têm a bens em relação à renda originalmente auferida. Isso leva diretamente ao estudo dos meios fiscais de redistribuição de renda pessoal, o principal instrumento de reforma social que enxergam os pós-keynesianos. Retomaremos esse ponto no Capítulo 12.

No que se refere à distribuição funcional, a análise pós-keynesiana moderna também se deslocou em direção a propor múltiplos equilíbrios. O abandono da premissa de retornos decrescentes abriu caminho para a análise da precificação oligopolista e para o estudo de relações diferentes e mais complexas entre salários e lucros, em uma orientação basicamente kaleckiana. O conhecimento da distribuição funcional permanece importante, especialmente do ponto de vista da determinação das relações financeiras que dão respaldo à acumulação de capital, seja pela geração interna de lucros (para as empresas) de fundos passíveis de investimento (EICHNER, 1979; HARCOURT e KENYON, 1982; SAWYER, 1982; REYNOLDS, 1987), seja por meio das relações financeiras estabelecidas através dos mercados financeiros nos níveis analíticos tanto micro quanto macroeconômicos (cf. MINSKY, 1986).

Joan Robinson observou que "as regras do jogo capitalista favorecem o estabelecimento da propriedade em termos de dívidas" (1969, p. 7). Em termos mais gerais, contudo, podemos dizer que as regras do jogo em uma economia monetária favorecem a renda do lucro frente à do salário. Isso é sabido pelo menos desde que Adam Smith apontou a maior facilidade com que os capitalistas se podem organizar em comparação com a associação de trabalhadores (SMITH, 1974). O argumento de Smith, contudo, assim como todas suas variantes modernas, se refere a um equilíbrio de poder que pode mudar, como de fato mudou. A ascensão de sindicatos grandes e poderosos no século XX provou que grandes números não impedem necessariamente a organização. Há um sentido mais profundo, contudo, segundo o qual podemos afirmar que as regras ainda favorecem o lucro, e isso tem a ver com a maneira como os preços são estabelecidos.

Emprego, Salário e Distribuição de Renda | 213

A teoria neoclássica atemporal tende a nos fazer esquecer a natureza sequencial da produção capitalista. Diferentemente dos modelos de equilíbrio geral, as trocas nas economias capitalistas do mundo real não são todas simultâneas. Bens e serviços de fatores não são negociados diretamente uns em troca dos outros, com todos os preços determinados no mesmo instante. No mundo real, a produção (assim como o investimento) leva tempo e precisa ser organizada antes que se possam vender os bens acabados. A precificação enfrenta restrições diferentes em relação a fatores de produção, por um lado, e, por outro, aos bens acabados.

Empresas que operem em uma economia monetária de produção precisam desenvolver estratégias para lidar com um futuro incerto. Não se limitam a reagir ao ambiente, procurando moldá-lo a seu favor. Como controlam os recursos financeiros e os meios físicos de produção, suas expectativas e decisões em grande medida determinam elementos importantes do ambiente em que operam, como a renda dos compradores. Ainda assim, nenhuma empresa por si só, ou mesmo nenhum grupo de empresas, pode garantir o sucesso individual. Como propôs Keynes, em uma economia monetária, qualquer empreendimento é especulativo, e as empresas precisam lidar com a incerteza (CWJMK, vol. XIX, p. 114).

As empresas, assim como os trabalhadores, fazem cálculos e estabelecem suas expectativas de renda em termos monetários.[19] Elas investem moeda para obter mais moeda (vol. XXIX, p. 89). Nesse contexto, a existência de contratos monetários a termo se torna essencial para a organização da atividade produtiva em um sistema complexo e inter-relacionado (DAVIDSON, 1978a, p. 57, 60). Este é o fundamento do prêmio pela liquidez da moeda (KEYNES, 1964, Cap. 17).

Assim, a concentração sobre a moeda não decorre de qualquer tipo de ilusão monetária. Fia-se na premissa de que a moeda é uma boa "máquina de transporte de liquidez no tempo", transportando poder de compra através do tempo nas asas dos contratos monetários a termo (DAVIDSON, 1978 a e b). Os agentes então fazem seus lances por participações na renda em termos de moeda, com base em suas expectativas do que isso significará em termos de renda real quando o processo se concluir.

---

19 Como escreveu Joan Robinson: "A razão pela qual o homem comum se concentra na moeda é que ele pode esperar (segundo suas circunstâncias pessoais) que, por meio do trabalho, da poupança, da especulação, do emprego do trabalho, da exigência de aumento salarial, elevar seu comando sobre a moeda, ao passo que o poder de compra de bens e serviços que uma unidade monetária representa é algo que emerge da operação da economia como um todo, a respeito da qual ele nada pode fazer" (1969, p. 25).

214 | Keynes e os Pós-Keynesianos

O processo de formação de preços tanto para trabalho como para bens é a arena onde são feitos os lances. É aqui que as regras favorecem os lucros. Em um mundo incerto, a capacidade de aguardar para dar a última palavra é um bônus. Em um mundo walrasiano de transações simultâneas em todos os mercados, inclusive os de fatores, isso não faz diferença. Já em uma economia monetária keynesiana, o preço do trabalho é um custo que a empresa precisa conhecer para estabelecer os preços dos bens. Assim, o trabalho é vendido através de contratos a termo, predeterminando os salários monetários para o período abrangido pelo contrato. Não há necessidade de firmar contratos a termo no que se refere aos bens acabados. Aliás, um sistema de mercados futuros completos para bens acabados é incompatível com as economias monetárias. Desta forma, os preços dos bens acabados não precisam ser estabelecidos antecipadamente, como se dá com o preço do trabalho. Isso quer dizer que, quando as empresas estabelecem seus preços, fazendo seus lances por renda a ser gerada, os salários monetários já estão determinados. Os trabalhadores precisam tomar decisões com base nas expectativas quanto aos preços dos bens. As firmas as tomam conhecendo os salários. Se as empresas tiverem taxas-meta de retorno, poderão escalar os custos dos salários monetários quando estes já estiverem definidos, defendendo, assim, suas metas.

Sob condições de incerteza, a precificação por *markup* é a estratégia mais racional disponível para as empresas (DAVIDSON, 1978a; SYLOS-LABINI, 1984). Elas podem ajustar seus *markups* e seus preços para sustentar a viabilidade financeira de seus planos se ocorrer uma alteração do ambiente, inclusive no que se refere aos salários monetários (EICHNER, 1980).

Esses princípios dão base à afirmativa de Keynes de que os trabalhadores podem negociar seus salários monetários, mas não seus salários reais, que não dependem, assim, de qualquer premissa especial, como a ilusão monetária dos trabalhadores. É apenas resultado da maneira como os preços se formam em uma economia monetária que permite às firmas estabelecer as próprias estratégias depois que os trabalhadores tiverem feito seus lances. Nesse sentido, nem mesmo a introdução de cláusulas-gatilho altera a situação, uma vez que só o que fazem é estabelecer regras de variação dos salários monetários. Seja como for, as empresas podem alterar, e efetivamente alteram, os preços depois que os trabalhadores tenham estabelecido os seus. Assim, os gatilhos provavelmente são nada mais que fontes de instabilidade de preço, incapazes de mudar a situação dos

Emprego, Salário e Distribuição de Renda | 215

trabalhadores. Em uma economia monetária de produção, as regras favorecem as empresas em detrimento dos trabalhadores.[20]

Essa discussão não quer dizer que qualquer ação por parte dos trabalhadores esteja condenada, mas que estratégias de redistribuição funcional de renda que não interfiram de alguma maneira com esse mecanismo estão fadadas ao fracasso.[21] Até aqui, a discussão se concentrou principalmente nos mecanismos microeconômicos, uma vez que podemos dizer que é nesse nível que são feitos os lances pela renda esperada. Ademais, as expectativas de renda das firmas determinam o ponto da demanda efetiva e, portanto, o montante de renda a distribuir.

Na *Teoria Geral*, Keynes admitiu que os empresários sempre tivessem expectativas de curto prazo "corretas" (CWJMK, vol. XIV, p. 182). Essa premissa permitiu que se concentrasse em temas mais importantes do que a "deficiência preditiva" e contou com o respaldo da perspectiva de Keynes sobre a probabilidade (CARVALHO, 1988). Seja como for, admite-se que os empresários sejam capazes de estimar a demanda vindoura por bens de consumo, que é induzida por variações da renda, mas também a demanda por bens de investimento, que não o é. Isso quer dizer que se presume a não frustração das expectativas individuais, fazendo do resultado macro aquele que é esperado por todo e qualquer agente.

FINANCIAMENTO

A existência do crédito faz com que a demanda seja pelo menos parcialmente independente da renda. Nesta altura, mais uma vez, as regras favorecem os capitalistas. O crédito é concedido pelas instituições financeiras com base em mar-

---

20 Políticas repressivas do poder de determinação de preços das firmas podem não ser eficazes para alterar esses resultados, pelo menos no curto e no médio prazo. Como argumentou Weintraub (1978), políticas monetárias restritivas, por exemplo, podem causar desemprego, em vez de restrição dos preços se os *markups* forem resistentes. Como sugeriu Sylos-Labini (1984), políticas restritivas podem funcionar para manter a estabilidade de preços se restringirem os preços dos serviços dos fatores (por meio do desemprego do trabalho e de recursos), situação oposta àquela a que se refere a iniciativa de redistribuição.

21 Podemos considerar que os trabalhadores tenham, em alguns casos, poder de veto sobre decisões dos capitalistas, mas não tenham poder de iniciativa. Sob condições de pleno emprego, os trabalhadores podem paralisar a economia, mas suas exigências gerarão inflação, e não redistribuição, a menos que admitamos haver outras restrições sobre a liberdade das firmas para estabelecer preços. Ver Kahn (1972, p. 103). Kalecki sugere que os trabalhadores podem criar problemas políticos, não econômicos. Ver Kalecki (1943).

Keynes e os Pós-Keynesianos

gens de segurança, ou seja, dependendo da posse de algum tipo de ativo que possa ser usado para saldar a dívida em caso de insolvência (MINSKY, 1982). Mas o montante de crédito a ser concedido e suas condições estão relacionados com o tamanho da margem (cf. KALECKI, 1971, Cap. 9).

Os trabalhadores podem ter acesso a financiamento externo, mas em escala mais limitada, por causa da natureza mais incerta de seu principal "ativo": o capital humano. Um ativo de trabalho é ilíquido e não pode ser tomado pelo banco para saldar uma dívida. Ademais, seus retornos também são incertos, dada a possibilidade de desemprego. Os capitalistas dispõem de ativos tangíveis. Além disso, podem usar — e efetivamente usam — o crédito para comprar ativos, e não bens de consumo, o que quer dizer que pelo menos parte da dívida emitida pelos capitalistas é potencialmente autoliquidante. O mais fácil acesso ao crédito permite que os capitalistas exerçam demanda por bens acima de sua renda ou antecipadamente a ela, em uma medida que não está disponível aos trabalhadores. Como afirmou Kalecki, é isso que confere aos capitalistas o poder de "determinar" seus lucros. Em suma, as regras do jogo são favoráveis aos lucros por causa da maneira como os preços se formam e o financiamento externo é concedido em uma economia monetária. Tudo isso significa que a redistribuição de renda em favor do salário somente se pode dar através de alguma forma de intervenção no mecanismo de precificação.

Como observou Pasinetti (1962), se fosse permitido aos trabalhadores poupar, e admitindo que essa poupança fosse tomada em empréstimo pelos capitalistas para financiar o investimento, a distribuição da renda real não mais corresponderia à distribuição dos direitos sobre a renda. Os capitalistas exerceriam uma demanda real com recursos dos trabalhadores. Precisaríamos, então, introduzir relações de financiamento para nos permitir compreender a sequência de eventos levando ao perfil final. Por outro lado, se os trabalhadores pudessem tomar empréstimos dos capitalistas ou de outra fonte externa, a demanda por bens assalariados aumentaria, e a participação dos auferidores de lucros na apropriação da renda real cairia. Isso equivaleria a uma redução da razão média entre lucros e salários em termos de renda real, ainda que não em termos de renda auferida.

Se os trabalhadores puderem reduzir efetivamente a razão média entre lucros e salários da economia, um mesmo montante de gastos em bens de investimento induzirá um maior gasto agregado em bens de consumo. A participação agregada do lucro cairá, mas não o montante agregado do lucro. Uma teoria monetária

Emprego, Salário e Distribuição de Renda | **217**

da distribuição de renda não pode se evadir à questão de como os salários e preços monetários se formam e de como as compras são financiadas. Nos dois aspectos, as regras são enviesadas em favor dos lucros. Como provam os registros históricos, contudo, as regras tendem a preservar — e não a determinar — um perfil. As participações do lucro se revelam altamente variáveis em comparações internacionais, embora sua estabilidade ao longo do tempo pareça ser comum a um grande número de experiências. As diferenças podem ser devidas a práticas ou instituições peculiares a cada país e demonstram que a renda pode ser redistribuída se essas circunstâncias forem alteradas.

EM SUMA

Demonstramos neste capítulo que, em uma economia monetária, o nível de renda e o de emprego em um dado momento qualquer dependem das decisões dos detentores da riqueza, em especial as firmas capitalistas, quanto às formas sob as quais a riqueza será mantida. Em uma economia monetária, as compras correntes de ativos dependem das expectativas dos agentes quanto aos rendimentos futuros. Se o estado das expectativas de longo prazo for favorável à aquisição de bens de investimento, serão feitos gastos de investimento, elevando a renda e estimulando o consumo.

Diz-se que os trabalhadores não têm o poder de determinar o nível de emprego ou a taxa de salário real. O emprego depende do estado das expectativas de curto prazo das firmas, e o salário real depende das suas políticas de precificação. Os trabalhadores negociam seus salários monetários, mas eles não representam o poder de compra efetivo de que gozarão. Os salários monetários, nos modelos pós-keynesianos, servem, isto sim, como base para a determinação dos níveis de preços.

A distribuição de renda em uma economia capitalista reflete sua estrutura de poder. A distribuição de poder, contudo, não é apenas questão de organização e de números, mas também de estruturas e práticas institucionais. A questão se torna ainda mais complexa na teoria pós-keynesiana, porque a renda total a ser distribuída não é dada. Padrões de interação entre grupos sociais podem levar a um aumento da renda total, em vez de a um conflito por uma recompensa fixa. Como vimos na comparação feita entre a abordagem de Kalecki e a de Kaldor,

Keynes e os Pós-Keynesianos

quando a renda total é variável, os resultados do modelo se tornam muito mais incertos. As firmas (ou os "capitalistas", caso queiram) têm o poder de estabelecer preços depois da fixação dos salários monetários e têm acesso preferencial a financiamento, de modo que suas possibilidades de absorção de bens e serviços são apenas frouxamente restritas por sua renda corrente. Tentativas de redistribuição que tratem apenas dos salários monetários tenderão a ser inflacionárias na medida em que não alteram os fatores fundamentais que garantem a posição hierárquica privilegiada das firmas em uma economia monetária.

A distribuição funcional de renda, que descreve a apropriação da renda pelas classes sociais, não é o único aspecto a considerar, seja como campo de estudo, seja como campo de intervenção política. A análise pós-keynesiana relaciona a distribuição funcional de renda à necessidade de financiar a acumulação de capital, mas também abrange o estudo da distribuição pessoal de renda para analisar padrões de demanda agregada e desenvolver propostas de reforma social através de meios fiscais de redistribuição de renda e riqueza.

Em decorrência da tentativa de combinar todas essas características, os modelos de distribuição de renda das economias monetárias tendem a ser muito complexos, e nenhum até agora foi satisfatoriamente concluído, ainda que tenham sido desenvolvidos muitos que tratam de aspectos parciais da questão. O caminho adiante deve consistir em estudos pós-keynesianos de distribuição de renda pessoal e demanda efetiva, combinados com uma perspectiva pós-kaleckiana da distribuição funcional de renda e do financiamento da demanda agregada.

PARTE III

NOVAS PERSPECTIVAS

CAPÍTULO 11
Inflação, Alta Inflação e Hiperinflação

CAPÍTULO 12
Perspectivas Pós-Keynesianas da Política Econômica

Conclusões

CAPÍTULO 11

INFLAÇÃO, ALTA INFLAÇÃO E HIPERINFLAÇÃO

As economias de mercado modernas jazem sobre a premissa de preços estáveis. Atividades de produção e acumulação ao longo do tempo em um sistema complexo de interações insumo/produto exigem o desenvolvimento de relações contratuais a termo. A possibilidade de cálculo subjacente às decisões das firmas de produzir e investir exige uma unidade de valor reconhecida por todos os participantes e que deva se manter estável ao longo do tempo para servir, de modo eficiente, como moeda de conta para aceitação de obrigações contratuais. Os contratos denominados em uma unidade comum são, assim, uma instituição vital para interligar os agentes em uma economia de mercado em um ponto no tempo e ao longo do tempo (CWJMK, vol. XXVIII, p. 252, 255; DAVIDSON, 1978a e b).

Os agentes podem ter metas "reais", mas a moeda é sua língua comum, e o sistema de contratos serve para estabelecer as regras gramaticais dessa língua. A estabilidade de preços, então, implica que o "significado" de uma determinada

222 | Keynes e os Pós-Keynesianos

soma em moeda pode ser inteligível para os agentes que firmam um contrato, permitindo que julguem se devem ou não aceitar as condições nele dispostas.

Obviamente, não se imagina que os preços devam ser absolutamente estáveis. Pode-se até mesmo duvidar de que a noção de um valor absoluto da moeda faça qualquer sentido (CWJMK, vol. V, Livro II). O que importa é a "convenção" de preços estáveis, a crença generalizada de que não possam ocorrer mudanças sistemáticas ou irreversíveis do nível geral de preços que invalide os cálculos monetários. Essa convenção sustentou as expectativas de inelasticidade de preços que caracterizou grande parte da história do capitalismo moderno, pelo menos até tempos relativamente recentes.[1]

No período que se seguiu à Segunda Guerra Mundial, isso mudou. Em contraste com movimentos cíclicos em torno de uma tendência nula (ou quase nula), começamos a observar movimentos de preços em torno de linhas de tendência claramente ascendentes. Períodos de deflação tornaram-se raros ou inexistentes. Depois de um surgimento tímido na década de 1950, a inflação aumentou de modo estável nos anos 1960 e no começo dos 1970, e depois disso foi relativamente controlada por meio de políticas que não hesitaram em sacrificar o emprego e a renda para se obter algum grau de estabilidade. Na América do Sul, a mudança do ambiente foi, para dizer o mínimo, mais evidente. Taxas de inflação muito mais elevadas foram atingidas já no final da década de 1950, e a evolução dos preços foi, em geral, ainda pior nas três décadas seguintes.

Apesar desse estado de coisas piorado, o desempenho da maioria dessas economias foi muito satisfatório, pelo menos até o começo da década de 1970, quando sobreveio a estagnação. Isso levanta uma questão importante: quanta inflação um país é capaz de suportar ao mesmo tempo em que mantém adequadamente suas atividades produtivas? Uma resposta pós-keynesiana deverá focar em como e até que ponto as instituições se alteram para lidar com a inflação. A história nos apresenta três tipos de experiência em relação aos preços: (1) preços estáveis e inflação moderada temporária, sem introdução de alteração institucional; (2) inflação de moderada a elevada no longo prazo, com introdução de inovações institucionais (notadamente a indexação de contratos); e (3) taxas de inflação ex-

---

1 Segundo Keynes, a história do século XIX confirmou essas expectativas: "a característica notável desse longo período foi a relativa estabilidade do nível de preços. O mesmo nível de preços aproximado reinou nos anos de 1826, 1841, 1855, 1862, 1871 e 1915. Os preços também ficaram estáveis nos anos de 1844, 1881 e 1914" (CWJMK, vol. IV, p. 10).

Inflação, Alta Inflação e Hiperinflação | **223**

tremamente elevadas em processos explosivos chamados de hiperinflações, sem introdução de mudança institucional a tempo para evitar pressões destrutivas sobre a economia. Apesar de poderem ser definidos como processos diferentes, com raízes e dinâmicas próprias, sob determinadas condições uma economia pode passar de um tipo de inflação para outro. Adiante, nos debruçaremos sobre o estudo das características de cada um desses três tipos de processo inflacionário e dos pontos críticos de transição entre eles.

INFLAÇÃO ENTREMEADA COM ESTABILIDADE

Segundo Keynes (1923), o século XIX foi o período em que se formou a convenção da estabilidade, uma vez que o comportamento dos preços no longo prazo não demonstrava qualquer tendência identificável. É claro que a estabilidade de preços poderia ser interrompida, e o foi muitas vezes. Ainda assim, a convenção da estabilidade significava que essas interrupções eram transitórias, ou ligadas a algum evento, de fato, imprevisível contra o qual, justamente por causa dessa imprevisibilidade, não se poderia tomar qualquer precaução.

De modo geral, as raízes dos episódios inflacionários podiam ser conhecidas e combatidas sem causar dano permanente, já que eram estranhas às forças que normalmente operam na economia. Acreditava-se que elevações moderadas de preços seriam revertidas por eventos igualmente aleatórios na direção oposta. A "normalidade", portanto, era definida como uma situação de estabilidade geral de preços. Sendo "normal", a estabilidade era a situação à qual os agentes sempre esperavam que a economia retornasse. Não eram necessárias grandes mudanças para lidar com essas pressões. As instituições desenvolvidas com base na presunção de estabilidade eram eficientes no longo prazo, e as inovações não valiam seu custo. Como observou Keynes depois da Primeira Guerra Mundial: "Um sentimento de confiança na moeda corrente do Estado é tão fortemente enraizado nos cidadãos de todos os países que eles não podem deixar de crer que, algum dia, essa moeda deva recuperar pelo menos parte de seu valor anterior" (1920, p. 224).

Às vezes, contudo, a estabilidade fundamental podia ser rompida de maneiras violentas e explosivas, e gerar hiperinflação. Nesses casos, podia ser impossível recuperar os padrões de normalidade do passado. A reconstrução de novos fundamentos da estabilidade de preços poderia, então, exigir medidas de intervenção mais profundas do que a mera manipulação das políticas monetária ou fiscal.

Em uma hiperinflação, as pressões sobre o nível de preços se acumulavam, enquanto a maioria dos agentes insistia na convenção da estabilidade. Esse processo, contudo, mais cedo ou mais tarde algo acabava por desencadear uma súbita percepção por parte do público de que os padrões do passado não mais existiam. Acostumados à estabilidade, os agentes entravam em pânico, de forma a intensificar os desequilíbrios, levar à desintegração definitiva do sistema monetário e impedir qualquer meio de retorno ao estado anterior. A estabilização após uma hiperinflação exigia novos pontos de partida para a definição da moeda e dos preços relativos. Reformas monetárias poderiam introduzir novas moedas de conta para facilitar a transição para um novo sistema de contratos.

A confiança na moeda como representação estável do poder de compra dependia, naturalmente, menos das características psicológicas do povo (embora esse fator não deva ser negligenciado) do que de fatores e práticas institucionais que serviam para ancorar a formação de preços. O reconhecimento generalizado dessas âncoras servia para sustentar as expectativas de inelasticidade quanto ao comportamento dos preços no futuro.

Talvez, a mais importante dessas âncoras tenha sido a representada pelo ouro nas diferentes formas do padrão ouro adotado no século XIX. É bem sabido que a operação eficiente do padrão ouro que se conseguiu naquela época se deveu mais a controles de demanda do que a fatores de oferta, ou à efetiva disponibilidade de reservas de ouro. O próprio Keynes, embora tenha sempre criticado a adesão estrita às regras do padrão ouro, reconhecia sua força enquanto símbolo e medida genericamente aceitos de valor (ver, por exemplo, CWJMK, vol. XXV). Seja como for, o principal papel estabilizador do padrão ouro era o de sinalizar aos agentes que os movimentos gerais de preços em qualquer direção não podiam se sustentar indefinidamente. Seja por causa da exaustão das reservas (no padrão ouro "automático"), seja porque as autoridades monetárias tomariam medidas para evitar uma redução das reservas, os agentes sabiam que a inflação seria reprimida e as condições normais seriam restauradas. As pressões inflacionárias causariam um aumento na demanda transacional por moeda que não se poderia satisfazer, dados os limites representados pelas reservas de ouro sobre a emissão

Inflação, Alta Inflação e Hiperinflação | **225**

de moeda. As taxas de juros aumentariam, a demanda diminuiria, e os preços, assim, novamente se reduziriam. O padrão ouro não era muito eficiente, mas bastava para garantir a confiança do público em geral.[2]

É interessante notar que, em períodos excepcionais, como em guerras, o padrão ouro não podia se manter. Sua suspensão, contudo, reforçava a ideia de que a estabilidade dos preços-ouro era parte da "normalidade" a ser restaurada quando superadas as circunstâncias extraordinárias. A inflação persistente era, portanto, um sinal de crise ou de emergência nacional que desapareceria quando se pudesse novamente atingir a normalidade. Os agentes econômicos, dessa maneira, não tinham motivo para se preparar para uma inflação permanente, já que esta equivaleria a emergências permanentes, o que seria uma contradição em termos. As perdas inflacionárias (ou os ganhos inflacionários) podiam ser encarados como equivalentes a perdas ou ganhos decorrentes de terremotos, ou guerras, ou quaisquer outras causas "extraeconômicas".

INFLAÇÃO SISTÊMICA

Depois da Segunda Guerra Mundial, a inflação gradualmente passou a fazer parte da própria "normalidade". Na década de 1950, elevações de preços lentas, porém persistentes, apenas se intensificaram em períodos excepcionais, como a Guerra da Coreia. Contudo, ao fim da década e no começo dos anos 1960, a existência de uma tendência ascendente de preços, assim como da crescente improbabilidade de movimentos deflacionários, tornou-se clara para os economistas, embora ainda não para o público em geral.

Muitos motivos foram indicados para explicar a emergência de um "viés" inflacionário nas economias capitalistas. Veja-se a mudança radical que se deu na definição do papel do Estado, em decorrência das "ideologias" keynesianas, quando tornou-se parte da cultura a ideia de ser o Estado responsável por manter o pleno emprego e impedir flutuações, ainda que pequenas, da atividade econômica. Ao mesmo tempo, a sindicalização em grande escala e o crescimento

---

2 Uma análise detalhada do funcionamento do padrão ouro é dada por Keynes em sua apresentação de evidências ao Comitê MacMillan sobre o sistema monetário, feita em 1931. A part cipação de Keynes no processo consta reproduzida em CWJMK, vol. XX, p. 38-311.

dos monopólios podem ter tornado obsoletos os processos de negociação salarial (WEINTRAUB, 1978).

Desapareceu a "disciplina" do trabalho baseada na existência de um exército industrial de reserva de trabalhadores desempregados. Do lado do capital, os oligopólios também se tornaram poderosos o bastante para deslocar para os preços qualquer aumento dos custos, reduzindo o estímulo a negociações duras que os tornassem impopulares perante os sindicatos. Os conflitos de distribuição não são novidade no sistema capitalista, mas o reforço da posição de negociação o era. A solução para o conflito entre combatentes poderosos como a mão de obra moderna e o capital moderno foi a inflação. Desenvolveu-se um "pacto inflacionário" por meio do qual o caminho de menor resistência passou a ser a aceitação, pelas grandes empresas, de quaisquer exigências em termos de aumentos dos salários monetários (desde que isso não comprometesse a posição competitiva em relação a outras empresas do mesmo setor), uma vez que esses aumentos seriam simplesmente repassados aos clientes. Para os líderes trabalhistas, esses deslocamentos para os preços dificilmente seriam reconhecidos pelos trabalhadores como sendo resultantes das próprias pressões, uma vez que, na maioria dos casos, a negociação salarial se dá individualmente por setor, ocultando dos agentes o efeito agregado de cada acordo. O pacto inflacionário, dessa forma, satisfaz tanto as grandes firmas, que gozam de paz setorial, como os líderes trabalhistas, que são encarados como negociadores de sucesso pelas massas.

Essa nova situação também foi possibilitada pelo enfraquecimento da disciplina monetária. Os sistemas puros de papel-moeda não contam como limites endógenos ou incentivos à disciplina. A menos que as autoridades monetárias, com motivação política, decidam controlar o processo (e arriscar a geração de problemas como desemprego, falências, e assim por diante), não há motivo pelo qual não se devam acomodar aumentos de demanda pela moeda causados pela inflação. Os sistemas puros de papel-moeda não têm poder intrínseco contra os processos inflacionários.[3]

---

3 Tanto Fischer como Keynes argumentaram que a ausência de limites endógenos sobre os padrões de moeda fiduciária os tornava inteiramente dependentes da "confiança". Ver Fischer (1926, p. 149-151, 293). A maior elasticidade dos sistemas monetários modernos, segundo Chick (1938a), é a principal diferença ambiental que surgiu entre os tempos modernos e o de Keynes.

Inflação, Alta Inflação e Hiperinflação | **227**

Por causa de todas essas mudanças, a inflação moderna assumiu uma natureza sistêmica, deixando de ser episódica como antes fora. As percepções dessas mudanças, contudo, foram adiadas pela profundidade das raízes da confiança na moeda que havia nas práticas e crenças humanas. Essas crenças somente foram abaladas depois de repetidas perdas causadas pela inflação permanente em um sistema institucional concebido para a estabilidade.

Os desequilíbrios que surgiram foram formas específicas das perturbações dos preços relativos causadas pelas diferenças de velocidade de ajuste dos diversos setores às pressões inflacionárias (MOORE, 1983, p. 176). A dificuldade está em distinguir alterações "legítimas" dos preços relativos daquelas causadas pela inflação alastrando-se a ritmos diferentes em diferentes partes da economia. Os setores produtivos que operam com base em contratos de longo prazo são imediatamente penalizados pela inflação. Diferenças de competitividade, poder de mercado ou simplesmente de agilidade na percepção de mudanças nominais bastam para gerar efeitos reais mediante a inflação. Elementos cujos preços costumam ser controlados — impostos, aluguéis, salários — enfrentam perdas em maior ou menor grau por estarem sob restrições contratuais ou outras práticas que presumam a estabilidade.

A lista de males causados pela inflação é bem conhecida. Weintraub (1978, p. 29-33) ofereceu uma lista quase exaustiva deles. A inflação: (1) redistribui renda cegamente, mas não aleatoriamente, muitas vezes favorecendo os ricos frente aos pobres, os capitalistas frente aos trabalhadores; (2) "confunde o planejamento econômico racional de longo prazo"; (3) favorece o capital financeiro frente ao produtivo; (4) leva empresários a consumir capital como se renda fosse; (5) induz o desenvolvimento de práticas especulativas defensivas; (6) desvia a atenção pública de problemas mais fundamentais; (7) distorce a estrutura fiscal do Estado; (8) afeta o comportamento da taxa de câmbio; (9) reduz a eficiência dos mecanismos de pagamento em moeda; e (10) estimula o recurso a políticas que podem ser danosas para as economias de mercado, como controles de preços.

Como acrescentou Feijó (1991), dando prosseguimento ao trabalho de A.D. Bain, a inflação também afeta as taxas de juros e o perfil do financiamento de longo prazo, em detrimento de investimentos de longa duração. Todos esses efeitos podem, talvez, ser condensados em três grupos de problemas: (1) a destruição da moeda de conta contratual, que deixa de informar quanto à verdadeira natureza das obrigações aceitas para liquidação no futuro; (2) os preços deixam de ser informativos até mesmo quanto às condições presentes de lucratividade, competitividade, e assim por diante; e (3) o aumento das incertezas quanto ao futuro causado pela incapacidade de mapear as decorrências a partir do presente, uma vez que dependem de mudanças de atitudes e práticas cujo momento e alcance os agentes não podem prever. Tão importante quanto esses efeitos econômicos, a inflação continuada também causa graves problemas políticos. A percepção, justificada ou não, de que a inflação decorre de um "abuso de poder" (por parte, assim, das grandes firmas, como dos grandes sindicatos, como tem ficado claro nos últimos anos) corrói o senso de objetivos compartilhados em que se baseia o conceito de nação. Além disso, a percepção de que grandes ganhos especulativos são possíveis para quem saiba "jogar bem com a inflação" corrói tanto a ética de trabalho quanto a noção de que um esforço calculado é o meio para se melhorar de situação, características fundamentais da ordem capitalista (ver WEBER, 1968). Conflitos políticos e horizontes de tempo abreviados podem tornar não administrável a situação econômica de um país, pelo menos até que a crise se torne tão profunda, que a sobrevivência passe a ser aceita como nova meta unificadora da sociedade.

O principal ponto levantado até agora é o de que a inflação aumenta a incerteza. Por isso, ao dificultar a formulação de hipóteses e relações probabilísticas que orientem a formação de expectativas e a escolha de estratégias, causa-se maior dano às atividades para as quais horizontes de tempo mais remotos sejam de maior importância. Os investimentos em bens de capital e o financiamento de longo prazo tendem a desaparecer, substituídos por compromissos mais breves e flexíveis que permitam uma mudança de curso frente a algum acontecimento imprevisto. Os agentes privados passam a incluir estimativas explícitas de inflação em seus planos e contratos, o que intensifica os desequilíbrios existentes, porque não há motivos para presumir expectativas convergentes, a menos que se viva no peculiar mundo dos economistas neoclássicos, que supõem que os agentes compartilhem das mesmas crenças sobre os processos econômicos, ainda que os economistas não o consigam. Sob tais condições, a intervenção do Estado na economia enquanto empresário se torna inevitável. Já que é o único agente capaz de enfrentar o risco de iniciativas de longo prazo das quais os agentes privados se abstêm. Como observou Keynes na década de 1920, um grau crescente de "controle socialista", com que se refere à intervenção direta do estado, é resultado necessário da inflação (CWJMK, vol. XVII, p. 183-184). Se a inflação acelerar para além daquilo que possa absorver um sistema institucional construído com base na premissa da estabilidade, a necessidade de mudança se tornará irresistível. Os agentes agarram-se ao sistema contratual vigente porque é uma maneira eficiente de organizar a produção, uma vez que permite que o empresário faça uma previsão razoavelmente segura de seus custos futuros e, às vezes, também de suas receitas. Quando essa capacidade preditiva se reduz, os agentes podem questionar os benefícios da manutenção do sistema existente. Quando as incertezas que a inflação causa em relação ao valor futuro real da moeda em termos da qual os contratos são firmados superam os benefícios percebidos da existência de direitos e obrigações predeterminados em termos de moeda, os agentes procuram por alternativas. Estas podem ser o rompimento do sistema contratual, como se dá na hiperinflação, ou o desenvolvimento de inovações institucionais. Assim, a inflação sistêmica pode levar a uma alteração do próprio regime monetário, alterando regras e práticas, especialmente no que se refere aos contratos. Quando isso acontece, a economia pode passar para o regime de alta inflação.

O REGIME DE ALTA INFLAÇÃO

O conceito de alta inflação foi desenvolvido no final da década de 1970 por economistas latino-americanos, notadamente da Argentina,[4] para lidar com situações em que a inflação seja elevada demais para permitir a manutenção de contratos monetários a termo, mas não alta o bastante para desintegrar a economia, como ocorre na presença de hiperinflação.

As propriedades de tal sistema eram relativamente desconhecidas. Analistas sensíveis como Jackson, Turner e Wilkinson (1975), que modelaram alguns processos inflacionários intensos a que chamaram de "estrato-inflação", não souberam explicar como uma configuração de "desequilíbrio" poderia se sustentar por tato tempo quanto se via em alguns países. A economia brasileira, por exemplo, convivia com alta inflação havia mais de 30 anos, a maior parte dos quais fora de crescimento intenso, sem se interromper sequer pelo primeiro

---

4 A referência clássica é Frenkel (1979). Frenkel muitas vezes apontou a proximidade entre seus modelos e a abordagem pós-keynesiana de Sidney Weintraub.

choque do petróleo do começo da década de 1970. Somente depois de 1985 surgiriam efeitos caóticos (FEIJÓ, 1991).

O segredo para a compreensão da relativa estabilidade encontrada em países que convivem com alta inflação está na percepção da maneira como as instituições e os comportamentos podem se adaptar a taxas de inflação elevadas e persistentes. Novas instituições servem como base para a definição de padrões de "normalidade" que permitem que as relações econômicas entre agentes se desenvolvam e o crescimento seja retomado. Os conflitos distributivos diminuem muito em dramaticidade e intensidade se houver crescimento, uma vez que as perdas e os ganhos relativos podem, então, se referir a acréscimos à renda, e não a níveis absolutos, a condição de estabilidade identificada por Jackson, Turner e Wilkinson (1975). Um regime de alta inflação é muito mais vulnerável a choques do que os de preços estáveis ou de inflação equilibrada (processos inflacionários que não são considerados perigosos o bastante para ameaçar a continuidade da vida econômica ou exigir inovações institucionais como defesa contra a inflação), que criam uma espécie muito instável de equilíbrio. Se os choques desorganizarem a operação da economia, a produção e o investimento podem ser afetados, as taxa de crescimento podem se reduzir, e o sistema pode, então, entrar em colapso.

Em um sentido quase tautológico, a inflação deveria ser encarada como um processo de conflito por participações na renda. O conflito, contudo, se desenrola de acordo com as "regras do jogo" que regulam as maneiras por meio das quais os preços e as rendas monetárias se estabelecem. Essas regras determinam a eficácia da estratégia de cada grupo na consecução de seus objetivos. Assim, com preços em geral estáveis, por exemplo, os trabalhadores esperam que aumentos de seus salários monetários contratuais se convertam em aumentos de salários reais. Um regime de alta inflação surge quando a frustração continuada das expectativas leva os agentes a questionar as próprias regras do jogo. Direitos contratuais denominados em moeda deixam de ser preditivos adequados de renda real. A transição para regimes de alta inflação se dá quando a inflação é tão intensa, que os riscos quanto à previsão do valor futuro da moeda impossibilitam a aceitação de obrigações futuras nela denominadas. Diferenças de expectativas quanto à trajetória futura da inflação e de capacidade de reação às suas acelerações e desacelerações, quando as taxas de inflação são muito altas, impedem que os agentes firmem obrigações contratuais a termo, cujo valor real pode sofrer variações

Inflação, Alta Inflação e Hiperinflação | **231**

grandes o bastante para anular qualquer vantagem percebida na aceitação do contrato em si.

A contratação monetária a termo, assim, se torna impossível quando se aceita que a inflação seja permanente e elevada o bastante para suplantar sistematicamente qualquer outra influência aleatória sobre o valor das obrigações contratadas. Um regime de alta inflação surge quando se desenvolvem novas regras de contratação. Esse regime se define pelo desenvolvimento de novas regras contratuais concebidas para adaptar o sistema à percepção de que a inflação deixou de ser um elemento contingente e passou a ser uma tendência sistemática e importante da economia. Como os contratos são uma instituição criada para reduzir as incertezas quanto ao futuro, precisam, agora, lidar com a influência da inflação persistente, que é alterar o valor real da moeda, se comparado ao valor esperado quando da aceitação do contrato. O valor real das obrigações contratuais indexadas dependerá do índice escolhido para o reajuste de valor e do período após o qual o valor reajustado será pago. As partes contratantes sabem que o poder aquisitivo de uma unidade monetária será reduzido, embora apenas em raros casos saibam em que medida.

É para lidar com essa dificuldade que se introduz a indexação. Indexação quer dizer que os agentes poderão contratar em uma moeda de conta que lhes seja conveniente, ou seja, a unidade que represente a cesta de bens que tinham em mente ao aceitar direitos e obrigações monetários em um regime de preços estáveis. A moeda de conta comum, uma característica das economias monetárias, é abandonada na tentativa de cada grupo de se defender de alterações do "conteúdo real" dessa unidade capazes de gerar alterações imprevisíveis do valor real das obrigações e dos direitos que consideram aceitáveis. Em termos puros, a indexação significa a proliferação de moedas de conta com o efeito de legitimar demandas pelo produto social, que, sendo denominadas em diferentes moedas de conta, podem não ser condizentes. Uma unidade de medida compartilhada explicita a natureza redistributiva da inflação, demonstrando que o ganho de um será o prejuízo de outrem. Com a indexação, contudo, ninguém reconhecerá qualquer perda, uma vez que todos poderão lançar seus direitos diretamente na unidade que mede suas metas de renda real. Se a inflação for resultado de direitos incongruentes sobre o produto social, a indexação apenas camuflará essa incongruência. O pior é que, ao se legitimar o direito de definição de moedas

232 | Keynes e os Pós-Keynesianos

de conta específicas para pessoas ou grupos, os conflitos distributivos se tornam institucionalizados e insolúveis.

Como corretamente observou Leijonhufvud (1981), não há nada de simples na escolha de um índice. Diferentes agentes têm diferentes bens, ou os mesmos bens em proporções diferentes, em suas respectivas cestas. Ademais, agentes que firmem obrigações contratuais com parceiros diferentes se verão envolvidos com diferentes unidades de conta de entradas e saídas de recursos, e conviverão com incertezas quanto às futuras relações de troca entre as diferentes unidades de seus ativos e passivos. Com efeito, o excessivo grau de incerteza criado por tal sistema leva o Estado a impor um conjunto restrito de índices que os agentes possam aceitar em seus contratos privados. Muito embora cestas fixas comuns para agentes com necessidades diferentes possam parecer "subótimas", esta pode ser uma solução eficiente quando consideramos as incertezas que acabamos de ver. Assim, sob condições de alta inflação, os agentes tendem a aceitar índices de reajuste que refletem apenas aproximadamente as próprias expectativas de renda, mas que lhes parecem, seja como for, melhores do que firmar contratos em termos monetários.

O segundo elemento de um contrato indexado é o prazo de reajuste e de liquidação de obrigações. Muitos dos ortodoxos estudiosos da indexação presumem que ela seja instantânea, conferindo-lhe a propriedade de tornar "rígidas" as rendas indexadas.[5] *Lags* de dois tipos podem afetar a renda real efetivamente recebida (ou paga) de um contrato indexado: (1) haver um intervalo de tempo necessário para coletar e processar informações sobre preços; (2) os pagamentos não serem efetuados de maneira contínua, mas em pontos determinados no tempo ao fim de um período avançado. O primeiro *lag* significa que uma determinada perda de renda real causada por preços em elevação somente será paga depois de algum tempo, causando prejuízos entre as duas datas. O segundo faz surgir um prejuízo adicional se o pagamento ou a remuneração estiver programado para alguma data posterior à do cálculo do índice propriamente dito. Se as taxas de indexação forem constantes, o agente não será capaz de manter sua renda "de pico", mas manterá constante sua renda média. Se a inflação estiver acelerando, os *lags* causarão, *ceteris paribus,* também perdas de renda média. Isso é o que mostram as

---

5 Ver, por exemplo, Gordon (1983) e Benassy (1983). Para uma percepção contrastante e muito superior da importância dos lags (intervalos) de reajuste, ver Jackson, Turner e Wilkinson (1975).

Figuras 11.1 e 11.2. Nos dois casos, admitimos que a renda do agente seja reajustada no fim de um determinado período durante o qual os preços estiveram em ascensão. A Figura 11.1 mostra uma situação em que os preços se elevam a uma taxa constante. A renda "de pico" é $y1$, somente atingida no momento em que são efetuados os pagamentos. A renda real média é $y2$. Na Figura 11.2, a inflação acelera entre um período e outro, o que quer dizer que a renda monetária terá valor real cada vez menor. A indexação perfeita reconstitui as rendas "de pico", mas é impotente para sustentar as rendas médias.

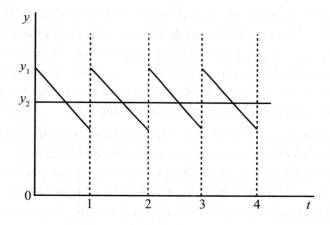

Figura 11.1

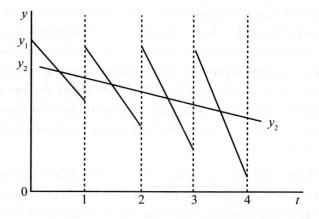

Figura 11.2

234 | Keynes e os Pós-Keynesianos

A indexação generalizada não é a única característica de um regime de alta inflação. Uma segunda característica se refere à determinação dos preços de fluxo de oferta. A indexação não pode ser universal porque seu papel é o de restaurar periodicamente uma determinada estrutura de preços e rendas relativos. Se o problema da inflação é o de induzir alterações "falsas" de preços relativos, o da indexação é a incapacidade de distinguir alterações "legítimas" de preços relativos. A indexação dos preços de fluxo de oferta impediria os tipos de ajustes que um sistema de mercado eficiente exige, aqueles com raízes em causas reais, como mudanças tecnológicas, mudanças de gostos, e assim por diante. As empresas se adaptam à inflação elevada por meio da alteração do modo de cálculo de custos e *markups* (FRENKEL, 1979). Em vez de tomar os custos históricos por base para a determinação de preços, as firmas sabem que os custos futuros serão necessariamente mais elevados do que os correntes ou passados. Por isso, os *markups* correntes sobre os custos correntes observados precisam ser maiores, para cobrir o aumento necessário dos custos no período seguinte.

Dessa forma, um regime de alta inflação altera a maneira como preços e rendas são estabelecidos. As novas regras institucionais (contratuais) e o comportamento dos formadores de preços definem um regime que pode ser encarado como uma nova forma de equilíbrio. A indexação não permite que os agentes mantenham suas metas de renda, mas é vista como uma forma de organizar o conflito distributivo. A alternativa a ela seria alguma forma de processo de negociação contínua que consumiria tempo e recursos e provavelmente seria considerado injusto para os agentes menos organizados. Os agentes aceitam contratos indexados de mais longo prazo porque, *ceteris paribus*, minimizam as perdas entre períodos de negociação. Desde que as perdas de renda entre negociações sejam contrabalançadas pelos benefícios que há em evitar conflitos, ou pelos ganhos em geral que uma economia organizada oferece por ser capaz de crescer, um regime de alta inflação definirá um equilíbrio. Ninguém obterá de fato o que deseja, mas aquilo que evitam é o bastante para compensar esse fato, especialmente se for possível crescer, de modo que a renda de outras fontes aumente e compense as perdas inflacionárias.

Tal equilíbrio, contudo, é instável. A raiz da instabilidade está no fato de que as rendas contratuais são reajustadas em relação à inflação passada, mas os preços de fluxo de oferta são formados de acordo com expectativas de inflação futura. Se surgirem motivos para se esperar uma aceleração da inflação no futuro, o regime poderá ruir, como veremos a seguir.

FRAGILIDADE E INSTABILIDADE DO REGIME DE ALTA INFLAÇÃO

Um regime de alta inflação é um arranjo frágil. Constitui um equilíbrio no fio da navalha, onde os agentes comparam suas perdas de renda (causada pelo *lag* do reajuste) com a poupança em termos do custo de conflitos. Ninguém é capaz de manter a posição desejada, porque os picos de renda real atingidos quando são feitos os pagamentos "corrigidos" começam a ser corroídos imediatamente pela inflação continuada. Por outro lado, as empresas sempre têm de enfrentar as incertezas de um sistema dúplice em que os custos de produção são pelo menos parcialmente indexados (custos de trabalho, custos financeiros, impostos, e assim por diante), mas suas receitas não o são. Precisam cumprir processos de produção sem sempre saber quão elevados serão alguns de seus custos. As firmas que perdem posição relativa por não serem capazes de reagir à inflação tão rapidamente quanto outras verão seus custos aumentar com o nível médio de preços.

A raiz da fragilidade está no fato de que os contratos são indexados ao passado, enquanto os preços de fluxo de oferta o são em relação ao futuro (ou a expectativas quanto a ele). Enquanto o futuro repetir o passado, o sistema funcionará. Mas choques podem separar o passado do futuro, fazendo com que os preços e as rendas contratuais se movam de maneiras incongruentes. Com taxas constantes de inflação, as perdas de renda em relação ao pico também serão constantes e, se forem menores do que os custos estimados do conflito, o sistema perdurará. A previsibilidade irá aumentar e a produção poderá, então, prosseguir como se os preços fossem estáveis. Se, por outro lado, o sistema sofrer um choque, que pode ser um choque de oferta como a elevação dos preços do petróleo na década de 1970, ou um choque de expectativas (quando os agentes por algum motivo esperem uma aceleração da inflação), a situação pode degenerar para a hiperinflação.

A fragilidade do contexto é agravada por duas outras características de uma situação de alta inflação. Por um lado, dado o encurtamento dos contratos causado pelas incertezas inflacionárias, não poderá existir *hedgers* no sentido dado por Minsky — o de investidores que somente aceitem obrigações financeiras com o mesmo perfil temporal de seus ativos —, uma vez que não é oferecido financiamento de longo prazo (ver FEIJÓ, 1991). Além disso, o campo de ação da política econômica fica drasticamente reduzido em decorrência das mudanças institucionais. A política monetária é duplamente afetada. Na medida em que os contratos financeiros são indexados, a oferta de meio circulante precisa aumentar com o valor da dívida segundo ele denominado. O Estado garante a aplicação de contratos indexados, de modo que não tem escolha a não ser fornecer tanto meio circulante quanto seja necessário para isso. Além disso, as políticas de taxa de juros são enrijecidas. As taxas monetárias precisam seguir a inflação para se manterem competitivas frente a instrumentos financeiros indexados (CARVALHO, 1986). Com inflação elevada, deixar de fazer isso causaria uma "fuga da moeda" para bens ou ativos estrangeiros que intensificaria as pressões desorganizadoras que já agem sobre o sistema.

A política fiscal também enfrenta dificuldades significativas, pois muitos gastos do governo serão indexados. A dívida pública certamente estará sujeita à indexação. As receitas do governo, por seu lado, enfrentarão o chamado efeito Tanzi: o *lag* entre o fato gerador do tributo e o momento em que o governo efetivamente recebe a receita tributária corrói o valor real das receitas, fazendo surgir déficits mesmo em num orçamento que estaria equilibrado se os preços fossem estáveis. Esse desequilíbrio surgirá mesmo que os impostos sejam indexados e se agravará à medida que aumente a taxa de inflação.[6]

Concluindo, um regime de alta inflação é um sistema instável em que a possibilidade de falhas de coordenação se institucionaliza. Os agentes procuram sempre recuperar suas "perdas", enquanto outras surgem. Desde que essas perdas estejam contidas em um intervalo aceitável, o sistema conseguirá funcionar e, dado um ambiente favorável, até mesmo prosperar, como foi o caso da economia brasileira no fim da década de 1960 e no começo da década de 1970. Mas o sistema não foi capaz de resistir à crise que sobreveio. Em países como a Argentina, que não chegaram a compartilhar da prosperidade daquele período, a crise foi permanente (PABLO e DORNBUSCH, 1988).

---

6 Com efeito, outros fatores agem para reduzir ainda mais a eficiência das políticas fiscais sob condições de inflação elevada. Como demonstraram Heymann et al. (1988), os cálculos orçamentários se tornam muito incertos, e os gastos programados muitas vezes esgotam os recursos destacados no começo do ano fiscal. Com isso, a decisão sobre provisionamento adicional de verbas é levada para fora dos limites da fixação orçamentária, favorecendo negociações políticas de grupos de interesses e reduzindo a eficiência macroeconômica da intervenção estatal. Para um exame teórico e empírico detalhado das dificuldades que cercam as políticas de estabilização em economias de inflação elevada, ver Feijó e Carvalho (1991).

HIPERINFLAÇÃO

Define-se hiperinflação como uma situação em que as instituições monetárias contratuais não mais podem ser mantidas ou reformadas. Ocorre quando as taxas de inflação são tão elevadas e a taxa de aceleração é tão intensa, que não há tempo suficiente para que se desenvolva um processo de inovação institucional, como a indexação. O sistema monetário nacional é destruído e substituído, primeiro por um sistema de câmbio direto e, depois, por outro sistema monetário, geralmente baseado numa unidade monetária estrangeira, como o dólar americano. Assim, uma hiperinflação difere de uma alta inflação porque esta se refere a um novo arranjo monetário, ainda que frágil, enquanto aquela define uma forma explosiva de desequilíbrio que não pode perdurar.

Uma hiperinflação também pode surgir quando há pressão excessiva sobre as instituições que definem um regime de alta inflação. Quando os preços correntes aumentam a taxas mais elevadas do que as do passado, a indexação se torna cada vez menos eficiente como mecanismo de proteção. Pode-se chegar a um ponto em que a perda de renda causada pela adesão à indexação se torna maior do que os benefícios percebidos da existência de uma regra de aumento automático da renda nominal. Se isso acontecer, as instituições da alta inflação ruirão, e poderá surgir uma hiperinflação à medida que os agentes procuram se defender por outros meios. Mais especificamente, os agentes procurarão fugir da moeda, ou seja, de uma relação social em uma sociedade em colapso, em direção a mercadorias que pareçam eficientes como salva-vidas individuais.

Não se pode dizer *a priori* o quanto a inflação pode acelerar até que a indexação deixe de ser encarada como um instrumento contratual eficiente, levando os agentes a buscar por outras estratégias de orientação de comportamento capazes de levar, afinal, a uma hiperinflação. A hiperinflação ainda parece por demais rara para permitir estilização em um modelo geral. As hiperinflações europeias se deram em economias que não estavam habituadas à inflação e que também passavam por algum tipo especial de dificuldade, como a necessidade que a Alemanha teve de pagar pelas reparações de guerra na década de 1920. Em tempos modernos, as hiperinflações representaram ameaça a países há muito habituados à inflação, como a Argentina, o Brasil ou Israel.

238 | Keynes e os Pós-Keynesianos

Uma hiperinflação é tida como um modo de formação de preços em que as expectativas da inflação futura e estratégias defensivas contra ela são as principais (e praticamente as únicas) determinantes das decisões correntes de todos os agentes. Em uma primeira etapa, o colapso das regras leva a expectativas enormemente divergentes e políticas de precificação totalmente inconsistentes. Em uma segunda fase, os agentes procuram por novas unidades em termos das quais possam recuperar a possibilidade de cálculo. Recupera-se alguma coordenação, e a estabilização de preços pode ser obtida com sucesso.

A existência dessas duas etapas é claramente sugerida pelo clássico estudo da inflação alemã publicado por Bresciani-Turroni em 1937. Nele, podemos ver que o período até agosto de 1923 foi marcado por um comportamento altamente divergente dos preços (Capítulo 1, Gráficos 5 e 6), seguido por uma trajetória estritamente coincidente de preços relevantes, atrelados ao dólar americano, revelando que a economia encontrara na taxa de câmbio uma nova fonte de informação em torno da qual os agentes podiam formar estratégias consistentes e se pôde recuperar algum grau de coordenação (Gráfico 7).

A passagem para a hiperinflação pode acontecer, nas condições modernas, se a pressão sobre as instituições que definem a alta inflação for excessiva. Choques externos, serviço da dívida externa, aguçamento de desequilíbrios do setor público, tentativas de antecipar políticas de estabilização restritivas — todos esses fatores ou expectativas podem influenciar as regras vigentes de precificação, porque, como vimos, os preços de fluxo de oferta não estão sujeitos à indexação. São a válvula aberta por meio da qual essas pressões podem ser introduzidas no sistema contratual e terminam por destruí-lo.

Expectativas de aceleração futura da inflação levam as empresas a antecipá-la por meio da elevação de seus *markups* correntes para cobrar aumentos futuros de custos (e evitar ficar para trás em termos relativos). Como demonstrou Frenkel (1979), com a mudança das taxas de inflação, a incerteza das decisões de precificação aumenta. Agora a empresa precisa optar entre dois riscos. Por um lado, há o risco de renda, que é a possibilidade de estabelecer um *markup* elevado demais e se deparar com demanda inferior à esperada. Por outro lado, há o risco de capital, que é o risco de estabelecer preços baixos demais e se ver incapaz de comprar insumos e trabalho aos seus valores nominais majorados no período seguinte. A experiência de países como o Brasil sugere que, com a aceleração da

Inflação, Alta Inflação e Hiperinflação | **239**

inflação, o risco de capital se torna mais importante que o risco de renda. Se a empresa exceder o preço "de equilíbrio", acumulará capital líquido que não só aumentará certamente de valor com a inflação continuada como também servirá como garantia real para crédito de curto prazo. As perdas de capital, por outro lado, nada têm que atenue seus efeitos: constituem uma perda líquida de riqueza para a empresa. Em suma, frente à escolha entre preços baixos demais ou altos demais, a política mais segura é a de pecar pelo excesso. É interessante observar que isso pode, então, tornar-se uma profecia autorrealizável: se a maioria das empresas aumentar excessivamente seus preços, o nível de preço será maior, e a estratégia se justificará.

Se as regras de precificação forem assim modificadas, as instituições contratuais que definem um regime de alta inflação poderão entrar em colapso. A aceleração dos aumentos de preços deprimirá a renda real entre reajustes para além do esperado e aceitos pelos agentes que viam na indexação um instrumento útil. Se a perda for significativa, os agentes tentarão conter as perdas por meio da redução do período entre reajustes. Quanto mais breve esse período, *ceteris paribus*, menor a perda. No limite, se as rendas monetárias puderem ser instantaneamente reajustadas frente a qualquer aumento de preços, não haverá perda real. É claro que a combinação dessa característica com a precificação por *markup* levará a uma explosão de preços. Contudo, muito antes que se chegue a esse limite, as instituições contratuais já terão sido radicalmente alteradas. Por um lado, os prazos de reajuste mais curtos exigirão outros índices que não os de preços. Na maioria dos casos, o novo índice de reajuste tem sido a taxa de câmbio com o dólar. Mas, de modo geral, os contratos não podem ser aplicados em dólares em países que tenham sua própria moeda. Isso quer dizer que as incertezas que cercam transações em dólares somente podem ser aceitas no curtíssimo prazo. Além disso, em países onde os mercados de câmbio são controlados, o dólar pode não refletir adequadamente as tendências de preços, induzindo ainda mais distorções nas regras de precificação.

O abandono de práticas aceitas de indexação retroalimenta as regras de precificação das firmas, que procuram desenvolver meios mais rápidos de reação às novas pressões. A aceleração do processo como um todo faz com que seja cada vez mais difícil manter a ordem. As firmas precisam desenvolver sistemas próprios de informação e não podem mais esperar para ver o que as demais farão. O desaparecimento de uma fonte comum de informação leva a decisões altamente divergentes. Ocorrem alterações drásticas de ritmo, e as expectativas se tornam altamente elásticas a frustrações correntes. Ficar para trás da concorrência pode ser fatal: é preciso se movimentar constantemente para tentar manter a posição.

Nesse sentido, uma hiperinflação não é apenas um sistema em que as taxas de inflação são mais altas do que antes. Na verdade, as taxas são mais altas porque os instrumentos aceitos de coordenação e as fontes de informação entraram em colapso. O colapso do sistema de indexação destrói o último remanescente de liquidez que restava ao meio circulante, e então se dá o mais visível dos fenômenos hiperinflacionários: a fuga da moeda. A incerteza prevalece, apenas os planos de mais curto prazo são implantados, e os conflitos se intensificam. Esta é a fase crítica de uma hiperinflação.

Essa fase crítica reflete o funcionamento de uma economia em que as empresas e os demais agentes perderam qualquer noção de normalidade. Expectativas heterogêneas os levam por caminhos tão completamente inconsistentes, que não se pode saber com qualquer grau de confiança que lições extrair das frustrações. A única regra geral é evitar a todo custo ficar para trás dos demais. A taxa de inflação salta de um mês para outro, mas o nível médio de preços oculta um elevado grau de dispersão, fazendo com que lucros e perdas extraordinários sejam distribuídos de maneira imprevisível.

Keynes observou que a paralisia frente à incerteza não é uma escolha aceitável para pessoas práticas. Elas procuram "se comportar exatamente como o fariam se tivessem o apoio de um cálculo benthamista de uma série de vantagens e desvantagens em potencial, cada uma multiplicada pela probabilidade adequada" (CWJMK, vol. XIV, p. 114). O cálculo exige uma unidade de conta. Com o colapso das alternativas domésticas, os agentes mais cedo ou mais tarde encontrarão em moedas estrangeiras uma unidade alternativa mais eficiente. Historicamente, essa moeda estrangeira tem sido o dólar americano. Os preços em dólares de bens negociados internacionalmente podem servir como âncora do sistema de preços. A hierarquia de preços relativos pode ser restaurada e, com isso, reintroduzir algum grau de normalidade. Quando são recuperadas essas relatividades, as condições são corretas para a recriação de uma moeda de conta local (KALDOR, 1982). Escrevendo da Alemanha em 1923, Keynes observou:

Inflação, Alta Inflação e Hiperinflação | 241

O recente colapso do marco é sintoma de uma deterioração progressiva da posição econômica alemã. Não obstante, o ajuste entre preços internos e câmbios externos é agora tão rápido que a importância prática do movimento pode ser superestimada (...). Dívidas expressas em marcos podem há muito ter perdido qualquer importância; salários e preços são rapidamente reajustados; e o povo alemão agora mantém tão pouco numerário em marcos que o dano causado às pessoas, ainda que por um grande colapso, não será tão considerável quanto se poderia imaginar. (CWJMK, vol. XVIII, p. 161-162)

A recuperação de uma moeda de conta, portanto, é o fator estratégico para por fim a uma hiperinflação. A hiperinflação cria uma consciência aguda da necessidade de uma moeda estável e induz os agentes a buscar, eles mesmos, tal moeda. Em um regime de alta inflação, por outro lado, a aparente normalidade da situação mantida pela indexação age como um forte obstáculo à adoção de políticas de estabilização mais eficientes. O desconforto e a incerteza da corda bamba ficam ocultos dos agentes, desde que não se movimentem demais, ou com muita rapidez. Sob hiperinflação, contudo, o risco de cair no abismo está sempre presente.

EM SUMA

Apresentamos neste capítulo uma abordagem pós-keynesiana para a inflação, argumentando que é preciso distinguir entre processos inflacionários tidos como permanentes e aqueles meramente transitórios. Mesmo entre os processos inflacionários persistentes, o impacto sobre a economia como um todo dependerá de serem as taxas elevadas o bastante para impor ganhos ou prejuízos imprevistos mais elevados do que os benefícios que se espera obter da aceitação em si de um contrato.

Uma teoria pós-keynesiana da inflação enfatiza as alterações da natureza dos conflitos distributivos, especialmente entre trabalho e capital. Sindicatos fortes e oligopólios fortes resolvem seus conflitos por meio da geração de impulsos inflacionários. Exigências de salários monetários mais elevados são aceitas pelas firmas modernas e deslocadas para os preços, gerando, assim, pressões inflacionárias.

242 | Keynes e os Pós-Keynesianos

A inflação causa ganhos ou prejuízos extraordinários para aqueles que rápida ou lentamente percebam seu funcionamento. Quanto esses prejuízos se tornam elevados demais, os agentes se recusam a aceitar obrigações em moeda, uma vez que seu conteúdo "real" será muito incerto. Um regime de inflação elevada é implantado quando as regras contratuais são alteradas para que incluam unidades de conta que não o meio circulante da economia. A indexação, contudo, não alcança os preços de fluxo de oferta. A formação destes se baseia nas expectativas de inflação dos empresários. Assim, demonstramos que um regime de inflação elevada é um equilíbrio frágil entre agentes cuja renda é determinada pelo comportamento passado da inflação e agentes que olham para o comportamento futuro da inflação.

Finalmente se apresenta um exame dos processos hiperinflacionários em que eles são vistos como um estado patológico de colapso da coordenação.

CAPÍTULO 12

PERSPECTIVAS PÓS-KEYNESIANAS DA POLÍTICA ECONÔMICA

Uma economia monetária de produção monetária, como vimos, é aquela em que as incertezas do futuro, por meio das influências que têm sobre os preços correntes de bens e ativos, podem causar desemprego, inflação, ou ambos. Não se pode obter perfeita coordenação dos agentes e setores, porque uma economia monetária é uma economia de mercado, onde não existe leiloeiro ou instituição como uma *Gosplan* que possa, em tese, garantir que não surjam erros e desequilíbrios (embora as experiências com Ministérios da Produção em países socialistas não tenham sido sucessos incondicionais). Os agentes seguem os sinais que recebem dos mercados e os interpretam de acordo com as teorias que formam a respeito do funcionamento do mundo. Esses sinais são necessariamente incompletos, o que quer dizer que o agente precisará fiar-se, em maior ou menor medida, em "produtos da imaginação", mas também que podem estar totalmente errados, levando os tomadores de decisões a optar por estratégias insustentáveis. Por esses motivos, os pós-keynesianos, como o próprio Keynes, propõem haver espaço para intervenção do Estado na economia.

O Estado tem poderes para influenciar ou até determinar trajetórias futuras —poderes de que nenhum agente privado goza. Seu peso, sua capacidade de criar moeda, o porte de seu aparato administrativo, tudo isso permite ao Estado liderar o processo de desenvolvimento de uma economia monetária. Para Keynes e os pós-keynesianos, não se trata de substituir a propriedade privada ou o mercado como mecanismo de distribuição e alocação, mas de permitir ao Estado emitir sinais para além da capacidade dos mercados e indicar a direção de desenvolvimento que a comunidade deseje.

Keynes observou na *Teoria Geral* que as implicações deste modelo em termos de política eram em parte conservadoras e em parte revolucionárias. As políticas econômicas keynesianas decerto não são socialistas, muito embora tenham, de modo geral, sido adotadas por social-democracias de todo o mundo. São conservadoras no sentido de preservar a propriedade privada, o mercado e a tomada individual de decisões. São revolucionárias no sentido de pretenderem substituir a aceitação cega de movimentos dos mercados desregulados pela gestão macroeconômica deliberada.

FALHAS DO CAPITALISMO

No último capítulo da *Teoria Geral*, Keynes afirma que as economias capitalistas falharam de duas maneiras: (1) não atingiram um nível aceitável de distribuição de renda, com a permanência de desigualdades profundas; e (2) não conseguiram sustentar o pleno emprego do trabalho e de outros recursos produtivos. É nessas duas áreas que os pós-keynesianos definem as maiores possibilidades de intervenção estatal na economia.

As desigualdades de distribuição de renda podem surgir de duas maneiras. Por um lado, diferenças de capacidade individual, disposição para o trabalho ou para aceitar riscos, preferências entre consumo e acumulação de riqueza, ou até mesmo pura sorte podem levar a perfis diferenciados de distribuição entre pessoas. Por outro, a riqueza herdada também pode ser causa de desigualdade. Keynes era da opinião de que a primeira causa de desigualdade é inevitável e até mesmo sadia. É em relação à segunda que há motivos para objeção. Embora possa ser justo recompensar esforços, ou até circunstâncias excepcionais, não ha-

Perspectivas Pós-Keynesianas da Política Econômica | 245

veria motivo para que alguns grupos de pessoas se deparassem com condições privilegiadas desde o início, uma vez que essas condições não seriam recompensa por qualquer habilidade ou talento especial. Se o direito à herança fosse de alguma forma limitado, por exemplo, por meio de impostos sobre a transmissão, as desigualdades injustas seriam atenuadas, ao passo que as socialmente aceitáveis, especialmente devidas à posse de habilidades especiais, seriam mantidas. Keynes sempre sustentou que os direitos de propriedade sobre ativos deveriam ser limitados por meio de um recurso maior ou menor a encargos sobre o capital. Mais especificamente, a maioria de suas propostas mais importantes de reforma social, como seus debates acerca do Plano Beveridge, ou dos empréstimos compulsórios no eclodir da Segunda Guerra Mundial, normalmente envolviam a redistribuição de ativos em favor de grupos de menor renda financiada por encargos sobre o capital (ver CWJMK, vol. XXII e XXVII).

A incapacidade das economias monetárias de sustentar o pleno emprego do trabalho e demais recursos era uma falha de natureza diferente e que exigiria intervenção mais ativa. Uma economia monetária exige a geração de quantidades adequadas de demanda por bens, tanto para consumo presente como para provisão para o futuro. Contudo, os agentes fazem frente ao consumo presente por meio da demanda por bens, e ao consumo futuro pela retenção de moeda e outros ativos. Assim, as decisões dos consumidores de fazer provisões para o futuro não emitem sinais para aqueles que precisam se preparar para ofertar bens no futuro — aqueles que, em outras palavras, precisam criar no presente os meios que lhes permitirão atender às demandas futuras quando surgirem. Assim, os investidores precisam decidir enquanto sujeitos "às forças obscuras da ignorância", e as incertezas que têm podem levá-los a buscar segurança, em vez de correr o risco de acumular ativos ilíquidos e potencialmente não lucrativos. Mas os efeitos de possíveis erros não se limitam aos empresários individuais, uma vez que, nas economias monetárias, os agentes estão interligados tanto pela compra e venda de bens e serviços, como por elos financeiros. Sob tais circunstâncias, os erros de qualquer pessoa são, potencialmente, ameaças para outras. Essas incertezas estão enraizadas na própria organização da economia, e sua superação exige mudanças estruturais.

De modo geral, a alocação de recursos entre seus possíveis usos não é encarada como um grande problema que exija ação estatal. Acredita-se que oferta e demanda dirijam recursos para os setores que melhor possam atender às demandas.

Keynes e os Pós-Keynesianos

O mecanismo de preços não é livre de falhas, mas as alternativas não parecem melhores. O recente colapso das economias de comando central parece ter dado razão a Keynes. O motivo do lucro, para Keynes, assim como para os economistas políticos clássicos, basta para que se obtenha uma alocação adequada.[1] O problema está no montante de recursos postos em operação, não no modo de seu uso. A falha estava em um subsistema de preços relativos — o preço dos ativos ilíquidos quando se gerava desemprego, não o sistema de preços relativos como um todo e, mais especificamente, não o subsistema de preços de bens de consumo.

O PAPEL DO ESTADO

Para enfrentar todos os problemas mencionados na seção anterior, podemos pensar em três principais formas de intervenção estatal que podem ser consideradas: (1) emitir sinais mais claros para os agentes privados para estimulá-los a agir e, assim, aumentar sua segurança e sua confiança no futuro ao fornecer tipos de informação que um mercado privado é incapaz de gerar; (2) criar redes de segurança para limitar os danos quando ocorrerem falhas de mercado; e (3) transformar o meio ambiente para aumentar a transparência das restrições estruturais que agem sobre a economia e das relações entre agentes. No primeiro caso, falamos principalmente de gestão e de aumento da eficiência das estruturas existentes; no segundo e no terceiro, de reformas, de alteração das estruturas existentes em direção a procedimentos socialmente mais racionais, capazes de solucionar os males da operação desregulada do capitalismo.

Os pós-keynesianos seguem os passos de Keynes e concebem três linhas de intervenção estatal na economia para remover ou atenuar as falhas das modernas economias monetárias. Primeiro, devem ser promovidas reformas institucionais para aprimorar a eficiência dos canais de coordenação que interligam os agentes

---

1 A crença em que o sistema de preços poderia obter de forma satisfatória a adequada alocação de recursos era um princípio, mas não um dogma. Em seu último artigo publicado, Keynes alertou os "revolucionários" para o fato de que nem tudo nos ensinamentos dos clássicos estava errado, uma clara referência, dadas suas demais obras, ao desempenho do sistema de preços. Mas, embora nunca tenha renegado sua aliança com os mercados "livres", Keynes também repreendeu os "conservadores" por se permitirem enganar pelo sistema de preços (CWJMK, vol. XXVI, p. 297). O objetivo era complementar as forças que operam em uma economia de mercado com aquelas do Estado, e não de substituir a economia de mercado como um todo.

Perspectivas Pós-Keynesianas da Política Econômica | 247

para que se gere melhor informação, se contenham danos quando forem cometidos erros, e se crie um ambiente mais justo. Em segundo lugar, é preciso adotar alguma espécie de planejamento econômico para garantir que os mecanismos de coordenação operem continuamente, que as possibilidades sejam corretamente avaliadas e que as interações sociais necessárias para o pleno emprego se deem. Finalmente, é necessário implementar uma política integrada do dia a dia para enfrentar acontecimentos e desdobramentos imprevistos e fazer correções de rota quando necessário.

As reformas sociais são importantes para orientar o comportamento futuro dos agentes, de forma a sinalizar explicitamente regras de comportamento e meios de solução de conflitos, explicitar metas e valores sociais. Como exemplo destes, temos a promoção já mencionada de reformas distributivas com a adoção de redes de seguridade social para grupos de menor renda por meio do Plano Beveridge, ou o abrangente plano de redistribuição contido na sugestão de transformação da proposta de empréstimos compulsórios. Ela foi originalmente apresentada para obter meios não inflacionários de financiamento da guerra, em mecanismo distributivo permanente a ser financiado por encargos sobre o capital.[2] Contudo, as reformas eram necessárias não só para alterar a estrutura social, mas também para aprimorar a eficiência daquela já existente. Regras institucionais modernas devem ser cruciais para a consecução de ambientes mais estáveis em que os agentes possam tomar suas decisões. Em primeiro lugar, entre essas reformas institucionais estavam as reformas monetárias, outra preocupação perene de Keynes, que as encarava como logicamente prioritárias em relação à definição de outras regras e instituições econômicas.

Para Keynes, planejamento era a adoção de uma direção consciente da economia, tanto para gerenciar sua operação diária quanto para orientar a transformação econômica em direção e objetivos socialmente aceitos, como a reforma industrial (CWJMK, vol. XIX, Parte 2). É importante observar que Keynes não enxergava qualquer contradição entre sua visão de liberalismo e a defesa do planejamento, uma vez que a maneira como o encarava preservaria a liberdade individual de escolha. O planejamento seria um dispositivo de coordenação para promover as metas estabelecidas pela própria sociedade, não uma forma de impo-

---

2 Para uma discussão do empréstimo compulsório como instrumento de gestão da demanda, ver CWJMK, vol. XXII, p. 123, 138. Seu potencial para reforma social está indicado em CWJMK, vol. IX, p. 368,379; CWJMK, vol. XXVII, p. 138.

248 | Keynes e os Pós-Keynesianos

sição de controle sobre ela.[3] A conformidade seria assegurada por meio de uma estrutura de recompensas diferenciadas para algumas atividades escolhidas. Como corretamente identificou Tobin (1987), a abordagem de Keynes se aproximava do planejamento indicativo francês: orientações de longo prazo e não compulsórias que servem para sinalizar aos agentes privados desdobramentos futuros esperados (ou estimulados). Benefícios e penalidades podem estar associados a tais planos, mas não são emitidos comandos contra agentes privados recalcitrantes que decidam resistir a eles. Como demonstrou Sir Alec Cairncross, é a orientação, e não a compulsoriedade, que se alinha com a visão de Keynes quanto à intervenção do estado na economia (CAIRNCROSS, 1971).

Um ambiente institucional bem concebido e um plano bem escolhido, de qualquer forma, não bastam para impedir que ocorram eventos imprevisíveis. A gestão da economia no dia a dia, isto é, a política econômica ativa, não se torna redundante em decorrência das duas outras linhas de ação. O que elas fazem é proporcionar o arcabouço dentro do qual se pode ter certeza de que a política econômica esteja coerentemente dirigida para atingir as metas da sociedade. É importante observar que, olhando por este ângulo, o papel da política econômica não é o de iludir ou surpreender os agentes, mas o de orientar e informar e de manter a coerência. Nada está mais distante da intenção de Keynes que a estranha ideia dos economistas neoclássicos de hoje de que o Estado somente pode operar por meio do engodo.[4]

A política econômica pós-keynesiana é, assim, essencialmente reformista sem negligenciar a necessidade de uma operação econômica eficiente no dia a dia. Haverá diferentes instrumentos para cada uma das metas, e o objetivo geral é o de permitir que os agentes privados tomem decisões com maior segurança e um melhor conhecimento das possibilidades efetivas. O Estado pode enxergar mais longe porque pode influenciar a economia. Precisa usar essa influência para explicitar aos agentes como o ambiente tenderá a evoluir no futuro dentro do qual as decisões privadas de alocação de recursos deverão ser tomadas. Em suma, a natureza da intervenção estatal deve ser a de uma orientação geral quanto às esferas em que se reconhece sua influência, como, por exemplo, a garantia de pleno

---

3 Sobre planejamento, ver CWJMK, vol. IX, p. 238-239 e as diversas observações ao longo das obras de Keynes, especialmente em CWJMK, vol. XXI e CWJMK, vol. XXV.

4 A necessidade de adoção de políticas econômicas reveladoras da verdade, inclusive no que se refere à política monetária, é apresentada em CWJMK, vol. XX, p. 198, 262-263.

Perspectivas Pós-Keynesianas da Política Econômica | **249**

emprego. A intervenção setorial que tende a influenciar a alocação de recursos deve, em tese, ser evitada.[5]

O primeiro dever do Estado e,m uma economia monetária pode, em suma, ser definido como a prestação de informações que o mercado não gera. O objetivo é respaldar e ampliar as possibilidades de condução deliberada da economia, reduzir o número de decisões tomadas por ignorância e medo, em vez de vantagens calculadas; fornecer dados sobre o futuro que o tomador privado de decisões possa crer, com segurança, que descrevem a trajetória futura. Assim, o Estado é capaz de reduzir as incertezas e minimizar a busca por defesas contra elas. A preferência pela liquidez pode se reduzir, e os preços de ativos ilíquidos podem aumentar para níveis compatíveis com investimentos em pleno emprego. O pleno emprego é benéfico para todos: assalariados, capitalistas, todo o mundo. Não deveria haver discussão a esse respeito.[6]

Quanto à distribuição de renda, a questão é mais complicada. Ela se refere à necessidade de tomar recursos de alguns agentes para redistribuí-los a outros. A unanimidade política esperada em relação ao pleno emprego não poderá existir neste caso. A comunidade deve ser capaz de escolher o perfil de distribuição que considere justo. É um problema político, influenciado por considerações extraeconômicas de toda ordem. O que o modelo teórico de economia monetária demonstrou foi a existência de graus de liberdade nessa questão. Não existe um só perfil de distribuição de renda pessoal adequado para qualquer dada economia. Havia possibilidades praticamente infinitas, indo da igualdade total à profunda desigualdade. Não se podia dizer que uma posição fosse técnica ou cientificamente superior a qualquer outra.

---

5 Novamente, não devemos ser dogmáticos em relação a essa afirmativa. Em casos específicos, o interesse social pode ser o de preservar ou promover alguns tipos específicos de ação. O próprio Keynes defendeu uma intervenção protetora sobre a produção de carvão (CWJMK, vol. XIX, Parte 2) e o uso de política comercial discriminatória para promover setores nascentes (CWJMK, vol. XXVI, Cap. 2). Os pós-keynesianos modernos costumam ser favoráveis à definição de políticas industriais para aumentar a competitividade de economias em declínio. Seja como for, permanece o princípio geral de que devemos evitar intervenções alocativas detalhadas. O ponto é que, na maioria dos casos, o Estado não dispõe de melhores informações ou instrumentos de intervenção mais eficientes do que os agentes que operam nesses mercados. Ademais, há o importante problema político da distribuição de privilégios e da alocação dos custos dessas políticas. A intervenção macroeconômica, por sua vez, pode levar a situações superiores para todos os agentes à da não intervenção.

6 O fato de que o controle de investimentos e distribuição de renda pode ser tanto justo como eficiente foi afirmado por Keynes em CWJMK, vol. XXI, p. 36-37.

250 | Keynes e os Pós-Keynesianos

A formulação de políticas deve contemplar três princípios gerais: (1) devem ser criadas instituições para atingir uma coordenação mais eficiente e permanente dos agentes, permitindo que desenvolvam estratégias coerentes; (2) deve ser desenvolvido um conjunto de instrumentos, dando especial atenção a cronometragem de sua operação; e (3) políticas específicas devem ser escolhidas não isoladamente, mas como partes de um plano geral de controle e condução da economia — não deve haver políticas fiscais independentemente estabelecidas das políticas monetárias ou quaisquer outras; o Estado deve intervir para coordenar, o que exige que sua própria ação seja coordenada.[7]

Um aspecto importante do pensamento de Keynes a respeito dessas questões e que devemos enfatizar é o fato de que ele acreditava ter encontrado, com o princípio da demanda efetiva, um princípio verdadeiramente "científico" de gestão macroeconômica. O pleno emprego representava mais lucros e mais salários. Representava, também, a possibilidade de longo prazo de superação da escassez e do deslocamento da economia para uma forma mais amena de organização, que não se baseasse na ganância e na competição. Ninguém faria objeção a tal estado de coisas. O conflito seria uma característica do passado. Mas mesmo antes de chegar a esse ponto, Keynes acreditava firmemente na possibilidade de gestão científica da economia. Nesse sentido, a intervenção estatal na economia seria singularmente "despolitizada", segundo a visão de Keynes. Como escreveu em 1930, "Anseio com todas as emoções de satisfação pelo prospecto de que o mundo seja obrigado, ainda durante minha vida, a adotar um controle científico da alavanca que opera o fator de equilíbrio de nossa vida econômica" (CWJMK, vol. XX, p. 164-165).

Antes disso, o autor definira uma proposta de formação de um órgão de conselheiros econômicos do governo britânico, declarando:

Isso pode ficar exposto a acusações de engrandecer indevidamente as funções e a importância do que se propõe. Mas um movimento nesse sentido seria, de fato, um ato de estadista cuja importância não se exageraria facilmente. Isso porque marcaria uma transição de nossa concepção das funções e dos propósitos do Estado e uma primeira medida em direção a uma orientação deliberada e propositada da evolução de nossa vida econômica. Seria reconhecer o enorme papel a ser nisso representado

---

7 Sobre a necessidade de políticas integradas, ver CWJMK, v. p. 337.

Perspectivas Pós-Keynesianas da Política Econômica | **251**

pelo espírito científico, distinto da esterilidade da atitude puramente partidária, que está fora de lugar, mais do que nunca, no que se refere a fatos complexos e a interpretações que envolvam dificuldade técnica. (p. 27)

A fé de Keynes nas possibilidades da ciência econômica pode ter sido exagerada. O conflito não desapareceu das economias de mercado modernas. Como apontou outra vertente da teoria pós-keynesiana na esteira do artigo seminal de Kalecki (1943), a ordem social capitalista pode assentir com a existência do desemprego como meio de disciplinar os trabalhadores. A plena eficiência do emprego dos fatores de produção poderia, então, ser incompatível com tal ordem social, exigindo outros tipos de reforma social e política se quiser algum dia se atingir e sustentar o pleno emprego (ver, por exemplo, ASIMAKOPULOS, 1980-1981).

Seja como for, a discussão deixa clara a necessidade de ir além das fronteiras da economia para cumprir o programa pós-keynesiano. Essa certeza não pode ser explorada aqui. Nossa contribuição para o debate somente pode ser deixar claro o lado econômico do argumento.

INSTRUMENTOS DE POLÍTICA

As políticas de pleno emprego devem ser implementadas por meio da combinação de três tipos de instrumentos: política fiscal, política de renda e política monetária. A política fiscal deve ser concebida para se obter estabilidade geral de longo prazo do emprego; as políticas de renda devem obter estabilidade de preços. A política monetária, então, terá o papel de acomodar demandas transacionais por moeda e de impedir alterações do estado de preferência pela liquidez decorrentes de impactos sobre os preços de ativos ilíquidos. Reformas estruturais também poderiam ocorrer por meio de políticas industriais, comerciais (comércio exterior) e de *commodities*. Iremos, a seguir, tratar brevemente das principais influências esperadas de cada um desses instrumentos.

A política fiscal deve atingir três metas a um só tempo: (1) organizar os assuntos normais do Estado; (2) regular a demanda agregada; e (3) promover a distribuição de renda pessoal. Para regular a demanda agregada, o Estado deve

252 | Keynes e os Pós-Keynesianos

elaborar e divulgar programas de investimento de longo prazo que sinalizem a prontidão do Estado para compensar com seus próprios gastos reduções do investimento privado (cf. CWJMK, vol. XXVII, p. 322). O objetivo, além de solucionar problemas como o fornecimento de moradia acessível, é o de demonstrar a disposição para sustentar a demanda agregada no longo prazo se a demanda privada se reduzir. Essa complementação não deve ser encarada como algo permanente, mas como um dispositivo cíclico a que se possa recorrer. Obras públicas poderiam ser aceleradas quando o emprego estivesse abaixo do nível pleno, ou contidas se a demanda agregada ficasse alta demais.

Para organizar esse tipo de intervenção, Keynes sugeriu que fossem criados dois orçamentos. O primeiro, um orçamento corrente, conteria os gastos públicos rotineiros e descreveria, portanto, as atividades que devem ser sustentadas independentemente das condições econômicas correntes. Referindo-se a dispêndios razoavelmente estáveis, o orçamento corrente deveria estar sempre equilibrado, ou seja, deveria ser neutro no que se refere à demanda agregada. Um segundo orçamento de capital cobriria despesas discricionárias do Estado, cujo montante variaria com o ciclo de maneira a suavizar sua trajetória.[8] Esse orçamento geraria déficits ou superávits, dependendo de estar a economia em recessão ou em expansão.

É importante que se perceba que, na média de longo prazo, os dois orçamentos estariam equilibrados. O papel da política fiscal era justamente o de sinalizar o compromisso de longo prazo com a sustentação de um nível adequado de emprego. Não se encarava a política fiscal como uma alavanca a ser rapidamente ativada quando ocorresse uma recessão. As políticas de gastos são por demais pesadas e lentas para permitir reações desse tipo. Idealmente, dada a sua cronometragem, se deveria reservar para a política fiscal o papel de suavizar o ciclo de negócios e, assim, sinalizar para os agentes privados o nível seguro de renda que devem incluir em suas expectativas quanto ao futuro.[9] Se os agentes privados aceitarem com confiança as projeções de renda divulgadas pelo Estado, os "espíritos animais" poderiam ser ampliados e o investimento privado ocorreria. Nesse

---

8 A exigência de orçamentos correntes equilibrados é declarada em CWJMK, vol. XXVII, p. 225. A natureza "desesperada" do financiamento por meio de déficit encontra-se proposta na mesma obra, p. 352-353. Para uma ótima discussão desses artigos, ver Kregel, (1983).

9 As limitações das políticas de gastos contra quedas cíclicas da atividade são apontadas por Keynes em CWJMK, vol. XXVII, p. 122 e CWJMK, vol. XIV, p. 49.

Perspectivas Pós-Keynesianas da Política Econômica | **253**

caso, os outros instrumentos, e em especial o recurso a déficits orçamentários, poderiam na prática ser dispensados.

A política fiscal também era um instrumento crucial de transformação social na teoria keynesiana e pós-keynesiana. Tanto a tributação como a escolha de gastos podem promover a redistribuição de renda pessoal em uma economia monetária. Impostos progressivos sobre a renda e encargos sobre o capital são repetidamente propostos por esses economistas como meios de organizar a redistribuição. Uma concepção cuidadosa dos gastos, sejam eles em serviços sociais ou em bens públicos para áreas de baixa renda, podem melhorar muito os padrões de vida dos mais pobres, ao mesmo tempo em que preservam a motivação de lucro que estimula a atividade privada.

Keynes também desenvolveu na década de 1940 um instrumento heterodoxo de redistribuição: o uso de empréstimos compulsórios em momentos de demanda excessiva (como a Segunda Guerra Mundial) para evitar que a renda fosse corroída pela inflação se a oferta agregada não bastasse para atender à demanda, transformando-as em ativos a serem acumulados e liberados em períodos de baixa demanda. A proposta feita por Keynes, inicialmente como parte de uma política de estabilização durante a guerra, rapidamente se transformou em proposta de redistribuição, quando Keynes sugeriu que o pagamento dos empréstimos se desse a partir de encargos sobre o capital.

Em suma, e para enfatizar, apesar da mitologia fiscalista desenvolvida pela síntese neoclássica e seus críticos monetaristas, a política fiscal não deveria gerar déficits permanentes. No longo prazo, os orçamentos devem ser neutros em relação à demanda agregada do pleno emprego. Isso se daria pela separação entre as atividades rotineiras do Estado a serem executadas a todo tempo e gastos discricionários a serem ativados apenas quando necessário e quando houver segurança quanto à geração de pressões inflacionárias sobre a demanda agregada.

Se a demanda agregada puder ser suavizada por meio de políticas fiscais, o outro tipo de pressão inflacionária, a inflação de renda, causada por tentativas dos grupos sociais de aumentar sua participação na renda nacional poderá ser abordado por meio de políticas de rendas. A política de rendas é uma recomendação tipicamente keynesiana (e não só pós-keynesiana). A premissa básica adotada por seus defensores é a de que os salários monetários são o principal componente dos preços monetários. Seja porque os custos marginais são principalmente custos do

254 | Keynes e os Pós-Keynesianos

trabalho ou por causa da precificação de *markup*, como vimos no Capítulo 10, acredita-se que a negociação salarial seja uma área muito ruim para iniciativas de redistribuição, mas um instrumento poderoso de geração de pressões inflacionárias. Os acordos salariais não têm, necessariamente, influência sobre o porte dos *markups* ou sobre o poder de mercado das firmas. Como demonstrou Weintraub (1978), eles têm sido razoavelmente constantes no longo prazo, apesar das pressões de salários crescentes que apenas se dissiparam na inflação.[10]

Para os pós-keynesianos, a redistribuição é uma questão principalmente de política fiscal, especialmente da tributação progressiva e dos gastos sociais do Estado. As políticas de rendas têm por objetivo regular a formação dos salários monetários e dos preços de maneira a suprimir a inflação de custos. A concepção de políticas de rendas factíveis precisa enfrentar as dificuldades criadas pela politização do processo de precificação dos fatores. Como observou Appelbaum (1982), a maioria das propostas de política de rendas vai pouco além de sugerir restrições às demandas salariais dos sindicatos. Para que se implemente uma política de rendas eficaz é necessário que se forme um consenso político em torno da desejabilidade da estabilidade de preços e dos *markups* vigentes. Por outro lado, a política de rendas é mais eficiente para a manutenção de uma dada situação do que para a promoção de qualquer mudança. Mas a mera introdução dessas políticas tende a alterar o equilíbrio de poder, o que, como demonstra a experiência de muitas políticas de rendas (como as aplicadas na Grã-Bretanha sob os governos trabalhistas), acaba por corroer os acordos políticos que os tornaram viáveis (cf. TARLING e WILKINSON, 1977).

Propostas que procurem lidar com essa dificuldade tentam criar formas "automáticas" de política de rendas, como a Política de Rendas Baseada em Impostos (Tax-based Incomes Policy — TIP) de Wallich e Weintraub, que se incorporariam ao sistema tributário. Essas políticas foram bem recebidas pela maioria dos pós-keynesianos, mas ainda não viram chance de tentativa no mundo real.

Se forem implementadas políticas de rendas para controlar a inflação de custos e a demanda agregada for regulada por uma política fiscal de longo prazo,

---

10 A inadequação das políticas salariais para redistribuir renda e a necessidade de políticas de rendas são discutidas em CWJMK, vol. XX, p. 102-106. O fato, como reconhecem Davidson e Davidson (1988) de que "a partir do começo da década de 1970 e durante a década de 1980 (...) as margens de lucros também aumentaram substancialmente" (p. 157n) complica significativamente o argumento em favor de políticas de rendas que apenas restringem os salários.

Perspectivas Pós-Keynesianas da Política Econômica | 255

o papel da política monetária se tornará duplo: (1) satisfazer as necessidades de saldos ativos criados por um produto em expansão; e (2) impedir que mudanças autônomas das expectativas e deslocamentos da escala de preferência pela liquidez perturbem os preços dos ativos ilíquidos. Em uma economia adequadamente controlada, a oferta de moeda deveria se tornar endógena, uma vez que os aumentos da demanda causados pela expansão da circulação industrial devem ser satisfeitos, e aumentos causados por precaução ou especulação devem ter seus efeitos contidos nos limites do mercado monetário. Uma política monetária flexível seria capaz de isolar os movimentos da demanda por moeda devidos a mudanças da incerteza de alterações das taxas de juros que pudessem ter um impacto sobre a demanda por bens de investimento e afetar a demanda agregada.[11]

Essa combinação dos três pilares da política econômica permitiria uma gestão macroeconômica adequada que manteria o pleno emprego e a estabilidade de preços. As políticas existentes estão, na verdade, muito longe de serem tão harmoniosas em seu conteúdo e na forma como são usadas. Para atingir esses resultados, seriam necessárias algumas profundas reformas estruturais. Keynes esforçou-se muito nos últimos anos de sua vida para desenvolver instituições eficientes e justas. Esses esforços ocupam três volumes de suas *Obras Completas*, e há muito mais espalhado pelos demais tomos. Temas como reforma monetária, que visa criar o sistema monetário seguro e flexível a que nos referimos antes, atraíram Keynes desde a juventude.

As propostas de Keynes, o reformador, não podem ser corretamente examinadas aqui. Os pós-keynesianos, de modo geral, ainda não deram a essas ideias a atenção merecida.[12] O mesmo se pode dizer de outros campos da política, como as políticas comercial e industrial. Nesses aspectos, é mais difícil encontrar consenso, porque, ao contrário das três políticas discutidas, destinadas a promover o pleno emprego e a estabilidade de preços, não há metas consensuais entre os pós-keynesianos — ou entre quem quer que seja — para políticas transformadoras, como, por exemplo, políticas comerciais protecionistas ou políticas industriais voltadas para a alteração da estrutura produtiva de uma determinada

---

11 O papel da política monetária na estabilização dos preços de ativos que acomodam deslocamentos da preferência pela liquidez encontra-se identificado em CWJMK, vol. XXII, p. 414.

12 Uma exceção importante está nas tentativas de Davidson de apresentar propostas de reforma monetária internacional com base nas propostas originais de Keynes de União de Compensação. Ver Davidson (1985).

256 | Keynes e os Pós-Keynesianos

economia. Estas, do ponto de vista teórico, são políticas pontuais para atingir metas definidas que não se identificam de maneira detalhada nos fundamentos pós-keynesianos.

EM SUMA

Este capítulo pretendeu delinear as principais implicações políticas dos conceitos keynesianos e pós-keynesianos de economia monetária. Esse tipo de economia não atinge o pleno emprego porque incertezas quanto ao futuro levam os agentes a adotar estratégias defensivas que são danosas ao emprego. O Estado pode, então, intervir para fornecer informações à formação de expectativas e gerar um estado de confiança adequado para sustentar essas expectativas.

Foram delineadas as políticas básicas: política fiscal, política de renda e política monetária. A política fiscal tem por objetivo sustentar as expectativas de longo prazo quanto ao nível agregado de renda que o Estado está comprometido a sustentar. As políticas de rendas regulariam a relação entre salários e preços para evitar a inflação de custos. O papel da política monetária, nessas condições, seria o de fornecer saldos ativos para as necessidades transacionais e impedir que aumentos da preferência pela liquidez se traduzissem em taxas de juros mais elevadas capazes de ameaçar o investimento. Essas políticas deveriam ser implementadas em conjunto. Nenhuma delas pode ser considerada keynesiana quando isolada, porque criariam dificuldades para a economia que poderiam desaguar em crises. Em certa medida, a crise da política econômica keynesiana no final da década de 1960 foi causada por uma concentração excessiva em questões fiscais. A política monetária foi negligenciada; foi possível reavivar o monetarismo sob o slogan "a moeda importa", algo que somente pode ser usado contra as ideias de Keynes com uma forte dose de ironia.

Finalmente, afirma-se que Keynes também propôs muitos tipos de reformas institucionais que tinham por objetivo tornar o sistema mais eficiente e justo. Infelizmente, essas reformas ainda precisam receber estudo integrado e extenso, o que não se pode fazer em uma obra como esta.

CONCLUSÕES

A teoria pós-keynesiana nasceu á crítica da teoria neoclássica. No começo, o rótulo servia para designar diversas escolas de pensamento que pouco tinham em comum a não ser sua rejeição da economia neoclássica e sua insatisfação com o marxismo como alternativa ao neoclassicismo.

A aliança entre os críticos da ortodoxia sem dúvida ampliou seu alcance e contribuiu por meio de muitos debates para o esclarecimento das principais questões sob exame. Depois da superação da etapa de negação, contudo, a crítica por si só não basta para construir uma alternativa à ortodoxia. Diferentes escolas precisam seguir os próprios caminhos quando chega a hora de desenvolver modos de pensamento alternativos aos dominantes.

A economia pós-keynesiana tem vivido essa segunda fase nos últimos anos. Está desenvolvendo e esclarecendo seus principais temas e abordagens como fundamento sólido para a definição de uma escola coerente que seja capaz de sustentar e ampliar um programa genuíno de pesquisa. A proposta central deste livro é a de que o conceito de economia monetária de produção seja encarado como núcleo desse programa.

O próprio Keynes acreditava que estava dando início a uma revolução na maneira como as pessoas encaram seus problemas econômicos ao publicar a *Teoria Geral*. O livro decerto tornou-se muito influente, especialmente em termos de questões políticas que foram consideradas implícitas em seus modelos. Como revolução teórica, contudo, seu sucesso foi muito menor, uma vez que a maior parte da profissão econômica aprendeu a encará-lo como mais uma demonstração de que salários nominais rígidos podem causar desemprego, algo que os economistas ortodoxos sempre souberam. Para os economistas ortodoxos, a inovação da *Teoria Geral* nada mais foi que a apresentação de alguns conceitos analíticos novos que foram gradualmente emasculados ou abandonados. Muitos economistas, decerto até mesmo entre os seguidores declarados de Keynes, pensariam que a revolução keynesiana se deveu mais ao poder de Keynes para gerar publicidade em torno de seu livro do que ao seu talento analítico.

Os pós-keynesianos partem de uma avaliação radicalmente diferente das intenções e realizações de Keynes. A abordagem revolucionária à economia estava enraizada não em suas propostas de política, mas em sua percepção de que aquilo que ele chamava de economia clássica estava focado em tipos de economias que pouco tinham em comum, mesmo no sentido mais abstrato, com as economias monetárias modernas, complexas e capitalistas. O problema da economia clássica estava em seus fundamentos, não em seus instrumentos ou conclusões. Era necessário começar de novo de um ponto de partida diferente em que fosse possível reconhecer os elementos constituintes essenciais do tipo de sociedade econômica em que vivemos.

Os pós-keynesianos ficaram conhecidos pelo seu tratamento dos conceitos de incerteza, moeda, relações financeiras, desemprego, e assim por diante. O que unifica esses estudos é a percepção de que o que era necessário para definir um novo programa de pesquisas era uma nova concepção da economia. O conceito de economia monetária de Davidson, o paradigma de Wall Street de Minsky e outros exemplos foram tentativas de explicitar esse novo começo. Este trabalho não pretende ser nada além de uma sistematização dessas e outras tentativas, usando por guia as tentativas do próprio Keynes de desenvolver um conceito alternativo de economia nas versões preliminares da *Teoria Geral*.

Para tanto, desenvolvemos nos primeiros quatro capítulos as principais características de uma economia monetária e procuramos estabelecer algumas das particularidades metodológicas da abordagem pós-keynesiana, especialmente aquelas relacionadas aos conceitos de incerteza, processos gravitacionais, probabilidade e outros. Depois de concluída essa etapa preparatória, foi apresentado um modo de leitura da *Teoria Geral* compatível com essa abordagem, centrado no Capítulo 17 da obra, onde Keynes demonstra que a dinâmica de uma economia monetária depende, em última instância, da maneira como o público (inclusive as empresas capitalistas) decide como armazenar e acumular riqueza. É uma particularidade das economias monetárias que a moeda se torne um ativo alternativo aos ativos reprodutíveis e cujo rendimento vem sob a forma de segurança contra a incerteza, ou seja, de liquidez.

Dependendo das escolhas do público quanto às maneiras de armazenar riqueza para o futuro, os produtores de bens de capital serão ou não convocados a aumentar seu emprego para oferecer novos itens a investidores. Se forem convocados a produzir, serão geradas repercussões no setor de bens de consumo, resumidas no mecanismo do multiplicador, fazendo com que a renda e o emprego cresçam além do devido ao estímulo original.

Foram examinados aspectos importantes — ainda que um tanto colaterais — desses processos, em especial as condições financeiras que precisam ser satisfeitas para que a sequência tenha início. Também abordamos os desequilíbrios, em especial os gerados por processos inflacionários e instabilidade de preços. No fim, sugerimos que o conceito de economia monetária abre caminho para uma visão ativista da política econômica, uma vez que define problemas cuja solução está além da ação privada individual.

O esforço desse livro, como já vimos, teve por objetivo apresentar de maneira sistematizada o paradigma de economia monetária de produção. A obra não é exaustiva e nem deve ser encarada como representação profunda, ou sequer justa, da maioria dos tópicos abordados. Pretende ser um mapa, ou manifesto, em favor da noção de economia monetária como núcleo duro do paradigma pós-keynesiano.

Muitos temas importantes para o desenvolvimento desse paradigma (ou importantes nos debates do próprio Keynes) não foram sequer mencionados. Devem, é claro, ser explorados e integrados em um estudo continuado do desenvolvimento da teoria pós-keynesiana. Estudos sobre os aspectos internacionais do funcionamento de uma economia monetária, em especial dos arranjos monetários, são muito necessários e devem ser integrados a uma maior reconstrução teórica. Questões microeconômicas, dada a importância que os pós-keynesianos atribuem à tomada de decisões, também estão predominantemente ausentes desta obra. O crescimento e o desenvolvimento foram sucintamente mencionados nas discussões dos conceitos de longo prazo e longo período, mas ainda é preciso desenvolver as implicações efetivas da abordagem keynesiana ao processo de gravitação nesses campos de estudo. O mesmo se pode dizer da discussão sobre as perspectivas para políticas do Capítulo 12. As propostas de reforma das economias capitalistas, de modificação das instituições para que se tornem mais eficientes e justas precisam ser estudadas e, quando necessário, alteradas ou ampliadas. O estudo dos fundamentos políticos da economia pós-keynesiana também foi pouco desenvolvido, com exceção de tentativas importantes, mas ainda assim esporádicas, como O'Donnel (1989).

Todos esses são temas para maiores estudos. A maioria dos tópicos abordados neste livro também merece exame mais detido. Mas, se esta obra contribuir para a organização de um programa de pesquisa pós-keynesiano em torno da noção de economia monetária de produção, as ambições do autor se terão cumprido.

REFERÊNCIAS BIBLIOGRÁFICAS

Amadeo, Edward. *Teoria e Método nos Primórdios da Macroeconomia: a Revolução Keynesiana e a Análise do Multiplicador*. Pontifícia Universidade Católica do Rio de Janeiro, *Texto para Discussão*, 1986.

Appelbaum, Eileen. The Incomplete Incomes Policy Vision. *Journal of Post Keynesian Economics*, Summer 1982.

Arrow, Kenneth. *Collected Papers of Kenneth Arrow, v. 2: General Equilibrium*, Cambridge: Harvard University Press, 1983.

Asimakopulos, Athanasios. The Determination of Investment in Keynes's Model. *Canadian Journal of Economics,* ago. 1971.

————. Themes in a Post Keynesian Theory of Income Distribution. *Journal of Post Keynesian Economics,* Winter 1980-1981.

————. Kalecki and Keynes on Finance, Investment and Saving. *Cambridge Journal of Economics*, jul. 1983.

————. Long-Period Employment in The General Theory. *Journal of Post Keynesian Economics,* Winter 1984/5.

————. Keynes and Sraffa: Visions and Perspectives. *Political Economy, the Surplus Approach*, 1985.

————. *Post Keynesian Theories of Distribution*. In: A. Asimakopulos (ed.). Theories of Income Distribution. Boston: Kluwer Academic Publishers, 1988.

Barrere, Alain (ed.). *Keynes Aujourd'hui*. Paris: Economica, 1985.

Baumol, William. The Transactions Demand for Cash: An Inventory Theoretic Approach. *Quarterly Journal of Economics*, 1952.

Benassy, Jean-Pascal. *Macroeconomie et Theorie du Déséquilibre*, Paris: Dunod, 1983.

Bharadwaj, Khrishna. The Subversion of Classical Analysis: Alfred Marshall's Writings on Value. *Cambridge Journal of Economics,* jan./mar. 1978.

Bresciani-Turroni, Constantino. *The Economics of Inflation.* Londres: George Allen and Unwin, 1937.

Cagan, Phillip. The Monetary Dynamics of Hyperinflation. In: M. Friedman (ed.). *Studies in the Quantity Theory of Money.* Chicago: University of Chicago Press, 1956.

Cairncross, Alec. *Essays in Economic Management.* London: George Allen and Unwin, 1971.

Carabelli, Anna. *On Keynes's Method.* Londres: Macmillan, 1988.

Carvalho, Fernando Cardim de. On the Concept of Time in Shacklean and Sraffian Economics. *Journal of Post Keynesian Economics,* Winter 1983-1984.

_____. Alternative Analyses of Short- and Long-run in Post Keynesian Economics. *Journal of Post Keynesian Economics,* Winter 1984-1985.

_____. *Inflation and Indexation in a Post Keynesian Model of Asset-Choice.* Dissertação de Doutorado inédita, Rutgers University, 1986.

_____. Keynes on Probability, Uncertainty and Decision-Making. *Journal of Post Keynesian Economics,* Fall 1988.

_____. *Tempo e Equilíbrio nos Principles of Economics de Marshall.* Anais do 18º Encontro de Economistas do Brasil, ANPEC, 1990.

Carvalho, F. C.; Oliveira, L. C. An Outline of a Short-Period Post Keynesian Model for the Brazilian Economy. No prelo. In: W. Milberg (ed.). *The Megacorp and Macrodynamics.* Essays in Memory of Alfred Eichner, Armonk: M. E. Sharpe, 1991.

Chick, Victoria. *The Theory of Monetary Policy.* Oxford: Basil Black well, 1979.

_____. *Macroeconomics After Keynes.* Cambridge, Mass.: The MIT Press, 1983a.

_____. *Monetary Increases and their Consequences: Streams, Backwaters and Floods.* University College London Discussion Paper, 1983b.

Referências Bibliográficas | **263**

Davidson, Greg; Davidson, Paul. *Economics for a Civilized Society.* Londres: Macmillan, 1988.

Davidson, Paul. *Money and the Real World.* Londres, Macmillan, 2ª ed., 1978a.

_____. Why Money Matters. *Journal of Post Keynesian Economics,* Fall 1978b.

_____. *International Money and the Real World.* Nova York: John Wiley and Sons, 1982.

_____. The Marginal Product Curve is not the Demand Curve for Labor and Lucas's Labor Supply Function is not the Supply Curve for Labor in the Real World. *Journal of Post Kevnesian Economics,* Fall 1983.

_____. Reviving Keynes's Revolution. *Journal of Post Keynesian Economics,* Summer 1984.

_____. *Propositions Concernant la Liquidité pour un Nouveau Bretton Woods.* In: Barrere, 1985.

_____. Finance, Funding, Savings and Investment. *Journal of Post Keynesian Economics,* Fall 1986.

_____; Davidson, Greg. Financial Markets and Williamson's Theory of Governance. *Quarterly Review of Economics and Business,* Winter 1984.

_____; Kregel, Jan (eds.). *Macroeconomic Problems and Policies of Income Distribution;* Aldershot: Edward Elgar, 1989.

Debreu, Gerard. *Theory of Value.* New Haven: Yale University Press, 1959.

Deleplace, Ghislain. "Ajustement de March" et 'Taux d'Interet Specifiques' chez Keynes et Sraffa". *Cahiers d'Economie Politique,* nº 14/15, 1988.

De Pablo, J. C.; Dornbusch, R. *Deuda Externa e Inestabilidad Macroeconomica en la Argentina.* Buenos Aires: Sudamericana, 1988.

Dillard, Dudley. *The Economics of John Maynard Keynes.* New York: Prentice Hall, 1948.

Dutt, Amitava; Amadeo, Edward. *Keynes's Third Alternative.* Aldershot: Edward Elgar, 1990.

Eichner, Alfred. A Post Keynesian Short Period Model. *Journal of Post Keynesian Economics*, Summer 1979.

_____. *The Megacorp and Oligopoly.* Armonk: M. E. Sharpe, 1980.

Feijó, Carnem A. V. C. *Economic Growth and Inflation in Brazil in the 1970s: A Post-Keynesian Interpretation.* Dissertação de Doutorado inédita, University of London, 1991.

_____; Carvalho, Fernando. *The Resilience of High Inflation in Brazil: Recent Failures with Stabilization Polices,* mimeo, 1991

Fisher, Irving. *Le Pouvor d'Achat de la Monnaie.* Paris: Marcel Fiard, 1926.

Frenkel, Roberto. *Decisiones de Precio en Alta Inflacion.* Buenos Aires: Estudios CEDES nº 6, 1979.

Friedman, Milton. The Quantity Theory of Money: A Restatement. In: M. Friedman (ed.). *Studies in the Quantity Theory of Money.* Chicago: The University of Chicago Press, 1956.

_____. A Theoretical Framework for Monetary Analysis. *Journal of Political Economy,* 1970.

Garegnani, Pierangelo. Notes on Consumption, Investment and effective demand. *Cambridge Journal of Economics,* 1978-1979.

_____. On a Change in the Notion of Equilibrium in Recent Work in Value and Distribution. In: J. Eatwell; M. Milgate (eds.). *Keynes's Economics and the Theory of Value and Distribution.* Oxford: Oxford University Press, 1983.

Gordon, Robert J. A Century of Evidence on Wages and Price Stickiness in the US, the UK and Japan. In: J. Tobin (ed.). *Macroeconomics, Prices and Quantities.* Washington: The Brooking Institution, 1983.

Hahn, Frank H. *Equilibrium and Macroeconomics.* Cambridge, Mass.: The MIT Press, 1984.

Hansen, Alvin. *A Guide to Keynes.* New York: McGraw-Hill, 1953.

Harcourt, Geoffrey C. *Some Cambridge Controversies in the Theory of Capital.* Cambridge: Cambridge University Press, 1972.

_____. *The Social Science Imperialists.* Londres, Routledge and Kegan Paul, 1982.

_____. Keynes's College Bursar View of Investment: Comment on Kregel. In: J. Kregel (ed.). *Distribution, Effective Demand and International Economic Relations*. Londres, MacMillan, 1983.

_____; Kenyon, P. *Pricing and the Investment Decision*. In: Harcourt (1982).

Hayek, Friedrich. *Prix et Production*. Paris: Calmann-Levy, 1975.

Heymann, D. et al. *Conflicto Distributivo y Deficit Fiscal: Algunos Juegos Inflacionarios*. Anais do 16º Encontro Nacional de Economistas, ANPEC, Brasil, 1988.

Hicks, John. *Value and Capital*. Oxford: Oxford University, 2ª ed., 1946.

_____. *A Contribution to the Theory of the Trade Cycle*. Oxford: Oxford University Press, 1954.

_____. Critical *Essays in Monetary Theory*. Oxford: Oxford University Press, 1967.

_____. *The Crisis in Keynesian Economics*. New York: Basic Books, 1974.

_____. *Causality in Economics*. Nova York: Basic Books, 1979.

Jackson, D.; Turner, H.; Wilkinson, F. *Do Trade Unions Cause Inflation?* Cambridge: Cambridge University Press, 1975.

Kahn, Richard. *Selected Essays on Employment and Growth*. Cambridge: Cambridge University Press, 1972.

_____. *The Making of the General Theory*. Cambridge: Cambridge University Press, 1984.

Kaldor, Nicholas. *Essays on Economic Stability and Growth*. New York: Holmes and Maier, 1980.

_____. *The Scourge of Monetarism*. Oxford: Oxford University Press, 1982.

Kalecki, Michal. *Political Aspects of Full Employment*, 1943. Reproduzido in: Kalecki, 1971.

_____. *Selected Essays in the Dynamics of Capitalist Economies*. Cambridge University Press, 1971.

Katzner, Donald. Potential Surprise, Potential Confirmation and Probability. *Journal of Post Keynesian Economics*, Fall 1986.

266 | Keynes e os Pós-Keynesianos

Keynes, John Maynard. *The Economic Consequences of Peace*. Londres: Macmillan, 1920.

_____. *Essays in Biography*. London: Rupert Hart Davis, 1951.

_____. *The General Theory of Employment, Interest and Money*. Nova York: Harcourt, Brace, Jovanovitch, 1964.

_____; John Maynard. *The Collected Writings of John Maynard Keynes*. In: por D. Moggridge (org.). Londres: Macmillan and Cambridge: Cambridge University Press, 1971-1989. Faz-se referência aos volumes como *CWJMK*, seguido do número do volume em algarismos romanos.

Kindleberger, Charles. *Manias, Panics and Crashes*. Nova York: Basic Books, 1978.

Klein, Lawrence. *La Revolucion Keynesiana*. Madri: Editorial Revista de Derecho Publico, 1952.

Kregel, Jan. *Rate of Profit, Distribution and Growth, Two Views*. Londres: Macmillan, 1971.

_____. *The Reconstruction of Political Economy: An Introduction to Post-Keynesian Economics*. Londres: Macmillan, 1975.

_____. On the Existence of Expectations in English Neoclassical Economics. *Journal of Economic Literature*, junho de 1977.

_____. Markets and Institutions as Features of a Capitalistic Production System. *Journal of Post-Keynesian Economics*, Fall 1980.

_____. Money, expectations and relative prices in Keynes's monetary equilibrium. *Economie Appliquée*, 1982.

_____. Finanziamento in Disavanzo, Política Economica e Preferenza per la Liquidità. In: F. Vicarelli (ed.). *Attualità di Keynes*. Roma: Laterza, 1983.

_____. Expectations and Rationality within a Capitalist Framework. In: E. Nell (ed.). *Free Market Conservatism*. Londres: George Allen and Unwin, 1984.

_____. Constraints on the Expansion of Output and Employment: Real or Monetary. *Journal of Post Keynesian Economics*, Winter 1984/5.

_____. Le Multiplicateur et la Preference pour la Liquidité: Deux Aspects de la Théorie de la Demande Effective. In: Alain Barrer (ed.). *Keynes Aujourd'hui*. Paris: Economica, 1985.

_____; Fisher, Irving 'Great-Grandparent of the General Theory: Money, Rate of Return over Cost and Efficiency of Capital. *Cahiers d'Economie Politique*, nº 14/ 5, 1988.

_____. Keynes, John Maynard. Income Distribution and Incomes Policy. in: P. Davidson; J. Kregel (eds.). *Macroeconomic Problems and Policies of Income Distribution*. Aldershot: Edward Elgar, 1989.

Lawson, Tony. The Relative/Absolute Nature of Knowledge and Economic Analysis. *The Economic Journal*, dezembro de 1987.

_____. Probability and Uncertainty in Economic analysis. *Journal of Post-Keynesian Economics*, Fall 1988.

Leijonhufvud, Axel. *On Keynesian Economics and the Economics of Keynes*. Nova York: Oxford University Press, 1968.

_____. *Information and Coordination*. Nova York: Oxford University Press, 1991.

Lerner, Abba. *Saving Equals Investment*. In: S. Harris (ed.). *The New Economics*. Londres: Dennis Dobson, 1947.

_____. The Scramble for Keynes's Mantle. *Journal of Post-Keynesian Economics*, Fall 1978.

Lucas Jr., Robert. *Studies in Business Cycle Theory*. Cambridge, Mass.: The MIT Press, 1981.

Marshall, Alfred. *Principles of Economics*. Londres: Macmillan, 1924.

Marx, Karl. *Capital*, vol. 2. Harmondsworth: Penguin, 1978.

Minsky, Hyman. *John Maynard Keynes*. Nova York: Columbia University Press, 1975.

_____. *Can "It" Happen Again?*. Armonk: M.E. Sharpe, 1982.

_____. *Stabilizing an Unstable Economy*. New Haven: Yale University Press, 1986.

Modigliani, Franco. Comment on Summers. In: J. Tobin (ed.). *Macroeconomics, Prices and Quantities*. Washington: The Brookings Institution, 1983.

Moore, Basil. *Horizontalists and Verticalists*. Cambridge: Cambridge University Press, 1988.

Moore, Geoffrey. *Business Cycles, Inflation and Forecasting*. Cambridge (Mass.): Ballinger, 1983.

Muth, John. Rational Expectations and the Theory of Price Movements. *Econometrica*, 1961.

O'Donnel, Rod. *Keynes, Philosophy, Economics and Politics*. Londres: Macmillan, 1989.

Okun, Arthur. *Prices and Quantities*. Oxford: Basil Blackwell, 1980.

Pasinetti, Luigi. Rate of Profit and Income Distribution in Relation to the Rate of Economic Growth. *Review of Economic Studies,* outubro de 1962.

Penrose, Edith. *The Theory of the Growth of the Firm*. Armonk: M. Sharpe, 1980.

Reynolds, Peter. Kalecki's Degree of Monopoly. *Journal of Post-Keynesian Economics,* Spring 1983.

_____. *Kaleckian and Post-Keynesian Theories of Pricing: A comparison and Some Implications*, mimeo, 1987.

Ricardo, David. *Principles of Political Economy and Taxation*. Harmondworth: Penguin, 1971.

Robinson, Joan. *The Accumulation of Capital*. Londres: Macmillan, 1969.

_____. *The Generalization of the General Theory and Other Essays*. Londres: Macmillan, 1979.

Rosenberg, Nathan. *Inside the Black Box*. Cambridge: Cambridge University Press, 1982.

Sargent, Thomas. *The Demand For Money during Hyperinflations under Rational Expectations*. In: R. Lucas; T. Sargent (eds.). *Rational Expectations and Econometric Practice*. Minneapolis: University of Minnesota Press, 1981.

Sawyer, Malcom. *Macroeconomics in Question: The Keynesian-Monetarist Orthodoxies and the Kaleckian Alternative*. Brighton: Wheatsheaf Books, 1982.

Schumpeter, Joseph. *Theory of Capitalist Development*. Cambridge, Mass.: Harvard University Press, 1934.

————. *Business Cycles*. Nova York: MacGraw Hill, 1939.

Shackle, George L. S. *Expectation in Economics*. Cambridge: Cambridge University Press, 1952.

————. *The Years of High Theory*. Cambridge: Cambridge University Press, 1967.

————. *Expectations, Enterprise and Profit*, Londres: George Allen and Unwin, 1970.

Shapiro, Nina J. Pricing and the Growth of the Firm. *Journal of Post-Keynesian Economics,* Fall 1981.

————. *The Product Life Cycle and the Life of the Firm*. Rutgers University, mimeo, 1984.

Skott, Peter. *The Integration of Neo-Marxian and Post-Keynesian Distribution Theory. Some Problems and Suggestions"*, mimeo, 1988.

Smith, Adam. *The Wealth of Nations*. Harmondsworth: Penguin, 1974.

Soskice, David; Carlin, Wendy. Medium-Run Keynesianism: Hysteresis and Capital Scrapping. In: P. Davidson; J. Kregel (eds.). *Macroeconomic Problems and Policies of Income Distribution*. Aldershot: Edward Elgar, 1989.

Sraffa, Piero. Dr. Hayek on Money and Prices. *The Economic Journal*, 1932.

Steindl, Joseph. *Maturity and Stagnation in American Capitalism*. Nova York: Monthly Reveiew Press, 1976.

Sylos-Labini, Paolo. *Oligopolio y Progreso Tecnico*. Madri: Oikos Tau, 1966.

————. *Ensaios sobre Desenvolvimento e Preços*. Rio de Janeiro: Forense, 1984.

TarJing, Roger; Wilkinson, Frank. The Social Contract: Post-War Incomes Policies and their Inflationary Impact. *Cambridge Journal of Economics*, (1), 1977.

Terzi, Andrea. The Independence of Finance from Saving: Flow of-Funds Interpretation. *Journal of Post Keynesian Economics*, Winter 1986/7.

Tobin, James. The Interest Elasticity of Transaction Demand for Cash. *Review of Economics and Statistics,* 1956.

_____. Liquidity Preference as Behaviour Toward Risk. In: *Essays in Economics, vol. 1: Macroeconomics*. Cambridge (Mass.): MIT Press, 1987. Publicação original em 1958.

_____. Friedman's Theoretical Framework. *Journal of Political Economy,* setembro/outubro de 1972.

_____. Stabilization Policy Ten Years After. *Brooking Papers on Economic Activity,* nº 1, 1980.

_____. *Policies for Prosperity.* Cambridge, Mass.: The MIT Press, 1987.

Townshend, Hugh. Liquidity Premium and the Theory of Value. *The Economic Journal,* março de 1937.

Vicarelli, Fausto. *Keynes: The Instability of Capitalism.* Philadelphia: The University of Pennsylvania Press, 1984.

Von Neumann, J.; Morgenstern, O. *Theory of Games and Economic Behavior.* Princeton: Princeton University Press, 1953.

Walras, Leon. *Elements of Pure Economics.* Londres: George Allen and Unwin, 1954.

Weber, Max. *Históoria Geral da Economia.* São Paulo: Mestre Jou, 1968.

Weintraub, Sidney. *Capitalism's Inflation and Unemployment Crisis.* Reading: Addison-Wesley, 1978.

Wells, Paul. A Post Keynesian View of Liquidity Preference and the Demand for Money. *Journal of Post Keynesian Economics,* Summer 1983.

ÍNDICE

A

altistas, 135, 139–140, 146
análise monetária pós-keynesiana, 131
armadilha de liquidez, 29
arranjo Von Neumann-Morgenstern, 97
Associação Keynesiana Brasileira, 21
ativos
  líquidos, 106
  plenamente líquidos, 15, 119
  reais de capital, 107
axioma
  da ergodicidade, 69
  da racionalidade, 69
  da substituição bruta, 69
  dos reais, 69

B

backwardation, 123
baixistas, 135, 140, 146
bens
  de capital, 153
  de capital fixo, 153–162

C

ciclo de negócios, 191
ciência econômica clássica, 79
cinturão protetor, 5
circulação
  financeira, 134
  industrial, 134
cláusulas-gatilho, 214
Clearing Union, 145
Comitê MacMillan, 225
commodities reprodutíveis, 109
comportamento
  convencional, 159
  de manada, 158
conceito
  de incerteza, 80
  de normalidade, 42
contango, 124
contrato monetário a termo, 75, 213
contratos à vista ou implícitos, 9
Controvérsia de Cambridge, 202

D

demanda
  especulativa, 140
  especulativa por moeda, 138
  por bens de investimento, 106
  por moeda, 29
  precaucional, 140
  transacional, 138
densidade, 116
depósitos

crença racional, 84–85
crise da política econômica keynesiana, 256
crítica de Cambridge, 38
crowding out, 183
curva
  de demanda, 173
  de demanda agregada, 198
  de oferta, 172
  de Philips, 199
  IS/LM, 28
  LM, 30
custo de carregamento, 17

272 | Keynes e os Pós-Keynesianos

de renda, 134

empresariais A, 134

empresariais B, 134

diferenças de competitividade, 227

dinâmica das hiperinflações, 59

disponibilidade de fundos, 160–161

distribuição de renda, 200–204

E

economia

capitalista, 200

do tipo "Robinson Crusoé", 3

monetária, 106–107, 197, 256, 259

de produção, 79

efeito Pigou, 32

eficiência marginal do capital, 149, 151

emprego de longo período, 46

endogenistas, 142

Equação Quantitativa de Cambridge, 28

equilíbrio

de desemprego, 210

de longo período, 48

ergodicidade, 93

escala

de eficiência marginal do capital, 197

de preferência pela liquidez, 197

espíritos animais, 150, 157–158, 167, 190, 252

estado de confiança, 138

estrato-inflação, 229

estrutura de ativos, 128

exogenistas, 142

expectativas de longo prazo, 100

experimentos cruciais, 96

F

financiamento, 184

gerador de renda, 147

fluxo de oferta, 234

fragilidade financeira, 188

fuga da moeda, 240

funding, 183, 186–194, 203

G

Gosplan, 243

Guerra da Coreia, 225

H

hedger, 189–194

heurística positiva, 5

hiperinflação, 223–225, 237–241

hipótese dos retornos constantes, 203

I

incerteza, 258

indexação, 231, 231–232, 236, 237

inflação, 222–242

sistêmica, 229

inovações financeiras, 147

instabilidade de preços, 259

intermediários financeiros, 187

intervenção estatal, 246

investidor Ponzi, 190–192

L

lag, 232–233, 235

lei

de Say, 27, 170, 171–180

dos contratos, 10, 132

"lei psicológica fundamental" de Keynes, 177

leis do movimento, 203

letras, 128

liquidez do ativo, 115

lógica

formal, 86

humana, 92

M

macroeconomia, 124
  keynesiana, 32
mainstream, 32
máquina do tempo de
  liquidez, 62, 107
market
  maker, 15, 117–119, 132,
    143
  making, 187
markup, 199–200, 209,
  214, 234, 238, 254
Marx, Karl, 2, 152
mecânica quântica, 93
mercado aberto, 144
mercados futuros, 89
metáfora da jarra da viúva,
  205
modelo
  de Minsky de posturas
    financeiras, 187–188
  keynesiano de demanda
    efetiva., 107
  NAIRU, 199
  neoricardiano de preços
    de produção, 209
moeda, 128
  corrente, 10
  de conta, 77, 241
  de conta de contratos a
    termo, 132
  endógena, 143
  exógena, 143

motivo
  -especulação, 139
  finanças, 141
  -precaução, 139
mudança de carteira, 147
multiplicador, 170

N

não neutralidade da
  moeda, 69
neokeynesianos, 34
noção de bens, 95

O

observações repetidas, 94
"onda secundária" de
  Schumpeter, 166
orçamento corrente, 252
organização, 116
ouro, 224

P

padrão ouro, 224–225
paradigma
  da feira de aldeia, 65
  de Wall Street, 258
perdas inflacionárias, 225
perfil de distribuição de
  renda, 204
permanência, 116
peso do argumento, 11, 91

planejamento econômico,
  247
Plano Beveridge, 245, 247
pleno emprego, 249
política
  de renda, 251, 253–254
  fiscal, 251–253
  monetária, 251, 255–256
postura Ponzi, 190
prazo efetivo de retenção,
  112
prêmio de liquidez, 16,
  110, 112, 113, 115
premissas
  inseparáveis, 89
  ricardianas, 25
princípio
  bancário, 145
  da coordenação, 75
  da demanda efetiva, 174,
    250
  da não ergodicidade, 5
  da não neutralidade da
    moeda, 5
  da produção, 71
  das propriedades da
    moeda, 76
  dos contratos monetários,
    5
  ergódico, 97
probabilidade, 258
problema do "fio da
  navalha", 206

274 | Keynes e os Pós-Keynesianos

processo multiplicador, 178

processos
gravitacionais, 258
inflacionários, 241–242, 259
proporção q, 113–114, 113–115
proposições, 84–85
propriedades da moeda, 81

R

reformas institucionais, 246
reformista, 248
regime de alta inflação, 229–233, 235–237
regras de comportamento, 98
relações financeiras, 183
Relatório Radcliffe, 147
renda corrente, 176
revolução marginalista, 40
risco do tomador, 162

S

salário monetário, 72

salários reais, 198
satisfação do consumidor, 95
sistema de contratos em moeda, 8
substitutibilidade, 117

T

taxa
de apreciação do capital, 115
de câmbio, 227
de juros, 30
de quase-renda, 113
própria de juros, 110
própria de juros em termos monetários, 17
taxas
específicas de juros, 167
meta de retorno, 214
Tax-based Incomes Policy — TIP, 254
tecnologia das transações, 137
temporalidade dos processos econômicos, 74

teoria
da distribuição de renda, 203
da frequência, 85
da preferência pela liquidez, 203
da probabilidade, 84
do emprego, 195, 204
do investimento, 150
dos mercados a termo, 108
do valor, 41
do valor do trabalho comandado, 152
do valor-trabalho, 197
monetária marshalliana, 134
monetária pós-keynesiana, 134
neoclássica moderna, 13
ortodoxa, 34
quantitativa, 29, 58–59, 134, 135
tomada de decisão, 111–112
Tratado
sobre a Moeda, 65, 108
sobre a Probabilidade, 11